요한 블룸하르트
1805-1880

독일 남부지방 부르템베르크를 중심으로 퍼졌던 경건주의 분위기 속에서 태어났다.(1805-1880) 그의 부모는 농부였으며 종교와 생활이 서로 조화를 이룬 모범적인 신앙인이었다. 그 역시 12살에 이미 두 번씩이나 성서를 통독했을 정도로 신앙심이 남달랐다. 튜빙겐 대학에서 신학을 연구하고 목사가 된 그는 하나님의 실체를 몸소 체험하기를 갈망하였는데, 후에 아주 생생하게 경험하게 된다. 1838년 뫼트링겐이라는 작은 마을에서 목회를 할 당시 교인 가운데 한 처녀가 악마에 사로잡혀 고통 받게 되는데, 이 악마의 세력과 2년에 걸쳐 치열한 싸움을 벌인 끝에 극적으로 마귀가 쫓겨나가고 처녀가 치유되었던 것이다. 그 뒤 뫼트링겐은 "예수는 승리자다"라는 환호성과 함께 온 독일에 알려진다. 그러나 너무 많은 사람들이 뫼트링겐으로 몰려들면서 1852년 블룸하르트는 아내와 함께 이곳을 떠나 바트볼이라는 마을로 옮긴다. 그곳에서 그는 몸과 마음에 병이 있는 사람들을 도우며 평생을 보냈다.

한국에는 『예수는 승리자다』, 『예수처럼 아이처럼』, 『숨어있는 예수』, 『지금이 영원입니다』가 소개되었다

크리스토프 블룸하르트
1842-1919

1842년 독일 뫼트링겐에서 요한 블룸하르트의 아들로 태어났다. 삶의로서의 신앙을 중시하고 하나님의 기적을 자연스럽게 받아들이며 성장한 그는 튀빙겐에서 신학을 공부했다. 그후 독일의 바트볼로 돌아와 아버지를 도왔고, 아버지 사후에도 그곳에서 사역을 이어갔다. 곧 그는 아버지처럼 복음전도자와 성령치유자로 높은 명성을 얻게 된다.

하지만 병든 몸을 이끌고 찾아오는 가난한 노동자들을 대하면서 블룸하르트의 시선은 점점 세상으로 옮겨간다. 당대의 사회·경제적 문제에 관심을 가지게 된 그는 결국 노동자 탄압에 반대하는 시위에 참석하여 세상을 놀라게 한다. 독일 사민당에 들어가 본격적으로 정치활동을 시작한 블룸하르트는 지방 의원으로 당선되어 6년간 의정활동을 하기도 했다. 그러나 임기가 마무리될 즈음에 정당 정치에 환멸을 느껴 재선에 도전하지 않은 채, 바트볼로 돌아가 1919년, 생을 마감할 때까지 다시 목회자의 길을 걸었다.

비록 오늘날에는 그 이름이 잘 알려지지 않았지만, 그가 살았던 당시에는 수많은 사람에게 영향을 끼쳤다. 블룸하르트는 신학적으로나 정치적으로나 특징짓기 쉽지 않은 인물이다. 블룸하르트는 스위스와 독일의 "종교사회주의와 변증법신학Dialectical Theology"이라는 두 개의 운동이 태동하는 데 결정적인 역할을 했음에도 불구하고 자신의 어떠한 "신학 체계"도 세우지 않았다. 그의 생각들은 레온하르트 라가츠, 칼 바르트, 디이트리히 본회퍼, 자끄 엘륄, 에밀 브루너, 오스카 쿨만 그리고 위르겐 몰트만 같은 신학 거장들에게 지대한 영향을 끼쳤다. 그리고 블룸하르트 부자는 예수의 산상수훈의 가르침에 기초한 세계적인 공동체 브루더호프의 신앙과 삶에 계속해서 영향을 미치고 있다.

블룸하르트는 인류 진보를 위협하는 가장 큰 위험이 바로 "기독교"라고 확신했다. 그가 말하는 기독교란 영적인 것과 물질적인 것을 분리해서 생각하고, 하나님의 의를 위한 실제적인 일 대신에 이기적이고 자기 만족적이며 피안적인 종교성만을 부추기는 의식과 종교행위로 가득한 일요일 종교를 말한다. 그는 예배 형식과 자기 구원, 내세에만 집중하여 삶의 진정한 변화와 하나님나라의 정의를 도외시하는 허울뿐인 기독교를 한탄했다.

블룸하르트는 예수님이 전하고자 한 것은 새로운 세상, 즉 하나님이 만물을 통치하시는 하나님나라라고 믿었다. 블룸하르트에게 있어서 복음은 인간 삶에 혁명을 요구한다. 가장 중요한 것은 다가올 하나님의 통치이다. 그리고 하나님나라는 기독교나 다른 어떤 종교 제도나 인간적인 진보사상과 혼동되어선 안 된다.

그의 저서 중 『저녁 기도』, 『행동하며 기다리는 하나님나라』, 『숨어있는 예수』, 『예수처럼 아이처럼』, 『지금이 영원입니다』가 한국에 소개되었다.

더 이상 하늘에 계시지 마시고

Thy Kingdom Come

더 이상 하늘에 계시지 마시고

지은이	요한 블룸하르트, 크리스토프 블룸하르트
편집자	버나드 엘러
옮긴이	황의무
초판발행	2022년 11월 24일

펴낸이	배용하
교열 교정	고학준
등록	제364-2008-000013호
펴낸곳	도서출판 대장간
	www.daejanggan.org
등록한곳	충청남도 논산시 가야곡면 매죽헌로1176번길 8-54
대표전화	(041) 742-1424 전송 (0303) 0959-1424

분류	기독교	신앙	하나님나라
ISBN	978-89-7071-594-0 03230

 값 18,000원

더 이상 하늘에 계시지 마시고

Thy Kingdom Come

요한 블룸하르트
크리스토프 블룸하르트

버나드 엘러 편집

블룸하르트의 독자는 저자가 선명하게 구분하여 사용하는 용어의 의미를 선이해한 후에 더 정확한 읽기가 가능해집니다. 이에 몇가지 용어 설명을 일러둡니다.

* 본문에서 **기독교세계**로 옮긴 원어는 Christendom으로 근원적인 기독교가 아니라 기독교가 주류인 세계, 기독교가 지배하는 나라를 뜻한다 크리스텐덤 기독교 왕국, 기독교 제국주의 등으로 번역하기도 하며 이 책에서는모두 '기독교세계'로 통일하였다.

* **민주사회주의**(democratic socialism)는 정치체제로서는 민주주의를, 경제체제로서는 사회주의를 지향하는 사상이다. 인간의 얼굴을 한 사회주의로 불리기도 한다. **사회민주주의**(social democracy)는 수정주의적 마르크스주의를 발전시켜 확립한 사회주의 이념의 한 갈래이며, 사회주의 혁명을 거부하며 자유민주주의 수호와 자본주의 하에서의 소득 재분배, 복지 정책 등의 체제개혁을 통한 사회 정의와 평등 실현을 추구하는 정치적, 사회적, 경제적 이념이다. 유럽의 주류 사회주의이며 줄여서 사민주의라고도 부른다.

* **구속**(redemption 救贖)은 그 대상이 스스로 극복할 수 없는 힘에 묶여있기에 그 대가(ransom)를 지불해서 구해낸다는 것을 강조하는 뜻으로, 인간이 믿든 믿지 않든 하나님의 영광의 아들을 통하여 이루신 영원한 제사이며 모든 사람에게 베푸신 사랑의 선물이다. **구원**(salvation 救援)은 예수 그리스도 십자가 대속(죄의 대가로 지불됨)의 은혜를 믿음으로 받아들이는 자의 죄를 용서해주는 데에 초점이 있다. 구원은 칭의, 성화, 영화의 세 단계를 다 포함하며 인간의 선택으로 얻어지는 것이다.

* 본문의 내용 중 문단의 끝에 요한 블룸하르트(아버지), 버나드 엘러(편집자)라고 표기한 것 이외의 글들은 크리스토프 블룸하르트(아들)가 쓴 것이다.
* 이책의 제목은 황푸하의 노래 **"주의 기도"**에서 가져왔습니다.

모든 사람은 하나님나라가
논리적 개념을 통해서가 아니라
기습적으로 임한다는 사실을 인정해야 한다.

크리스토프 블룸하르트

차례

제1부

제2부

서문

필자의 박사 과정 연구 주제는 19세기 덴마크 사상가 키에르케고르였다. 필자는 이 과정에 만난 에밀 브룬너를 통해 신정통주의의 가장 훌륭한 선구자는 "바트볼의 블룸하르트와 키에르케고르라는 두 명의 탁월한 경건파 인물"이라는 사실을 알았다. 나에게 두 명의 조합은 의아했다. 지금껏 한 번도 들어본 적이 없는 이름과 누구나 알고 있는 이름을 묶어놓았기 때문이다. 두 사람이 같은 반열에 있다는 말인가?

필자가 블룸하르트의 책 레쥰Lejeune, 『블룸하르트와 그의 메시지』Christoph Blumhardt and His Message[1963, Plough Publishing House]을 발견한 것은 1966년이다. 그 후, 기독교 신학자 및 평신도에게 널리 알려진 블룸하르트 부자에 대한 자료 수집은 필자의 가장 큰 관심사 가운데 하나가 되었다.

플라우쟁기 출판사는 브루더호프Bruderhof로 잘 알려진 오랜 기독교 공동체의 출판을 맡고 있다. 블룸하르트에 대한 필자의 궁금증은 즉시 이 헌신적이고 다정한 사람들과의 교제를 재촉했으며, 결국 뉴욕주 립톤 우드크레스트에 있는 그들의 본부와 기록물보관소까지 방문하게 했다.

브루더호프는 블룸하르트에 대한 오랜 관심 및 그의 후손들과의 교제를 통해 그 지역에서 블룸하르트의 전통을 유지해왔다. 그들은 예배와 묵상을 통해 블룸하르트의 글을 읽었다. 그들은 사실상 블룸하르트의 영어 자료에 대한 번역 및 출판 일체를 담당하고 있으며, 독일 다음으로 많은 자료를 소장하고 있다.

크리스토프 블룸하르트의 딸 고틀리빈 블룸하르트는 아버지와 할아버지의 글을 수집하며 여생을 보냈다. 지난 수십 년간 많은 블룸하르트의 자료를 독일어로 출판할 수 있었던 것은 이러한 노력 때문이었다.

브루더호프는 이 책이 나오기까지 결정적인 도움을 주었다. 브루더호프 기록물보관소와 플라우 출판사의 발행인인 요한 크리스토프 아놀드Johann Chrisoph Arnold와 이 자료에 대한 첫 번째 번역을 시도한 사람들이 없었다면 이책의 출판은 불가능했을 것이다. 이 자리를 빌려 이책이 나오기까지 헌신적으로 동참해준 모든 사람과 브루더호프 공동체에 깊은 감사를 드린다.

블룸하르트의 독일어를 영어로 번역할 유능한 번역자와 출판사를 찾는 일은 많은 시간과 선택을 필요로 하는 작업이다. 지금은 출판사가 한 곳으로 정해지고 우리 가운데 4~5명이 번역자로 선정된 상태이지만, 이 과정에 많은 독지가와 정신적 지지자의 관심과 협조가 있었다. 한동안 전위적 블룸하르트 사회가 형성되고, 필자의 서신 파일은 두껍게 쌓였다.

여러 편집자의 도움도 있었다. 그들은 이책의 출간을 맡을 수 없음에도 불구하고 이 프로젝트에 대한 개인적 격려를 아끼지 않았다. 블룸하르트의 책을 모든 사람에게 한 권씩 보내려고 했으나 뜻대로 되지 않았다. 그러나 나는 최선을 다한 그들의 노력에 감사한다.

이제 소개할 사람들 가운데는 이미 작고했거나 현역에서 물러난 분도 있다. 이들과의 연결은 필자와의 직접적인 친분이 있어서가 아니라 대부분 브루더호프를 통해서 이루어졌다. 그러나 어쨌든, 필자는 다음과 같은 사람들로부터 지지와 격려를 받았다.

독일의 칼 바르트그의 비서인 Eberhard Busch의 편지를 통해, 에듀어드 하이만Eduard Heimann[폴 틸리히의 오랜 동료], 고틀리빈 블룸하르트Gottlieben Blurnhardt[Christoph Blumhardt의 딸], 마그릿 호니그Margrit Hönig[Christoph Blumhardt의 손녀], 크리스틴 라가즈Christine Ragaz[스위스의 신학자 Leonhard Ragaz의 딸].

바다 이쪽 대륙에서는 마르쿠스 바르트Markus Barth[Pittsburgh Theological Seminary], 제임스 스마트James Smart[Union Theological Seminary], 제임스 루터 아담스James Luther Adams[Harvard Divinity School, 그도 작고한 틸리히를 대변한다], 프랭클린 리텔Franklin Littell[Temple University], 하비 콕스Harvey Cox[Harvard Divinity School], 마틴 마르티Martin Marty[University of

Chicago Divinity School], 마틴 룸샤이트H. Martin Rumscheidt[Atlantic School of Theology]를 들 수 있다.

이 사람들은 이 프로젝트가 중요한 기여를 했다는 확신을 갖게 했으며 오랫동안 큰 힘이 되었다. 이 모든 분에게 감사드린다.

필자는 독일어에 정통하지 않기 때문에 믿을 수 있는 번역에 직접 접근할 수 있는 사람들의 도움을 받아야 했다. 본서 곳곳에는 해당 부분에 대한 기여자를 밝혀두었지만, 이 자리를 빌려 이들 모두의 수고에 감사를 표하고자 한다.

끝으로, 이 프로젝트에 여러 모양으로 도움을 준 모든 관계자와 동료 및 새로이 알게 된 친구들에게 감사한 마음을 전한다.

버나드 엘러

서론

이 서론에는 필자가 하고 싶은 것 두 가지와 하고 싶지 않은 것 한 가지가 있다. 가장 어려운 일은 후자를 피하는 것이다.

그러나 아무리 유혹이 강할지라도 필자는 결코 블룸하르트 부자의 사상을 묘사하거나 요약하거나 설명하거나 논평하는 방식으로 소개하지는 않을 것이다. 일단 시작하면 한이 없을 것이기 때문이다. 필자는 두 사람이 스스로 자신의 사상을 소개할 수 있게 모든 지면을 할애할 것이다. 이것이 본서가 할 일이다.

게다가 두 사람은 충분히 자신의 사상을 제시할 수 있다. 아마도 이곳에 기록된 모든 말은 그들이 청중을 대상으로 특별한 격식 없이 전달한 구두 담화로부터 시작되었을 것이다. 블룸하르트 부자는 제3자의 분석이나 "설명"이 필요 없는 신학자이다. 그들의 말 자체가 독자에게 정확한 정보를 전달하지 못하거나 깨우침이나 감동을 주지 못한다면 필자의 어떤 말도 상황을 반전시킬 수 없을 것이다.

필자는 블룸하르트 부자의 사상을 소개하려는 시도를 피할 뿐만 아니라, 그들이 오늘날 기독교 사상에 미친 영향을 보여주기 위해 관련된 자료를 모두 수집하여 제시하고자 한다. 독자에게 바라는 것은 본서를 통해 "왜 이런 말을 진작에 듣지 못했는가?"라고 감탄하며 책을 끝까지 읽어주는 것이다. 끝으로 두 사람의 약력에 대해 간략히 살펴보고자 한다.

두 명의 블룸하르트, 즉 요한 크리스토프Johann Christoph[1805-80]와 크리스토프 프리드리히Christoph Friedrich[1842-1919]는 부자 관계이다. 신학자라기보다 목회자에 가까운 두 사람의 생애는 아들이 아버지가 독일 남서부의 바트볼에 세운 일종의 기독교 수양관의 지도자 자리를 계승한 시점에 초점을 맞추어 전개된다. 두 사람의 사상은 하나의 '신학'으로 볼 수 있을 만큼 충분한 연속성과 일치성을 형성한다.

우리는 앞서 에밀 브룬너가 크리스토프 블룸하르트와 키에르케고르를 두 명의 위대한 신정통주의 선구자로 언급한 사실에 대해 살펴본 바 있다. 칼 바르트의 다양한 언급 역시 이 주장에 동의한다는 사실을 잘 보여준다. 또한, 레온하르트 라가츠Leonhard Ragaz와 데오도르 해커Theodor Haecker도 같은 조합을 제시하며 관심을 보인 바 있다. 브룬너의 아버지는 아들 블룸하르트를 통해 회심했으며, 따라서 이 사건은 에밀과 블룸하르트의 관계를 단순한 지적 수준 이상의 관계로 발전시킨 계기가 된 것이 분명하다.

바르트와 오랫동안 목회 사역을 함께해온 에두아르투 투르나이젠Eduard Thurneysen은 이미 1904년에 바트볼을 방문하여 블룸하르트의 가르침을 받았다. 그는 1926년 블룸하르트의 사상을 소개하는 작은 책자를 발간했으며, 목회적 양육에 관한 자신의 책에서 블룸하르트의 글을 상당 부분 인용했다. 바르트는 30년에 걸쳐 블룸하르트 부자에 대한 세 편의 에세이를 썼으며, 『교회 교의학』*Church Dogmatics* 및 여러 저서를 통해 그들에게 주목했다. 바르트가 자신의 신학적 시금석으로 삼은 "예수는 승리자Jesus is Victor"라는 문구는 아버지 블룸하르트에게서 가져온 것이다. 게르하르트 자우터Gerhard Sauter의 블룸하르트에 대한 박사 연구 논문그들의 사상에 대한 학문적 분석에는 "크리스토프 블룸하르트와 칼 바르트의 관계에 대한 고찰"Considerations Regarding the Relationship of Christoph Blumhardt to Karl Barth이라는 제목의 단원이 나타난다.

제임스 루터 아담스James Luther Adams는 자신이 말한 소위 "블룸하르트의 종교-사회주의적 요소"에 대한 폴 틸리히의 관심에 대해 증명한다.그러나 이러한 사회적 관심은 단지 블룸하르트의 신학과 틸리히의 신학 사이의 공통적 요소에 한정될 뿐이라는 것이 필자의 생각이다

필자의 신학생 시절에 성경 이해의 틀을 잡아준 책은 오스카 쿨만Oscar Cullmann의 『그리스도와 시간』*Christ In Time*이다. 그로부터 십년이 지나, 블룸하르트를 발견한 나는 구속사 사상의 선구자에 대해 잘못 생각한 사실을 알았다. 쿨만을 만난 필자는 그가 블룸하르트의 글을 알고 있는지, 그에게 영향을 받았는지 물어보았다. 그의

얼굴은 크리스마스트리처럼 밝게 빛났다. 그는 "당연하지, 그럼, 그럼. 그렇고 말고"라고 대답했다.

　나는 본회퍼의 책에서 블룸하르트에 대한 언급을 찾아보지 못했으나 그럼에도 불구하고 의심이 생겼다. 마침 본회퍼가 신뢰하는 전기작가, 에버하르트 베트게Eberhard Bethge에게 물어볼 기회가 찾아왔다. 그는 본회퍼가 블룸하르트의 사상을 잘 알고 있으며 그에게 많은 영향을 받았다고 말했다. 이러한 사실은 자우터의 책을 통해서도 확인할 수 있다. 그의 책에는 본회퍼에 대한 별도의 장이 마련되지 않았으나 본문 여러 곳에서, 그리고 수 페이지에 걸친 하나의 본문에서, 본회퍼에게 가장 중요한 몇 가지 개념이 블룸하르트와 연결된 사실을 결정적으로 보여준다.

　그렇다 하더라도 자우터 자신이 인정을 받는 신학자라는 사실 및 블룸하르트에 대해 이처럼 탁월한 연구를 제시했다는 사실은 오늘날 독일 신학자들의 "희망의 신학", "정치 신학" 및 "해방 신학"에 대한 블룸하르트의 직접적인 영향을 초래하게 했다.

　칼 바르트는 몰트만이 태어나기 오래 전에몰트만은 1967년에 이 제목으로 책을 내고 일련의 운동을 시작했다 블룸하르트의 신학을 "희망의 신학"으로 불렀다. 몰트만은 이러한 맥락에 대해 알고 있었다. 그는 『변증 신학의 기원』The Beginnings of Dialectic Theology 원전 편집자로서 바르트의 블룸하르트 에세이 가운데 하나를 이 책에 포함시켰다. 몰트만은 개인적 대화를 통해 블룸하르트에 대한 빚이 있음을 고백했다. 얼마나 많은 독일의 '젊은' 신학자들이 동일한 고백을 할 준비가 되었는지 모른다.

끝으로, 필자가 생각하는 '가장 탁월한' 신학자에는 키에르케고르와 블룸하르트뿐만 아니라 오늘날 프랑스의 이단아, 자끄 엘륄도 포함된다. 엘륄은 자신의 저서에서 블룸하르트를 여러 차례 언급하며 인용한다. 그의 사상 가운데는 대체로 바르트를 통한 것이기는 하지만, 블룸하르트의 영향을 받은 것으로 보이는 내용이 많다. 그러나 필자는 키에르케고르, 블룸하르트 및 엘륄네 번째 인물로는 맬컴 머거리지Malcolm Muggeridge를 들 수 있다 사이에 유사성과 수렴점이 있음을 보여주는 논문을 작성한 바 있다. 엘륄은 필자의 해석을 진심으로 인정했으나, 다만 자신에 대한 '높은' 평가에 대해서는 받아들이지 않았다.

따라서 블룸하르트의 유산은 우리와 관련된 대륙의 신학자들을 통해 지금도 우리 곁에 남아 있다. 필자는 이 서론을 작성한 후 우연히 블룸하르트가 우리보다 일본의 그리스도인 사이에 많이 알려져 있으며 영국보다 일본에 그의 자료가 많다는 사실을 알았다. 이러한 사실은 우리에게 "우리는 왜 지금까지 블룸하르트 부자에 대해 듣지 못했는가?"라는 신랄한 질문을 제기하게 한다.

이 질문은 특히 독일에서 트루나이젠의 1926년 저서 개정판이 회자되고, 아버지 블룸하르트에 대한 1887년 전기가 20판을 거듭하는 가운데 서점에서는 블룸하르트 부자의 전집을 찾는 발길이 끊어지지 않는다는 사실을 생각하면 더욱 와 닿는다. 그러나 한편으로 영국에서는 트루나이젠이나 바르트가 쓴 책, 또는 신정통주의의 역사에 관한 책처럼, 블룸하르트 부자에 대해 언급하거나 인용한 몇 권의 책을 제외하면, 사실상 블룸하르트에 대한 자료는 플라우 출판사브루더호프에서 나온 것이 전부이다.

이 목록의 출발점은 레준R. Lejeune의 『블룸하르트와 그의 메시지』Christoph Blumhardt and His Message이다. 이 책의 절반에 가까운 전반부는 레준의 서론이 차지하며, 나머지 후반부는 아들 블룸하르트의 강연 및 설교로부터 발췌한 19개의 강화로 이루어진다. 또 하나 중요한 자료는 블룸하르트에 대한 바르트의 첫 번째 에세이1916년 및 크리스토프 블룸하르트의 중요한 설교 가운데 하나인 "주 안에서의 기쁨"Joy in the Lord에 들어 있는 『행동하며 기다리는 하나님 나라』Action in Waiting라는 작은 책이다. 그 외에도, 아들 블룸하르트의 사후에 그가 바트볼에서 사용한 자발적 기도에서 발췌한 『저녁 기도』Evening Prayers for Every Day of the Year라는 소책자와 블룸하르트 부자의 짧은 "강화講話"에서 무작위로 발췌한 31페이지 분량의 페이퍼백이 있다. 끝으로, 어린이라는 주제에 대한 블룸하르트 부자의 글을 모아 엮은 『예수처럼 아이처럼』*Thought About Children*이라는 58페이지 분량의 페이퍼백이 있다.

"그렇다면 우리는 왜 지금까지 블룸하르트에 대해 듣지 못했는가?" 부분적으로는, 영국에는 자료가 거의 없을 뿐만 아니라 이용할 수 있는 자료도 대부분 개인 출판업자를 통해 소규모로 제공되기 때문이다. "그러나 다른 출판업자는 왜 블룸하르트에 주목하지 못했는가?" 필자의 추측은 이렇다. 블룸하르트의 영향은 아들 블룸하르트의 성장과 죽음 및 그의 전통을 계승한 사상가들과 함께 확장되었는데 공교롭게도 이 시점은 1차 세계대전과 맞물렸으며, 이 전쟁으로 블룸하르트의 명성이 영국해협이나 대서양을 건너지 못했다는 것이다. 그리고 이미 많은 시간이 흘렀다. 왜 블룸하르트를 아는 사람이 거의 없는 시점에 그의 저서를 출판하는가? 누가 구매할 것인가?

이제 우리는 잘못 알았던 부분에 대해 바로 잡을 것이다. 아버지 블룸하르트, 요한 크리스토프1805-80는 개혁교회 목사의 교육을 받고, 선교회에서 잠시 일한 후 독일 남부 뷔르템베르크의 외진 마을 뫼틀링겐에서 목회를 시작했다. 그는 1842년 자신의 교구 성도

가운데 하나인 고틀리빈 디투스Gottlieben Dittus라는 젊은 여자를 만나기 전까지는 평범한 삶을 보냈다. 고틀리빈은 각종 정신적 질환을 앓고 있었으며, 그의 가족은 기괴한 영적 현상에 시달렸다. 블룸하르트는 이러한 현상이 신약성경에 나오는 귀신 들린 상태라는 결론을 내렸다. 2개월에 걸친 목회적 돌봄과 경건한 망설임 끝에 자신에게는 이 현상을 감당할 수 있는 지혜와 능력이 없다는 사실을 안 블룸하르트는 여자와 함께 기도하기 시작했다. "주 예수여, 우리를 도우소서. 우리는 마귀가 하는 일을 충분히 보았나이다. 이제 우리는 주 예수의 역사하심을 보기를 원하나이다." 이 치열한 기도는 2년간이나 변함없이 지속하였다. 달라진 것이라고는 병세가 더욱 악화되었다는 것뿐이었다.

마침내 위기의 순간이 찾아왔다. 블룸하르트의 기도와 여자의 고통이 절정에 이르렀을 때, 고틀리빈의 동생그녀 역시 최근에 귀신의 공격에 시달리고 있었다의 입에서 "예수는 승리자다!"라는 낯선 부르짖음이 터져 나왔다. 그리고 모든 것이 끝났다. 그 후 고틀리빈은 블룸하르트의 집에서 그를 섬기며 여생을 보냈다. 그는 더는 고통을 받지 않았다. 블룸하르트는 이 부르짖음이 정복을 당해 쫓겨난 귀신의 음성이라는 사실을 알았다.

이어지는 이야기와 마찬가지로 이 이야기에는 오늘날 독자들이 의심쩍은 눈으로 볼 수 있는 요소들이 많이 있지만, 블룸하르트 부자는 둘 다 주변의 광신자들의 부추김에 동요되지 않을 만큼 신실한 자임을 알아야 한다. 그들은 자신을 드러내는 행위나 개인 숭배적 요소를 일절 거부하고 의도적으로 그러한 열의를 억눌렀다. 그럼에도 불구하고 기이하고 놀라운 사건들이 일어났다.

귀신 들린 여자에 대한 예수님의 승리는 하나님나라의 능력을 드러냄으로써 뫼틀링겐 마을 전체를 변화시켰으며 수 마일 떨어진 곳으로부터 많은 사람이 모여들었다. 회중은 오늘날 교회 성장 및 부흥 프로그램이 꿈꾸는 실제적 업적은 물론 그것보다 훨씬 큰 부흥을 경험했다. 수많은 치유의 기적과 함께, 일부 교회에서는 교회를 가장 반대하던 자들이 회개하는 역사가 일어났으며, 근본적인 삶의 변화 및 성품의 변화가 따랐다. 부부가 함께 구원을 받고 원수가 하나가 되었으며 전도에 대한 열심과 선교적 열정이 불타올랐다. 이 모든 일은 예수님이 승리자이시며 하나님의 나라는 지금 이곳이라는 지금 삶을 위한 실제적 가능성이 되었다는 확신 아래 일어났다.

예상할 수 있는 것처럼, 뫼틀링겐 사건은 많은 교회 지도자들의 비판을 불러일으켰다. 블룸하르트의 기독교관은 제도적 교회가 감당하기에 벅찬 것이었다. 따라서 수년 후, 뫼틀링겐에서 교회 일치를 위한 압박은 블룸하르트가 자신의 목회직을 포기하고 개혁교회와의 공식적인 관계를 단절해야 할 만큼 압력적이었다. 그는 가까운 거리에 있는 바트볼로 옮겼으며, 그곳에서 비어 있는 호텔을 빌려 수양관으로 꾸미고 찾아오는 사람들이 그곳에 머무는 동안 휴식과 묵상, 연구 및 목회 상담의 기회를 제공했다. 그곳은 블룸하르트가 하나님의 인도하심에 따라 자유롭게 사역할 수 있는 공간이었다.

블룸하르트는 그의 생애가 끝나는 1880년까지 이 사역을 계속했다. 블룸하르트의 삶에 대한 증거는 그가 뫼틀링겐에서 많은 영감을 받았고 그의 주변 사람들에게 잘 알려진 다음 찬양 속에 잘 나타난다.

예수는 승리의 주

모든 대적을 정복하신다

머잖아 온 세상은

그의 발아래로 나아가리라

예수는 권능으로 임하사

우리를 어둠에서 빛으로 인도하시리라

아들 블룸하르트크리스토프 블룸하르트, 1842-1919는 아버지가 고틀리빈의 귀신과 싸우던 1842년, 뫼틀링겐에서 태어났다. 아버지와 마찬가지로 그도 개혁교회 목회자가 되기 위한 대학교육을 받았다. 그러나 교회와 신학에 실망한 그는 바트볼로 돌아가 그곳 사역을 도왔다. 아버지가 죽자 수양관을 물려받은 그는 1919년 생애를 마치기까지 그곳에서 사역했다.

얼마 있지 않아 아들 블룸하르트는 대중 전도자 및 신앙 치유자로서 큰 명성을 얻는다. 그러나 1888년, 베를린에서의 성공적인 사역을 마친 그는 다음과 같은 말로 전도와 치유라는 두 가지 활동 영역에서 급격히 물러난다. "나는 하나님이 병자를 고치는 사역이 사소한 일이라고 생각하지 않는다. 사실, 이런 기적은 지금도 주변에서 비록 수시로 드러나지 않을지라도 여전히 일어나고 있다. 그러나 병자에 대한 치유가 하나님나라의 전부라고 생각해서는 안된다. 치유보다 우선하는 것은 깨끗함을 받는 것이다. 중요한 것은 하나님을 위한 마음을 가지는 것이다. 우리는 세상에 얽매이지 않고 오직 하나님나라를 향해 나아갈 수 있어야 한다."

블룸하르트는 점차 '세상으로' 눈을 돌렸다. 즉, 그의 관심사는 당시의 사회-경제적 이슈에 초점을 맞추었다. 블룸하르트는 이러한 선택에 따라, 공적이고 공개적인 방식으로 민주사회주의Democratic Socialism와 운명을 함께 했다. 당시 민주사회주의는 노동자 계층의 권리를 위해 필사적으로 싸웠던 노동 운동으로, 많은 비난을 받고 있었다. 이 운동은 시민과 교회 모두의 분노 대상이 되었으나, 블룸하르트는 항의 집회를 주도하고 당의 후보로 출마하여 6년 임기의 뷔르템베르크 의원에 선출되었다. 그는 교회 목사직을 물러나라는 요구를 받았다.

블룸하르트는 매우 활동적이고 열정적인 입법자로 시작했으나, 시간이 지나면서 점차 활동이 줄어들었으며 재출마를 포기했다. 이것은 확실히 앞서 대중 전도 및 신앙 치유 사역을 그만둘 때와 같은 성격의 하차였다.

민주사회주의, 즉 이 운동의 목적이나 이상이 아닌 정당 정치에 대한 실망과 자신의 삶이 1차 세계대전이라는 암흑기와 함께 끝나고 있다는 사실에 대한 환멸은 "기다리며 서두르라"Wait and Hasten 라는 변증적 좌우명으로 최종 정리됐다. 블룸하르트가 생각하는 그리스도인으로서의 소명은 하나님나라에 대한 전적인 헌신이었다. 그리스도인은 세상이 이러한 방향으로 나아가도록 최선을 다해야 한다. 그러나 동시에, 그리스도인은 자신의 노력이 아무런 성과를 거두지 못할지라도 동요하지 말고 인내하는 가운데 주께서 자신의 때에 자신의 방식으로 그 나라를 임하게 하시기를 기다려야 한다. 또한, 블룸하르트에 따르면, 이 기다림은 가만히 앉아 있

는 것이 아니라 매우 강력하고 창조적인 활동을 통해 그 나라를 서
두르는 것이다.

블룸하르트는 1917년에 뇌졸중으로 쓰러진 후 1919년 8월 2일
평화로운 최후를 맞이했다.

버나드 엘러

제1부

레온하르트 라가츠Leonhard Ragaz[1868-1945]는 스위스의 존경받는 교수이자 신학자로, 초기 변증 신학에 많은 기여를 한 스위스 기독교-사회주의 운동의 지도자이다.

그는 1922년, 321페이지 분량의 책*Der Kampf um das Reich Gottes in Blumhardt, Vater und Sohn—und Weiter!*을 출간했다. 라가츠의 책 처음 43페이지는 블룸하르트 부자와 그들의 사상을 소개하는 내용이다. 나머지 부분은 그들의 '메시지'를 제공하며, 본서 제1부의 개요 및 제목들을 형성한다. 라가츠는 각 제목의 앞부분을 블룸하르트의 입장에 대한 자신의 설명 및 주석으로 시작한다. 그러나 본서에서는 라가츠가 사상을 소개하는 부분과 설명과 주석을 자료로 사용하지 않았다. 이어서 라가츠는 이 주제에 대한 블룸하르트의 언급을 인용 및 발췌한다. 우리는 본서에 라가츠의 제목을 모두 담았지만, 라가츠가 사용한 블룸하르트의 자료 가운데 대략 절반가량을 번역하여 제공했다.

편집자 라가츠는 우리에게 많은 유익을 주었다. 첫째, 라가츠는 그들의 사상에 대한 포괄적이고 정연한그러나 "조직적"이지는 않다. 블룸하르트에 따르면 그것은 불가능한 일이다 관점을 제공한다. 이러한 관점은 그들의 대화나 설교에 대한 무작위적 독서로는 결코 얻을 수 없다. 둘째, 라가츠는 오늘날 독일 밖의 어떤 학자도 필적할 수 없는 탁월한 방식으로 블룸하르트의 전집 전체에 접근한다. 셋째, 라가츠는 블룸하르트 부자와 그들의 사상에 정통할 뿐만 아니라, 그들의 "신학"에 대한 신뢰할 수 있고 권위 있는 설명을 제시할 수 있는 충분한 신학적 지식을 보유하고 있다. 넷째, 라가츠는 그들의 사상을 관습적 카테고리에 가두어 신학을 개요화 하지 않고 블룸하르트의 자료가 스스로 윤곽을 드러내게 할 수 있는 충분한 지혜가 있다. 끝으로 라가츠가 선정한 자료는 단순한 "선택적" 자료 모음이 아니라 블룸하르트가 직접 자신의 모든 사상을 제시한 것처럼 보일 만큼, 그는 탁월한 편집자이다. 한 마디로, 블룸하르트는 지금까지 어디서도 라가츠의 도움을 받은 이 책에서만큼 확실하게 자신을 드러낸 적이 없다.

본서에 제시된 라가츠가 제공한 블룸하르트 자료에 대한 번역은 필자의 것이다. 그러나 이 작업은 혼자 하기 어려운 일이었다. 일부 자료의 경우 필자가 본서에 대한 집필을 시작하기도 전에 이 일을 하고 있던 브루더호프The Society of Brothers의 형제들이 1차적 번역을 제공해주었다. 두 번째 파트는 최근 필자의 라베른 대학교 동료인 윌리엄 윌로우비William Willoughby가 맡았으며, 세 번째 파트는 라베른 대학교 독일어 전공자로 대학 3학년 때 마르부르크대학교로 유학을 다녀온 로나 휘플Lonna Whipple이 도와주었다. 이들의 도움에 감사드린다. 그러나 동시에 나는 이들의 초안을 곁에 두고 라가츠가 제공한 자료와 마찬가지로 블룸하르트의 독일어를 직접 다루었다는 사실을 밝히고자 한다. 따라서, 그들이 많은 도움을 준 것은 사실이지만, 번역에 대한 모든 책임은 필자에게 있다.

라가츠는 자신이 인용한 블룸하르트의 자료에 대한 출처를 밝히려고 노력하지 않았다. 따라서 제1부에 제시된 자료의 배경에 관한 한 아무런 도움을 줄 수 없다.

버나드 엘러

세상을 위한 하나님나라

진리에 속한 새로운 실재가 존재해야 합니다. 이 실재는 확실히 새로운 교리나 법이 아니며 새로운 질서도 아닙니다. 우리가 귀 기울여야 할 새로운 진리는 이 실재가 사람이신 하나님의 아들을 통해 임한다는 사실입니다. 즉, 지금 하나님은 이 땅에 새로운 실재를 창조하고 계시며, 이 실재는 먼저 사람들 가운데 임하지만 결국 모든 피조세계로 퍼짐으로써 땅과 하늘이 새롭게 된다는 것입니다. 하나님은 새로운 무엇을 창조하고 계십니다. 새로운 역사가 시작되고 있으며, 새로운 세계가 이 땅에 임하고 있습니다.

악은 모든 세대에서 멸망될 것이며, 선이 정당한 통치를 행사할 것입니다. 이스라엘 백성은 지난 수백 년 동안 이러한 목표를 향해 꾸준히 달려왔습니다. 그 목적은 원래 세상적인 것이었으며, 우리 기독교인이 생각하는 것처럼 영적인 것이 아니었습니다. 그것은 이 땅에 임한 하늘의 실재라는 점에서 세상적입니다. 또한, 그것은 이 땅이 선하고 공의로운 세상이 되고, 하나님의 이름이 이 땅에서 거룩히 여김을 받으며, 그의 나라가 세상에 임하고 그의 뜻이 이 땅에 이루어질 것이라는 사실에 모든 관심의 초점을 맞추기 때문에 세상적입니다. 세상은 영원한 생명을 드러내어야 합니다. 우리는 하늘도 시기할 만큼 밝게 빛나기를 원합니다.

도대체 성경 어디에 하나님이 사람을 내세에 대한 소망으로 위로하신다고 했습니까? 이 땅이 하나님의 영광으로 가득 찰 것입니다. 성경에 따르면 이것이야말로 모든 약속에 담긴 의미입니다. 예수께서 육신으로 오신 이유가 무엇입니까? 이 땅에서 아버지의 영광을 드러내시는 것 외에 다른 목적이 있습니까? 예수님은 인격적 존재로 강림하심으로 세상에 하나의 씨앗을 뿌리신 것입니다. 그는 인간의 빛이 되십니다. 예수님은 자기 백성을 "세상의 빛"과 "세상의 소금"이라고 부르셨습니다. 그의 목적은 세상을 죄와 사망의 저주로부터 건져내시어 영원한 생명과 영광으로 인도하시는 것입니다.

그렇지 않다면 왜 예수께서 병든 자를 고치시고 죽은 자를 살리셨겠습니까? 그렇지 않다면 왜 예수님이 가난한 자와 굶주린 자를 높이셨겠습니까? 그것은 그들에게 죽은 후에 복을 받기 위해서라고 말씀하시기 위해서가 아니라 하나님의 나라가 가까이 왔기 때문입니다. 물론, 안타깝게도 죽음을 겪어내야 하는 사람들에게 하나님은 저 너머의 피난처라는 탈출구를 제공하십니다. 이러한 위안도 필요하지만, 이게 핵심일 수 있겠습니까? 하나님이 죽은 자의 눈물을 닦아주고 싶어하신다는 이유만으로 하나님나라가 이 땅에서는 차단되고 죽음의 왕국에서만 지속되어야 하겠습니까? 만일 우리가 "이 땅에서는 아무것도 기대할 수 없으며, 이 땅은 우리의 집이 될 수 없다"라고 주장한다면 성경 전체의 의미를 저버리는 꼴이 될 것입니다.

사실상 죄의 틀 안에 갇힌 인간은 영원한 집이 없습니다. 우리는 장차 임할 나라를 소망할 수밖에 없습니다. 그러나, 그렇다면 다가올 나라는 무엇입니까? 그것은 죄와 사망이 없는 나라입니다. 이것이 우리가 찾는 본향입니다. 다른 나라는 없습니다. 그것은 하나님이 창조 때에 계획하신 유일한 나라이기 때문입니다.

올바른 종은 단지 삯 때문에 주인 곁에 머무르지 않습니다. 그는 자신이 쓸모없다고 생각되면, 차라리 주인을 떠나 가난뱅이가 되는 길을 택할 것입니다. 제대로 된 하녀라면, 삯만 바라보고 남아 있지 않습니다. 그는 자신이 도움이 되기를 원합니다. 아무런 할 일이 없다는 것은 불행한 일이며, 삯을 받더라도 더는 하녀로 지내기는 어려울 것입니다. 피조물 가운데 인간은 자신의 존재 목적에 대해 의식합니다. 그것은 자신을 위한 것이 아니라, 더 위대한 다른 무엇을 위한 것, 잃어버렸던 것입니다.

그럼에도 불구하고 오늘날 사람들은 교회에서 주로 자신에 대해 생각하며 앉아 있습니다. 모든 사람은 자신에 대해 한탄하며, 자기 안에서, 자신을 위해 무엇인가를 찾습니다. 그러나 그것이 무엇인지는 자신도 모릅니다. 우리는 그들에게 외쳐야 합니다. "여러분, 자신을 잊으십시오! 하나님의 뜻을 생각하십시오. 그 뜻을 이루기 위해 무엇인가를 하기 시작하십시오. 자기 연민에 빠지지 마십시오! 최소한 나 자신의 사소한 문제에 대한 걱정 외에는 아무것도 할 수 없다는 사실을 슬퍼하십시오."

우리의 가장 큰 부족함은 우리가 하나님께 아무런 쓸모가 없다는 것입니다. 그러므로 우리가 이룩한 모든 문화적 유산에도 불구하고 모두가 멸망의 길로 가고 있다는 사실은 전혀 놀랍지 않습니다. 인간은 보다 더 위대한 목적을 가진 어떤 몸의 일부로서 행동하지 않는 한 퇴화합니다. 신체적 의미에서도 마찬가지입니다. 그러나 사랑과 열심으로 자신보다 위대한 무엇인가를 위해 일하는 자들은 육체적 건강까지 누립니다. 우리가 세상과 피조물 및 하나님을 위해 생산적인 삶을 살지 못한다면 인류의 육적, 영적 생명의 가치는 떨어질 수밖에 없을 것입니다.

하나님을 믿기는 쉽습니다. 그러나 세상이 달라질 것이라는 믿음을 가지기는 쉽지 않습니다. 그러기 위해서는 죽기까지 신실해야 합니다.

여러분, 이거 아십니까? 천사들은 이미 복을 받은 자들에게 별다른 것을 해줄 수 없습니다. 이 사람들은 영생이라는 확신 속에서 자신들의 편안함만을 구할 뿐 다른 어떤 것도 하지 않기 때문입니다. 이분들을 안락한 의자에 앉힌 후 "거기 가만히 앉아 계세요"라고 말하면 그뿐입니다. 그러나 하나님의 나라가 이루어지고 많은 사람이 들어가려고 할 때, 천사들은 활기차게 일합니다. 하나님나라는 이 땅과 직접적인 관계를 맺고 있기 때문입니다. 하나님나라는 이 땅과 함께 숨을 쉽니다.

죽음 이후에 보게 될 것 중에 이미 이 땅에 드러나지 않은 것은 없습니다. 하나님의 목표는 지금 이곳입니다. 그의 기업을 이어받을 곳은 현세입니다. 그것은 철학이나 신학이 아니라 창조 사역을 통해 임할 것입니다.

그리스도인은 시대를 객관적으로 바라보아야 합니다. 그러나 그들은 오히려 자신 안에서 모든 것을 주관적으로 경험하고 자신들이 생각하는 내면의 복을 즐기고 싶어합니다. 하지만 이런 감정은 영원하지 못하며, 따라서 그들은 곧 실망하게 됩니다. 그러나 더 나은 인류의 미래를 바라볼 수 있다면, 그 사람의 마음 속에서는 축제가 열릴 것입니다. 충만한 확신은 어려운 시기를 이길 힘을 줍니다.

우리의 잘못된 사고방식에 따르면, 하나님의 나라는 우리의 행복을 위해 존재할 뿐입니다. 많은 사람에게 구주의 말씀은 이미 다음과 같은 의미로 각인되어버렸습니다. "너희는 먼저 너의 행복을 구하라. 그리하면 이 모든 것을 너희에게 더하시리라." 제가 이렇게 이야기하면 많은 사람들이 화를 내겠지만 위의 말은 우리를 현혹하는 거짓입니다. 이 사람들은 자기 자신을 사랑합니다. 자기들이 안전하기만 하면, 나머지 세상이 어떻게 되든 관심이 없습니다. 아니면, 기껏해야 다른 사람에게 "나는 당신도 구원받았으면 좋겠습니다"라고 말할 뿐입니다. 사랑하는 친구들이여, 이 작은 착오로 인해 하나님 아버지와의 관계가 깨지게 됩니다. 우리는 과자나 음료수나 아이스크림을 사달라고 떼를 쓰는 어린 아이들과 같습니다. 만약 우리가 부모님이 바라시는 것에 대해 관심을 두고 충성스럽게 땀흘려 일하는 것으로 부모님에게 감사를 표한다면, 우리가 먹고 싶어하는 것들은 자연스레 주어질 것입니다.

하나님의 모든 사역의 궁극적 목적은 우리가 이 땅에서 목도할 수 있는 하나님, 이 땅을 자신의 발등상으로 삼으실 하나님이 되시는 것입니다. 예수님은 그곳에서 모든 사람의 주가 되시고 우리는 그를 통해 다시 한번 하나님의 피조물이 될 것입니다.

살아계신 하나님

존재를 입증해야 하는 그런 종류의 신에 대해 관심을 가질 필요가 있겠습니까? 사랑하는 주님은 친히 하늘로부터 오셔서 말씀하셨습니다. 그가 그렇게 하지 않으셨다면, 어떤 철학자도 그를 발견하지 못했을 것입니다. 하나님이 시내산에서 말씀하지 않으셨다면, 칸트Kant, 피히테Fichte, 헤겔Hegel, 셸링Schelling과 같은 사람들은 여전히 이교도로 남았을 것입니다. 나는 우리의 현대 문화가 종종 성경을 고전 문학 과목으로 대체할 때 분노합니다. 모든 사람은 성경과 성경을 통해 말씀하시는 하나님이 없었다면, 여전히 무지한 가운데 있을 것입니다.

하나님은 그리스도 안에서 우리를 만나주십니다. 신앙과 순교적 헌신에 대해 논의하던 사도 시대에 그리스도의 몸에 속한 모든 지체는 자신이 어떤 믿음의 길을 걸어야 할지 잘 알았습니다. 이들 위에는 누구도 생각하지 못했고 아무도 설명할 수 없는 무엇인가가 임했습니다. 그들은 불현듯 자신이 역사의 일부가 되었음을 알았습니다. 그것은 "온 세상보다 강한 능력"이라는 인상을 주기에 충분할 만큼 놀라운 능력이 드러난, 스스로 진행되는 역사였습니다.

이런 상황에서 사람들은 하나님이 누구신가에 대한 완벽하고

귀중한 묘사를 가지고 있었습니다. 그들은 하늘을 쳐다볼 필요가 없었습니다. 모든 사건은 이 땅에서 일어났으며, 예수의 이름을 부르는 것과 밀접한 관련이 있는 것들입니다.

이런 점에서 우리는 솔직하고 진실하게 우리의 그리스도를 "하나님"이라 부르기에 부끄러워하지 않아야 할 것입니다. 왜냐하면, 하나님에 대한 지적인 묘사만으로는 시작조차 할 수 없기 때문입니다. 우리의 그리스도는 여호와가 되셨습니다. 그는 땅을 딛고 서서 우리에게 "나는 스스로 있는 자다"라고 선포했습니다. 우리는 크게 야단법석을 떨 필요가 없으며, 단지 그가 살아계신 하나님, 하늘 아버지이심을 깨닫고 그 앞에 엎드릴 뿐입니다. 그를 만난 자는 자신이 흔들리지 않는 토대 위에 서 있음을 발견하게 됩니다. 그 토대는 마지막 재앙의 날에 온 세상을 삼키게 될 우리를 압도하는 하나님의 거대한 주권이 분출되는 견고한 기초입니다

하나님나라에 대한 우리의 생각을 왜곡시키는 한 가지 결정적 오류가 있습니다. 그것은 하나님나라의 임재를 위해서 교리를 최종적이고 확실하게 수립하고 체계화하면 충분하다는 인식으로, 우리 가운데 광범위하게 확산되어 있습니다. 이런 인식 아래에서는 특정 교리나 관습이 하나님보다 중요해질 수 있다는 점에서 이 오류는 독약과 같은 역할을 합니다.

나에게는 어떤 유일하고 교조적이며 정형화되고 조직적인 교리도 그 나라에 대한 문제를 결정할 수 없다는 것이 분명합니다. 그

일은 오직 살아계신 하나님만이 하실 것입니다.

틀에 박힌 무조건적 믿음으로는 상황을 바로잡을 수 없습니다. 우리는 꾸벅꾸벅 졸며 하나님나라로 들어갈 수 없습니다. 목적을 위해 명확하고 열정적으로 나아가야 하며, 그 길은 하나님에 의해 항상 새로워져야 할 것입니다. 그렇게 할 때 진정한 은혜가 드러날 것이며, 하나님은 행동하시는 하나님으로서 앞서 행하실 것입니다.

나는 내 안에서나 외부의 먼 곳으로부터 "찬양하라, 하나님이 앞서 행하신다"라는 보고를 듣거나 눈으로 확인하지 않고는 단 하루도 지탱할 수 없음을 밝힙니다.… 따라서 우리는 모두 영적 깨달음을 통해 세계적 사건들에 대한 명확한 입장을 견지하고, 신앙적 혼동이나 어리석음에 빠지지 않아야 하며, 시대를 분별하고, 어떻게 처신할 것인지에 대한 내적 분별력을 지녀야 할 것입니다. "서두를까요? 기다릴까요? 이것을 할까요? 이 일을 그만둘까요?" 한마디로, 우리에게는 빛이 필요합니다.

창조로부터, 타락을 통해, 회복을 향해

우리는 하나님의 창조세계에 둘러싸여 있습니다. 우리가 밟고 선 이 땅은 피조세계의 한 부분입니다.

우리는 그 땅 위에서 살아갑니다. 우리는 그 땅 덕분에 살아갑니다. 우리는 그 땅을 일정 부분 다스립니다. 우리는 그 땅에 속해 있습니다. 그러나, 어디서도 그 땅의 완전한 모습을 찾아볼 수 없습니다.

세상 사람들의 도덕이나 관습, 생각, 삶을 들여다보면 자연의 장엄한 실재에 비해 인류는 이해할 수 없는 행위로 가득합니다. 여자의 발을 묶는 중국인은 아이가 제대로 걷지도 못하고 절룩거릴 때까지 멈추지 않는 것처럼, 모든 국가와 민족은 그리스도인이든 이방인이든, 피조세계의 진리 체계 안에서 어떻게든 자신을 습관적인 거짓말쟁이로 만듭니다.

사랑하는 여러분, 기억하십시오. 우리 인간은 아무리 훌륭해도 위대한 피조세계에 비하면 초라한 존재에 불과하다는 것을. 우리는 모두 무언가 뒤틀려 있습니다. 물론, 모든 사람은 하나님의 형상으로 창조되었습니다. 우리는 위대한 창조물의 한 부분이며, 회화적으로 묘사하면 어떤 중요한 바퀴에 해당합니다. 그러나 이 바퀴의 모든 톱니는 굽어 있고 깨어져 있으며, 차축은 휘었습니다.

인간의 영역은 제대로 작동하지 않고 있으며, 그 결과 모든 피조세계가 고통당하고 있습니다. 이것은 죄 때문입니다. 피조물은 우리인간에게 동조하지 않습니다. 확실히 인간에게는 왜곡된 무엇이 있는 것이 분명합니다.

우리의 육신적 생명이 속한 피조세계는 에덴의 동쪽 한 편에만 있어야 합니까? 아니면 이 피조세계 안에는 영원의 씨앗도 함께 존재합니까? 하나님이 창조하신 세계를 하찮게 여기고 피조세계의 아름다움을 가능한 한 빨리 벗어나야 할 거추장스러운 것으로 생각하는 사람들이 많습니다. 이런 사람들을 생각하면 안타깝습니다.

하나님은 영만 창조하신 것이 아닙니다. 하나님은 이 실체적 세계를 위해 자신의 '형상'이라고 부르는 몸도 창조하셨습니다. 이 몸이 존재하기 위해서는 고통스러운 산고와 수고가 필요합니다. 또한, 자신은 평온하게 죽어 영이 될 수 있다고 확신하며 강해지고 싶어 하는 사람조차도 불안에 떨게 만드는 죽음이라는 심판을 우리 모두는 직접 보고 경험합니다.

사람들은 종종 세상에서 일어나는 모든 일을 하나님 탓으로 돌립니다. 그러나 이것은 그에게 불의를 행하는 것입니다. 인간이 하는 일도 있고 마귀가 하는 일도 있습니다. 이런 일들은 해를 끼치지만, 하나님의 일은 언제나 선을 행합니다. 사실상 선은 하나님의 일을 판단하는 기준이 됩니다. 세상에서 일어나는 잘못에 대한 책임은 전적으로 우리에게 있습니다. 그러므로 나의 하나님을 일하지 못하게 하고 "그가 행하셨다."라고 말해서는 안 될 것입니다.

예수 그리스도

이 땅에서 하나님의 영광이 되신 예수님은 우리에게도 같은 일을 하도록 돕고 싶어 하십니다. 하나님은 그를 통해 다시 한번 빛나십니다. 따라서 예수님이 이곳에 계시는 데에는 목적이 있습니다. 예수님은 피조세계 안에서, 사람들 가운데 하나님으로 행하십니다. 이것은 그의 일입니다. 따라서 예수님에게는 영생이 있으며, 십자가에 못 박혀도 죽지 않으십니다. 어떤 것, 어떤 환경, 우리가 상상할 수 있는 어떤 방법도 그를 이길 수 없습니다. 왜냐하면 예수님은 이곳에서 무엇인가 성취하시기 위해 계시기 때문입니다.

그로부터 창조의 아버지가 비춰십니다. 말하자면 만물은 다시 한번 소망을 깨닫습니다. 왜냐하면 예수님은 어떻게 하면 하나님의 일을 성취하여 파괴되고 황폐해진 세상을 다시 회복할 수 있는지 아시기 때문입니다. 여러분에게 말씀드리고자 하는 것은 이것이 우리 구주께서 우선으로 하실 일이라는 것입니다. 구원자 예수님께는 하나님이 최우선입니다. 우리는 그 다음입니다. 그러나 사람들은 조금씩 자신에게 유리한 방식으로 바꾸더니 결국에는 구주께서 인간만을 위해 오신 것처럼 만들어 놓았습니다. 인간은 이런 식으로 예수님을 이용하여 우쭐대지만, 결국 몹시 난처한 지경에 처하게 될 것입니다. 구주는 우리에게 관심을 두지 않으실 것입니다. 우리가 사태를 바로 잡고 그를 돕지 않는 한 그는 아무도 돌아보지 않으실 것입니다.

예수님은 더 이상의 소동 없이 우리 모두를 치워버리실 수 있습니다. 그는 이미 줄을 자르기 시작하셨습니다. 그리고 일이 어떻게 될지 누가 알겠습니까? 그리스도인조차 더는 구주를 모시지 못하고 전적으로 자기들만 남아 있는 상황이 발생할 수도 있지 않겠습니까?

그는 이 땅에서 하나님의 영광이며, 하늘에서는 인간의 영광입니다. 이 땅에서 하나님이 지워지신 것처럼, 인간은 하늘에서 지워졌습니다. 그러나 예수께서 오심으로, 하나님이 이 땅에서 우리와 함께 거하시게 된 것입니다. 이제 예수님은 다시 한번 아버지와 함께 하늘에 거하시며, 예수 안에 있는 우리는 그곳에서 그와 함께 살 것입니다. 하나님 앞에는 죽은 인간의 무엇인가가 희미하게 빛날 것입니다. 그것은 하늘의 하나님 앞에서 그리스도를 통해 반짝이는 인간의 영광입니다.

예수 그리스도는 이런 분이십니다. 그는 본질적 토대가 되는 피조세계에 자리 잡고 계십니다. 피조세계가 하나님의 작품이듯이, 우리는 아들 예수님에게서 피조세계에 드러난 하나님의 솜씨를 볼 수 있습니다. 그는 우주를 운행하는 하나님의 모든 천사와 권세들보다 탁월한 분이십니다. 생명의 원천과 권능, 하나님의 사자들이 그를 섬깁니다. 예수님은 세상에 계시며, 세상은 그가 가시는 대로 가야 합니다. 우리는 이 엄청난 예수 그리스도의 위대함을 깨달아 그가 지금도 우리를 도우실 수 있다는 사실을 믿어야 할 것입니다.

예수님은 "나는 세상의 빛"이라고 말씀하셨습니다. 그것은 사실입니다. 그러나 우리가 이러한 사실을 깨닫지 못하는 한, 예수께서 온 세상에 두루 알려지지 않는 한, 여전히 밤입니다. 우리는 아직도 어두움 가운데 있는 것입니다. 사람들이 예수께서 태어나시고 돌아가시고 부활하셨다는 이유만으로 지금은 낮이라고 생각하는 것은 기독교의 가장 큰 오류입니다. 이런 오류에 빠진 우리는 모든 것이 완벽하게 성취되고 유익하게 끝났다고 생각함으로써 지난 이천 년간 가장 어두운 밤을 보내야 했습니다.

그러나 우리가 예수 그리스도의 사도가 되기 위해서는 큰 노력이 필요합니다. 우리의 죽은 세계는 먼저 빛을 받아야 합니다. 그러면 낮이 될 것입니다. 모든 사람은, 그리고 하늘과 땅 및 땅 아래에 있는 모든 인식은 예수께서 만유를 지탱하고 계시며 절대적 하나님의 영광으로서, 성자로서 이 세상 만물을 통치하신다는 사실을 알아야 합니다. 그러면 낮이 될 것입니다. 그러면 구속이 가장 높은 곳, 가장 깊은 곳까지 이를 것입니다.

우리는 한 사람을 알고 있습니다. 만물은 그를 힘입어 기동합니다. 그는 예수 그리스도입니다. 예수 그리스도는 피조세계에 다시 한번 비췬 빛이십니다. 그렇다면 여러분은 왜 예수께서 사천 명이나 오천 명을 먹이신 사실을 믿지 않습니까? 그것은 놀라운 사건이지만, 그는 참사람이시기 때문에 세상의 권세들은 그에게 굴복해야 합니다. 또한, 여러분은 왜 예수께서 병자에게 손을 대자 나은 사실을 믿지 않습니까? 그는 참사람이십니다. 만물은 하나님 앞에서 그에게 복종해야 합니다. 그는 하나님의 형상이며, 하나님의 아들입니다. 이러한 사실은 그를 복되게 할 뿐만 아니라, 그의 영역에 들어선 모든 자를 복되게 합니다. 원래 사악하고 타락한 자들조차 예수께 나아가기만 하면, 그의 참된 영이 그들 안에서도 선한 일을 행하실 것입니다.

이성적인 눈으로 접근한 인식에 의존하는 한, 그리스도의 강림에 관한 연구를 통해 제시된 통찰력은 하나님의 뜻에 따른 그리스도의 삶과 맞설 것입니다. 그러므로 많은 사람은 "예수의 삶"을 기록하고 "그리스도의 역사적 현현"을 위한 토대를 세우려고 하지만, 남아 있는 기록이 빈약하다는 사실에 실망하게 됩니다. 복음서의 기록이나 당시 다른 저자들의 글은 인간 예수에 대한 역사를 체계화하려는 욕구를 만족시키지 못합니다. 심지어 사도들과 선지자들은 우리에게 그리스도의 탄생 연대조차 제시하려 하지 않습니다. 그들은 예수님의 특별한 삶의 역사성, 그의 탄생과 십자가에서의 죽음 및 부활과 관련된 사실을 세상에 입증하고 싶어 하지도 않습니다. 왜냐하면, 진리는 이성적으로 입증할 수 있는 역사가 아니라 꾸밈없는 역사에서 드러난 하나님의 생명에 있으며, 육신과 관련된 역사는 쓸모없는 껍질처럼 남았기 때문입니다.

여러분이 찾는 사람은 여기 계시지 아니하지만막 16:6, 하나님이자 사람이신 그분은 이곳에 남아 사람들에게 생명과 빛을 주십니다. 경건한 자들이 처음부터 그리스도를 알았던 사람들에게서 듣고 전달한 자료들에는 표면적 역사에 대한 혼란을 초래하는 모순된 내용도 있을 것입니다. 다양한 사람들이 열정을 가지고 함께 일하는 곳에는 불완전한 요소와 완전한 요소가 섞일 수 있으며, 우리도 마찬가지입니다. 또한, 주 예수께서 자신의 역사를 사람들에게 맡기신 후, 역사가 전달되는 과정에 정교하게 다듬어졌을 것입니다. 그러나 사도 바울은 "전에는 우리가 육신의 잣대로 그리스도를 알았지만, 이제는 그렇지 않습니다"고후 5:16라고 했습니다. 이것은 예수께서 역사적으로 생존하지 않았다는 말이 아니라 이러한 표면적 역사는 사라지고 하나님의 표면적 역사만 남았다는 것입니다.

하나님의 영이 하나님의 증거를 구하는 자에게 임하시면, 그 영은 이 땅에서 자신의 임재를 사람들의 삶 속에 실제로 구현하시며, 자신이 하찮은 문제로 밀려나는 것을 용납하지 않습니다. 왜냐하면, 이 영은 사라져버릴 육신적 인간 역사가 아닌 하나님나라에 모든 진리의 핵심이 있다는 사실을 알기 때문입니다. 인간의 삶의 진정한 역사는 비록 지금은 초라한 미완성의 관계 속에 발전하고 있지만 결국 하나님과 밀접하게 결속한 성취를 향한 과정에 있습니다. 이 영은 이러한 생명의 역사가 전통이나 역사적 탐구의 역사가 아니라 역사적 무대에 등장하신 하나님 자신의 역사라는 사실을 압니다. 따라서 인간의 역사를 잃어버린 후에도 여전히 인간의 삶은 알려질 것입니다. 왜냐하면, 역사는 처음부터 끝까지 하나님 자신의 삶을 통해 드러났기 때문입니다.

인간은 실제로 자신의 역사가 있습니다. 우리는 역사를 공부할 수 있습니다. 또한, 우리는 역사로부터 배울 수 있습니다. 그러나 이것은 우리의 마음에 기쁨을 주는 역사가 아닙니다. 인간의 역사가 주는 기쁨은 우리가 그것을 기꺼이 포기하려 하지 않을 만큼 크지 않습니다. 그러나 인간적 틀에 구애됨이 없이 신적인 것을 통해 얻는 경험적 역사가 있습니다. 인간의 역사는 신적인 터치가 필요합니다.

우리는 아브라함으로부터 예수님 및 사도들에 이르기까지 하나님의 사람들의 독특한 경험을 읽을 때, 솔직히 그들이 우리를 화나게 한다는 사실을 인정해야 할 것입니다. 우리가 인간적으로 설명할 수 없는 다른 사건들은 제외하고 예수님만 받아들일 수 있다면 얼마나 좋겠습니까? 설상가상으로, 그리스도는 부활하시어 하늘로 오르셨습니다. 이것은 이 존귀한 분을 자신의 신앙적 토대로 삼으려는 모든 자를 불안하게 하는 소식이 아닙니까? 예수께서 자신과 관련하여, 배운 자들이 수치심을 느낄 말씀을 하지 않았다면 얼마나 좋았겠습니까?

아직도 과학을 신봉하는 자들이 죽어서 장사지낸 바 된 사람이 부활해서 지금도 살아 있다는 상상을 어떻게 하겠습니까? 그것은 죽음을 사람이 벗어버릴 수 있는 어떤 것, 육체를 잃는 것이 아니라 육체적 변화를 통해 극복할 수 있는 무엇으로 여기는 것과 같습니다. 그러나 하나님 백성의 모든 경험은 이러한 관점과 일치하며, 하나님의 나라의 씨앗을 발견하는 것은 전적으로 교리가 아니라 이러한 경험을 통해서입니다. 교리는 경험으로 이어지지 않지만, 경험은 교리로 이어지며, 좋든 싫든 우리가 하나님의 나라를 찾기 위해서는 경험으로 돌아가야 합니다.

예수께서 우리의 공동체에 임하시면, 낮이 됩니다.··· 모든 인류 역사는 예수님의 사역을 축으로 돌아간다고 할 수 있습니다. 선하든 악하든, 밝든 어둡든 과거에 일어난 모든 일은 이처럼 인류의 미래를 지향하는 예수님의 사역에 초점을 맞춥니다.

그것은 태초의 시작과 유사합니다. 태초에 땅을 향한 아름답고 중요한 명령이 임했습니다. "빛이 있으라 하시니 빛이 있었고." 그 순간부터 명령의 시행을 멈출 수 있는 것은 없었습니다. 땅에는 빛이 있었고, 이 빛으로부터 다른 모든 것, 즉 모든 생물과 생명 환경이 생겨났습니다. 빛으로 말미암아 땅의 가장 깊은 곳, 탄갱까지 모두 드러났습니다. 그러나 그 과정이 어떠했습니까? 오늘날 우리가 누리는 땅이 되기까지 얼마나 많은 흙먼지를 일으키고 진흙탕에 빠졌으며 파괴와 공포 및 혐오를 경험했습니까?

마찬가지로, 예수님을 통해 일종의 빛이 임했습니다. 이 빛은 특히 사람을 향하며, 처음에는 단지 그와 관계된 소수의 사람에게만 임했습니다. 그러나 비췸을 받은 자가 많든 적든, 성령의 빛은 그들에게 비천한 것으로 만족하지 말고 보다 고상한 것을 추구하라고 요구합니다. 이 빛은 지금도 비춰고 있습니다. 인간에게 비춘 이 성령의 빛은 지대한 발전을 초래했으며, 지금도 여전히 인류의 혁명과 발전을 가져올 수 있는 가장 큰 능력이 있습니다. 죄와 잔인성과 천박함이 최악에 달했으며, 따라서 많은 먼지가 일어나고 인간의 흉측함이 드러났습니다. 빛의 임재를 따르는 기독교 역사는 눈 뜨고 보기 어려울 만큼 끔찍합니다. 그러나 어떻게 하겠습니까?

인류 역사에서 한 가지 분명한 사실은 확실히 어느 시점에 무엇인가 태어났지만, 그 후로도 만물은 여전하며 그것을 좋아간 자는 아무도 없다는 것입니다. 그동안 많은 발전이 있었고 시작도 되풀이되었지만 우리는 그것을 인식하지 못했습니다. 예수님의 3년 사역이 인간 사회에 일어난 가장 위대한 혁명이라는 사실을 아는 사람은 아무도 없습니다. 제국의 부상과 국가 간의 전쟁 및 승리는 결코 "사건"이나 새로운 "창조"가 아닙니다. 고상한 부르심에 비한다면, 그것은 인간사에 불과합니다. 인종적 언어적 차별, 원한, 적개심 및 교만과 마찬가지로, 지상의 모든 제국은 흔적도 없이 사라지고 말 것입니다. 이 모든 것들은 예수 그리스도를 통해 우리에게 임한 창조의 빛 안에서 사라지고 아무것도 남아 있지 않을 것입니다. 그러나 우리에게 남아 있는 그것은 참으로 영원한 가치를 지닌 것입니다.

우리가 반드시 해야 할 일은 고대의 신앙고백만 고수할 것이 아니라 새로운 경험을 통해 다음과 같이 고백하는 것입니다. "예수님은 진실로 부활하셨습니다! 그는 우리 가운데 거하십니다! 그는 우리의 결박을 푸시고 자기 백성을 인도하십니다. 그는 육체적 죽음을 통한 부활과 생명으로 하나님의 영원한 찬양과 영광이 되신 삶으로 우리를 이끄십니다."

예수께서 죽음에서 부활하신 것은 하나님이 그를 통해 우리도 살리시고 만물을 주관하심을 다시 한번 보여주시기 위함입니다. 그러므로 우리는 그리스도와 함께 죽음으로써 다시 살리심을 받아 우리에게 주어진 완전하고 훌륭하며 영광스러운 본분을 능히 감당해야 할 것입니다.

주 예수는 인간적으로 우리와 매우 가까이 계십니다. 나는 아무리 가까운 친구라고 해도 구주만큼 잘 알지 못합니다. 나는 친구의 마음을 들여다볼 수 없습니다. 그의 마음은 신실하지 않을 수 있습니다. 그러나 구주는 비록 멀리 떨어져 계실지라도, 우리는 성경을 통해 그가 우리에게 매우 솔직하다는 사실을 잘 알고 있습니다. 그러나 키케로의 작품들은 그렇지 않습니다. 그의 글을 아무리 읽어도 그의 마음을 들여다볼 수는 없습니다. 플라톤이나 소크라테스나 버질도 마찬가지입니다. 그들이 아무리 아름답게 고귀한 정신을 표현했다고 할지라도 우리의 친구가 될 수는 없습니다. 그러나 구주는 모든 사람의 친구로 다가오십니다. 우리가 그를 알기만 하면 모든 것이 저절로 해결될 것입니다.

구속

확실한 구속

자주 있는 일이지만, 누군가가 우리에게 자신이 당한 불행이나 안타까운 소식을 들려줄 때 우리는 "운명을 받아들이세요"라고 하지 않습니다. 아니, 우리는 "인내하세요. 기다리면 문제가 해결될 것입니다. 확실히 그렇게 될 것입니다"라고 말합니다.

이런 기독교로 자신을 위로하지 마십시오. 이런 식의 기독교적 위로는 모든 고통에 대해 합력하여 선을 이룬다는 그럴듯한 말로 포장하여 감추려는 오늘날의 사고방식입니다. 이런 위로를 받아들이지 마십시오. 여러분은 나와 함께 하나님 앞에서 "하늘에 계신 아버지여, 우리는 아버지의 아들이라고 불릴 자격이 없으니 우리를 품꾼의 하나로 삼아 주십시오"라고 고백하는 자를 찾아야 할 것입니다.

몸의 구속

영은 자신을 구체적으로 드러내어야 합니다. 영은 우리의 현세적 삶 속으로 들어와야 하며, 육신을 통해 구현된 신성이 세상을 이기는 사건이 반드시 일어나야 합니다. 하나님은 우리의 물질적 세계와 연계될 때만 살아 역사하는 영이 되시며, 그러기 전에는 단지 개념적 존재에 불과할 뿐입니다. 영이 삶을 지배해야 합니다.

영과 몸의 결합은 신적-자연적 법칙이며, 어느 한쪽만 다루려는 자는 반드시 다른 쪽도 고려해야 합니다. 몸과 영을 나누려는 자는 살인자라고 할 수 있습니다.

사람의 첫 번째 관심사는 육신의 신속한 회복인 것으로 보입니다. 그러나 영은 사람이 건강할 때보다 아플 때 육신적으로 더 많은 쉼을 누리며 왕성한 생명력을 회복한다는 사실에 대해 하나님께 감사해야 할 것입니다. 하지만 많은 사람은 이러한 위로에 화를 냅니다. 그들은 조용히 자신의 삶을 돌아보는 성찰에 익숙하지 않기 때문에 기를 쓰고 분주한 일상으로 돌아가고 맙니다. 하나님은 우리가 파멸하지 않게끔 우리를 영적인 절제 아래 두시지만, 사람들은 위와 같은 방식으로 자신의 건강을 상하게 하는 것입니다.

사람이 영적으로 쫓겨 다니는 것은 몸에 해롭습니다. 영의 방랑적 성향은 영혼을 우울하고 비참하게 만듭니다. 그러므로 그리스도를 아는 모든 환자는 육신의 건강을 가장 우선적인 소원으로 삼아서는 안 될 것입니다.… [오히려] 그는 자신의 영을 제어하여 야생성을 스스로의 의지로 길들임으로써 그리스도께서 그를 받아주시고 즉시 하나님과 그의 진리로 인도하시게 해야 할 것입니다. 말하자면, 먼저 하나님의 나라와 그의 의를 구하면 몸과 영이 건강하게 된다는 것입니다.

하나님에게 있어서 건강하다는 것은 곧 의롭다는 것입니다. 아무리 정상적이라고 해도 건강한 몸이 불의로 향하는 한 하나님의 눈에는 건강한 것이 아닙니다. 사망의 독침은 이런 식으로 수천 개씩 밀고 들어옵니다. 그리고 독이 온몸에 퍼지기도 전에, 우리 눈에 건강하게 보이는 몸은 머리부터 발끝까지 아파 죽음에 이를 수도 있습니다. 우리의 건강은 의로 나타나야 하며, 의의 첫 번째 요소는 자신을 하나님의 통제 아래에 둠으로써 더는 영이 마음대로 하지 못하게 하는 것입니다.

영적인 경건이 몸에 진실하고 의로우며 몸을 자유롭게 하여 하나님을 섬기게 하지 않는 한, 이러한 경건이 인간적 관습에서 벗어나지 않는 한, 또한 거룩한 법과 일치하지 못하고 부패하는 한, 우리는 종교적 불구자로 남을 수밖에 없을 것입니다. 우리는 하나님의 뜻대로 사방에 생명을 분출할 수 있는 하나님의 진정한 피조물이 되는 법을 배워야 합니다.

그러므로 우리는 "기적을 베풀어주소서"라고 기도하는 대신 "모든 것을 진리의 길로 인도하소서"라고 기도해야 합니다. 하나님은 기적을 베푸시지만, 어디까지나 인간을 영적으로 변화시키기 위한 한 방편으로서일 뿐입니다. 그러므로 기적을 베풀 수 있는 장이 제공되어야 합니다. 하나님 편에서 우리를 새롭게 하고 깨닫게 하실 하나님나라에서의 근거가 있어야 한다는 것입니다. 기적은 바로 이러한 기반 위에서 일어납니다. 그런 후에야 비로소 우리는 큰 소리로 기뻐 외칠 것이며, 내적인 모든 것이 바로 될 수 있을 것입니다. 그러나 그 순간, 외적인 기적은 사라질 수 있습니다. 나는 당사자의 내적 변화를 초래하지 않는 어떤 기적도 기대하지 않습니다.

정치적 구속

계시만이 발전을 가져올 수 있습니다. 그렇기 때문에 계시가 드디어 세상 모든 사람과 체제들 속으로 들어오는 것이 중요합니다. 그런 일이 지금까지는 일어나지 않았고, 일어나기만 한다면 세상은 진정으로 한 단계 발전할 것입니다. 사실상 하나님은 열방의 역사에 직접 개입하지 않았습니다. 보어 전쟁처럼 인간의 역사만 계속되었을 뿐입니다. 계시적 사건이 있고 난 후, 비로소 하나님의 영은 보어인이나 영국인 모두에게 풍성한 통찰력을 주셨으며 그들은 더욱 멀리 볼 수 있었습니다. 그러나 이러한 깨우침도 계시를 통해 정치에 영향을 미쳐야 합니다.

오늘날 우리는 여러 면에서 위험한 시대에 살고 있습니다. 우리는 믿음을 지켜야 하며, 특히 이런 식의 전쟁이 우리의 상황을 개선할 수 있다는 말을 믿어서는 안 됩니다. 오늘날 우리가 주변에서 흔히 들을 수 있는 이런 말은 전쟁까지 초래할 수 있는 일종의 절망입니다. 하나님은 이런 말을 감찰하실 것입니다. 전쟁은 결코 정당화될 수 없으며, 우리는 아무리 위험한 상황에서도 하나님의 전능하신 권능을 신뢰할 수 있습니다. 우리는 그가 평화를 가져오실 것이며 어떤 상황에서도 하늘에서 이적과 기사를 보내어 우리를 도우실 것이라고 믿습니다. 우리에게는 칼이나 대포가 필요 없습니다. 우리는 살 것이며, 살게 할 것입니다. 그러니, 오 우리 주 하나님이시여, 우리를 긍휼히 여기소서. 당신은 마침내 약속하신 평화의 나라를 만드실 것입니다.

통찰력이 있는 자라면 유럽에서 평화를 위한 노력보다 민감한 문제는 없다는 사실을 알 것입니다. 오늘날 평화를 반대하는 자는 실수하고 있는 것입니다. 아직도 꾸며낸 정치적 상황이 존재한다는 것은 사실입니다. 일종의 전쟁에 대한 욕망이 수 세기 동안 유럽인과 여러 민족의 폐부 속에 스며들었습니다. 이 전쟁 욕망은 일부 영역의 집단을 지배하고 있지만 안일한 사람들은 이러한 사실을 알지 못합니다. 그런데도 그들은 너무 쉽게 그것에 대해 열광합니다. 왜냐하면, 그들의 마음 배후에는 여전히 "전쟁은 일어날 수밖에 없다"라는 생각이 잠재되어 있기 때문입니다.

오늘날에도 정치 세계에는 칼이 아니면 해결할 수 없는 문제들이 있습니다. 그러나 누가 "더 운이 좋은지" 알기 위해서는 서로 치고받는 방법뿐이라고 생각하는 것은 수치스러운 일입니다.… "더 강한지"라는 표현을 사용할 수 없는 것은 힘이 센 자가 지는 경우가 비일비재하기 때문입니다.

그런 식으로 생각하는 자는 우리의 정치적 인식이 얼마나 소심한지도 한번 생각해보아야 할 것입니다. 수많은 사람이 사는 이 크고 둥근 지구는 성실한 인류에게 얼마나 광활한 운동장이 될 수 있었겠습니까? 그러나 우리는 자신을 호랑이와 양, 여우와 거위로 분류함으로써 얼마나 작은 약육강식의 세계로 만들었습니까? 이 땅에서 일어나는 모든 일은 동물의 세계의 원리를 따라 일어나며, 거룩한 영의 삶은 찾아볼 수 없습니다.

이런 생각을 하다 보면 오늘날 금기시되고 있는 한 단어를 떠올리지 않을 수 없습니다. 그러나 이 단어는 결코 부정적으로 접근할 필요가 없습니다. 솔직히 말하겠습니다. 그것은 바로 "아나키무지배, 무통제"라는 단어입니다. 이 땅의 거민에 관한 한, 아무런 통제가 없는 확실한 자유가 개인을 위대한 사상에 무지한 동물집단으로 만드는 철저한 억압보다 나을 것입니다.

우리는 이곳에서 진보를 이루어야 합니다. 우리가 진정 평화를 원한다면, 평화를 가져오기 위한 노력에 동참해야 할 것입니다. 말만 하고 평화가 저절로 이루어지기를 바라는 것은 아무런 도움이 되지 않습니다. 그러므로 평화를 원하는 모든 사람은 평화를 쟁취해야 하며, 평화의 사람이 되어야 합니다.

이것은 특히 하나님이 영원한 진리와 공의를 추구하는 우리에게 원하시는 것입니다. 이것은 우리의 소명입니다. 우리가 지금 상황에서 가장 강한 자가 아닌지 누가 알겠습니까? 나는 다른 이유로 동정심이나 박애주의 등 평화를 갈구하는 자들에 대해 과소평가하지 않지만, 이런 노력이 큰 힘을 발휘할 수 있을 것으로 생각하지 않습니다. 그러나 우리의 노력에는 눈에 보이지 않는 특별한 힘이 있습니다. 하나님이 원하시는 것처럼, 영원한 진리가 원하는 것처럼, 우리도 평화를 추구할 것입니다. 우리는 사람들이 변화를 받아 이 끔찍한 유럽의 역사를 끝내기를 소원합니다.

아직도 역사에 매어 그곳에서 해법을 찾을 수 있을 것으로 생각하는 자가 있다면, 그는 참으로 한심한 사람일 것입니다. 그러나 몇 사람이라도 눈을 열어 의롭고 영원하며 참된 것을 보고 굳은 결심을 한다면 그것만으로도 이미 가치 있는 일일 것입니다. "우리에게는 변화가 필요합니다." 우리는 변화하는 만큼 시대의 역사 위로 날아오를 수 있습니다. 이러한 시도는 결코 헛된 결과로 이어지지 않을 것입니다. 오히려, 그것은 우리가 하나님나라라고 부르는 곳으로 향할 것입니다.

사회 구속

사회민주주의Social Democracy는 우리가 마땅히 추구해야 할 제도입니까? 아니면 많은 사람이 생각하는 것처럼, 사회민주주의는 지나친 미래적 사회를 추구하기 때문에 모든 시민과 교회가 반대해야 할 제도입니까?

프랑스 혁명 이후 새로운 질서의 사회를 향한 운동이 끊임없이 확산되고 있다는 사실을 깨닫지 못하는 자는 맹인입니다. 사회주의 사상으로 홍역을 앓지 않은 나라가 있습니까? 새로운 사회 질서에 대한 추구는 우리 모두의 공통된 욕구이자 미래지향적 열정입니다. 이 운동을 외면할 수 있는 자는 아무도 없습니다. 교회와 국가는 이 운동에 대한 자유를 보장해야 합니다. 우리는 지난 세기에 혁명과 급격한 변화를 경험했으며, 오늘날 급진적 운동의 시대를 살고 있습니다. 이것은 전적으로 하나님의 뜻과 일치합니다.

우리는 오늘날 세상을 보는 관점이 많이 바뀌었다는 사실을 알아야 합니다. 오늘날 시민은 누구나 정치적 권리를 요구하며 어느 때보다 많은 정치적 권리를 누리고 있다는 사실에 놀랄 사람은 없을 것입니다. 오늘날에는 지위 고하를 막론하고 누구에게나 공평한 정의가 요구된다는 사실에 놀랄 사람이 누가 있겠습니까? 오늘날 고용 노예나 노예제도를 재도입하기를 원하는 자가 있습니까? 오늘날 누가 감히 대의 정부를 폐지하겠습니까? 세상을 바라보는 관점은 확실히 변했습니다.

지난 수 세기 동안 자유를 위한 권리를 요구한 자들은 모두 법의 심판을 받고 사라졌습니다. 그리고 오늘날 사회주의는 모든 사람의 차별 없는 생계권을 요구하며 소유의 문제는 돈이나 재산이 아닌 인간의 삶에 최상의 가치를 두어야 한다고 주장하지만, 이것이 어찌 비난받아야 할 혁명적 요구라는 말입니까? 이러한 요구가 예수 그리스도의 영 안에서 이루어지고 이 모든 과정은 그분의 목적을 지향하며 그것의 성취를 위해서는 혁명적 변화가 필요하다는 것은 자명한 사실입니다. 저항은 헛수고입니다. 왜냐하면, 모든 사람이 모든 면에서 평등한 대우를 받고 세상에서 시달릴 것이 아니라 하나님의 복된 피조물이 되어야 한다는 것은 하나님의 뜻이기 때문입니다.

억압당한 계층의 이러한 투쟁이 항상 순조로웠던 것은 아닙니다. 또한, 실제로 많은 불합리한 요소들이 드러나 바로잡기도 했습니다. 그러나 이러한 것들은 문제가 되지 않습니다. 나에게는 이 운동의 근원, 열정적 의지 및 이러한 목적의 영적 창의성으로 충분하며, 따라서 나는 사실상 지금까지 나를 인도하신 예수 그리스도의 영 안에서 동지애를 느낍니다.

여러분은 "그러나 사회민주주의자는 유혈 혁명, 기존의 질서에 대한 불법적 전복 및 총체적 무질서를 원한다"라고 말할 것입니다. 내가 확실히 말할 수 있는 것은 그것은 사실이 아니라는 것입니다. 많은 사람은 혁명에 대한 공포심을 가지고 있습니다. 프랑스 혁명과 이어진 혁명 운동들이 피로 얼룩졌기 때문입니다. 그러나 16세기의 종교개혁은 훨씬 더 잔혹했습니다. 그런데도 우리는 종교개혁에 대해서는 문제 삼지 않습니다. 왜 그렇습니까? 그것이 약간의 종교적 자유를 가져다주었기 때문입니까? 그렇다면 왜 18세기의 혁명들에 대해서는 거부감을 가집니까? 이러한 혁명들은 정치적 자유를 가져다주었기 때문이라고 말하겠습니까? 필자가 보기에 정치적 자유는 종교적 자유의 필연적 결과입니다. 피로 얼룩진 종교개혁은 나에게 유혈 혁명과 똑같은 고통을 줍니다. 그러나 나는 전자와 후자 모두에게서 인간의 자유를 향한 진보를 볼 것입니다. 우리는 왜 피를 무시하는 국가적 편견 대신 오래전부터 내려오는 피의 역사에 대한 총체적 공포심을 가지지 않습니까? 사실 세계 역사 전체는 혁명의 피로 얼룩진 하나의 긴 강입니다.

사람들은 "그리스도는 이 모든 혁명적 사고에서 벗어나 오직 인류의 영적 향상에만 집중하신다"라고 말합니다. 하지만 그리스도는 하나님나라를 반대하는 문화와 민족주의의 거짓 신들로 가득한 유대 성전을 향해 가장 끔찍한 파괴적 경고를 하셨습니다. 그는 유대인이 자부하는 국가적 신전을 향해 "돌 하나도 돌 위에 남지 않고 다 무너질 것이다"라고 말씀하셨습니다. 그리스도는 당시 자본주의 사회 시스템에 대한 멸망이 임박했음을 아셨던 것입니다.

그리스도는 자신의 강림이 가장 큰 혁명으로 이어질 것으로 생각했으며, 제자들에게 매우 폭력적인 상황이 전개될 것이라고 경고하셨습니다. 그는 계속해서 이런 일이 있어야 하되 끝은 아니라고 말씀하셨습니다. 마지막 날에는 어떤 폭력도 없을 것입니다. 인자는 번개가 온 세상을 번쩍임 같이 임하실 것입니다. 이것은 하나님의 생각과 뜻이 우주적 차원에서 보편적으로, 그리고 강력한 권능으로 전개될 것이며 인간의 마음을 파고들어 하나님이 의도하신 새로운 피조물이 되게 하실 것을 보여줍니다. 그리고 우리는 그때

비로소 새 하늘과 새 땅을 준비할 것입니다.

그러나 우리가 만일 인간 역사의 최종적 목적에 대한 예수님과 사도들의 말씀을 전부 모아 살펴볼 수 있다면, 예수께서 정치적 상황 및 사회적 상황에 관심을 가지고 계시며 그의 나라는 기존의 체제를 전복하지 않는 한 결코 임하거나 생각조차 할 수 없다는 사실을 영적으로 깨닫게 될 것입니다. 확실히 예수께서 생각하시는 체제 전복은 본질상 폭력적 요소를 배제하기 어렵습니다.

그러나 이것은 예수님의 제자들이 생각하는 것처럼 폭력을 행사해도 된다는 뜻이 아닙니다. 우리는 이 모든 과정을 헤쳐나갈 때 결코 폭력적 혁명가가 되어서는 안 되며, 오직 평화와 권위로 충만하여 우리의 시선을 평화의 최종적 목적지에 고정해야 합니다. 그러나 이러한 이 목적지는 파괴적인 전복이 없이는 도달할 수 없습니다. 전적으로 불의한 인간의 본성은 예수께서 예루살렘 성전에서 휘두르신 것과 같은 채찍을 필요로 하며, 그들을 위해 준비된 채찍은 바로 선지자 말라기가 경고한 "용광로 불길 같은 날"입니다. 그러므로 나는 하나님의 집에서 심판이 시작된다고 할지라도 환호할 것입니다.

그렇다 하더라도, 사회주의 운동은 다가올 심판을 경고하기 위해 하늘로부터 오는 불의 징조와 같습니다. 따라서 기독교계가 심판에 직면하면, 자만할 것이 아니라 심판이 시작된 배경에 주목해야 할 것입니다.

그렇습니다. 탐욕은 모든 악의 뿌리입니다. 나는 사람들이 왜

이 진리를 더욱 절감하지 못하는지 이해할 수 없습니다. 이 세대가 재물에 대한 축척 및 소유욕에 빠져 망해가고 있다는 것은 분명한 사실입니다. 오늘날 우리의 눈에는 투기만큼 고상하고 신성하게 비치는 것도 없습니다. 최고의 부자 가운데도 이런 부담을 가진 자가 얼마나 많은지 모릅니다. 그들은 이기적 구제 사업에 동참하지만 가난한 자에게 실제적인 도움이 되지 못합니다. 진정한 도움은 궁극적 목적이 되는 그리스도만이 주실 수 있습니다.

이제 가장 혹독한 빈곤에서 태동한 하나의 조직이 부상하여 이 목적을 위해 싸우며 황금만능주의 세상의 구속을 지향하고 있습니다. 이 조직을 그리스도의 이름으로 돕는 나를 누가 막아서겠습니까? 우리는 내리막길에 있다는 그들의 분명한 증거와 우리의 현재적 타락에도 불구하고 "땅에는 평화"라고 말할 수 있는 시대, 즉 생명과 구원의 의미를 이해하는 자들이 태어날 보다 나은 시대를 향하고 있다는 사람들의 소망이 진리라고 선포하는 나를 누가 비난하겠습니까? 그것은 이 땅에 있는 하나님나라의 목적이자 온 인류의 구속자이신 하나님의 목적입니다. *

"[아마도 민주사회주의는] 다른 어떤 운동보다 예수님의 사상

---

* 개인적으로 블룸하르트보다 민주사회주의에 대한 애착이 강했던 라가츠 (Ragaz)는 이 주제와 관련하여 우리에게 이 한 가지 진술만 제시한다. 그러나 블룸하르트의 사상에 대한 온전한 묘사를 원한다면 그가 당에 대해 어느 정도 실망한 후, 즉 뷔르템베르크 의회 당대변인 자리에서 물러난 후 했던 말을 살펴볼 필요가 있다. 그의 진술은 레쥰(Lejeune)의 『블룸하르트와 그의 메시지』, 73쪽에 기록되어 있다. (버나드 엘러)

을 각 나라의 삶에 발전적으로 적용할 수 있을 것입니다."

"사회 운동에는 순수한 인간의 삶을 위한 포괄적 관심이 담겨 있습니다. 이러한 관심은 보편적으로 인류에게 도움이 됩니다. 이 것은 모든 사람을 도우시려는 하나님의 뜻을 반영한 것으로, 광범 위한 계층의 사람이 받아들였습니다."

"[기독교는] 예수 그리스도 안에 있는 이 원리를 그처럼 결정적 으로 표현한 적이 없습니다."

"오늘날 우리가 목도하는 사회 운동은 여전히 세상적입니다. 오 늘날의 사회 운동에서는 언젠가 하나님의 영을 통해 임할 공동체 적 교제를 찾아볼 수 없습니다. 일반적 견해에 대한 지나친 독단적 주장은 하나님의 순전한 사역을 방해하는 경향이 있습니다."

"하나님에 대한 필자의 생각을 땅의 일로 가져가려는 시도는 사람이 오직 자신만이 복된 인간성을 만들어낼 수 있다는 희망으 로 가득 찬 시대에는 더는 뿌리를 내릴 수 없습니다. 이제 그들이 더욱 고상한 것을 붙들기 위해서는 먼저 땅의 일이라는 암초에 좌 초해야 할 것입니다." *

---

* 확실히, 블룸하르트는 라카츠의 인용문에서 했던 진술을 철회하고 싶어 하지 않는다. 우리는 블룸하르트가 처음에 한 말과 나중에 한 말 가운데 어느 한쪽 -후자 대신 전자, 또는 전자 대신 후자- 을 선택할 필요가 없다. 블룸하르트가 나중에 한 말은 일종의 중화 작업에 해당하며, 초기 진술에 내포되었을 수 있다. 따라서 그의 진심은 두 가지 입장이 긴장을 유지하는 가운데 상호

하나님의 뜻은 예수께서 이 땅에 나타나심으로 드러났습니다. 그는 어떤 분이십니까? 예수님은 인간과 인간 사회의 친구이십니다. 그리고 그는 사회의 가장 비천한 자불쌍한 자, 멸시당하는 자, 가난한 자, 눈에 띄지 않는 대중를 통해 매우 특별한 방식으로 사회를 붙드십니다. 그곳이야말로 예수님의 사역이 강력히 전개되는 현장입니다.

지금까지 하나님으로부터 오지 않은 누구도 서민을 떠맡을 수 없었습니다. 교육자나 과학자나 철학자나 인간적 사랑과 자비만 주장하는 자들은 이들에게 다가가지 않았습니다. 그들은 언제나 "아 그 사람들, 별 볼 일 없는 자들이야. 신경 쓸 것 없어"라고 말합니다. 그들은 유명인사나 존경받는 사람이나 의롭다는 자를 만날 때만 "그래, 나는 바로 이런 사람들과 어울려야 해"라고 생각합니다.

단체를 세우고자 하는 자는 사회적 지위가 높은 친구들을 찾습

교정하는 방식을 통해 드러난다. 이와 같이 그리스도인은 하나님나라에 대한 복음서의 묘사와 양립하는 목표를 가진 순수한 사회정치적 운동에서도 하나님의 손을 인식할 수 있을 만큼 열려 있어야 한다. 물론 우리는 하나님의 손을 인식하기만 하면 그것을 공개적으로 환영하고 지지해야 할 의무를 가진다. 그러나 후기 블룸하르트는 우리에게 어떤 사회정치적 운동도 마치 하나님나라나 그것과 동등한 조직인 것처럼 전적으로 헌신해서는 안 된다고 말한다. 아니, 사회정치적 운동에 대한 그리스도인의 지지는 반드시 "종말론적 유보"의 한 요소를 포함해야 하며, 그런 운동이 하나님나라와 맞서는 국면에서는 비판하거나 탈퇴할 수 있는 자유를 가져야 한다. 그러나 블룸하르트가 민주사회주의에 가담하고 탈퇴한 일련의 과정은 얼마든지 진정한 그리스도인으로서의 증거로 볼 수 있다. 따라서 블룸하르트의 전반적 입장은 사회-정치적 세계에 앞장서서 동참하고 싶어 하는 그리스도인과, 해방 신학을 지지하는 자들처럼 복음이라는 미명하에 혁명적 폭력을 미화하는 특정 정당의 프로그램에 몰입한 자를 바로잡는 본보기가 된다. (버나드 엘러)

니다. 그러나 아무리 높은 자도, 천사장이라 할지라도 예수께서 하시는 일을 할 수 없습니다. 우리는 교수들이나 높은 사람들에게 소망을 둡니다. 우리는 하늘 가장 높은 곳을 응시하지만, 예수님은 노동자, 소외계층, 왕들과 가이사가 무시하는 이들, 권력자들이 장난감처럼 가지고 노는 이들에게 소망을 둡니다. 그러나 예수께서 회복의 시작을 보시는 곳은 바로 그곳입니다. 우리는 이런 식으로 예수님을 따르고자 합니까? 우리가 예수님을 고백해야 하는 곳, 우리가 온 마음을 다해 추구해야 할 곳은 바로 이곳입니다. 예수님이 그곳에 계시기 때문입니다.

나는 죽을 때까지 죄인들, 불쌍한 자들, 별 볼 일 없는 자들을 위해 싸울 것입니다. 나의 가장 큰 기쁨은 내가 모든 높은 것에 대해 "높음"의 허상을 분명히 보여줄 때일 것입니다. 또한, 나는 가족에게 날마다 "낮은 자와 함께 하라"는 당부를 반복할 것입니다. 만일 우리가 존경할만한 사회 집단으로 보인다면, 존경을 받는다는 사실로 인해 부끄러워해야 할 것입니다. 하나님이 존경받는 우리를 한쪽 구석으로 쫓아내시고 남루한 옷을 입은 자들을 그 자리에 앉히신다면 어떻게 하겠습니까? 우리는 이런 식으로 예수님을 선포하는 것이 훨씬 행복할 것입니다. 그러나 낮은 자들도 들어와야 합니다.

죽음으로부터의 구속

부활에 대한 소망은 하나님나라를 바라는 마음의 한 국면이며, 사망의 제거는 하나님나라의 한 요소임이 분명합니다. 분명하게 말할 수 있는 것은 죽음을 진지하게 받아들이고 그것과 맞서 싸울 용기가 없는 자는 예수님의 제자라고 부를 수 없다는 것입니다. 그리스도를 통해 나타난 하나님의 모든 말씀과 행위는 사망이 끝났음을 보여줍니다.

그리스도의 부활은 위대한 승리를 가져왔습니다. 사람들이 태어나고, 죽은 자들이 살아났습니다. 그들 안에는 무엇인가 새로운 것이 예수 그리스도의 놀라우신 능력을 통해 드러났습니다. 부활의 행위들이 나타나고, 새로운 사람이 일어나며, 여기저기서 새로운 백성이 출현함으로써 사람들은 "무엇인가 새롭게 된 자들이 있다"라고 말합니다.

나는 여러분에게 묻습니다. "친구여, 인간은 어디서 생명을 끌어옵니까?" 기독교는 어디서 생명을 끌어옵니까? 우리는 확실하게 대답할 수 있습니다. 내면에서 그리스도의 부활이 반복되는 자, "나는 부활이요 생명이니, 나를 믿는 사람은 죽어도 살고, 살아서 나를 믿는 사람은 영원히 죽지 아니할 것이다. 네가 이것을 믿느냐?" 요 11:25-26라는 말씀을 참으로 구현하는 자들로부터입니다.

생명은 그리스도께서 부활과 생명이 되신 자, 믿음으로 승리하여 그리스도의 통치와 권능의 영원한 힘으로 세상 권세를 짓밟은 자들을 통해서 옵니다. 세상이 지금까지 유지되는 것도 이들 때문입니다. 그들 안에는 죽음을 이기고 부활하신 예수께서 살아계십니다. 그는 그들 안에서 다스리시며 그들 안에서 승리자가 되십니다. 그는 그들 안에서 은혜이며, 세상의 빛이십니다. 예수님은 그들 안에서 피조세계를 통해 영광을 받으실 것입니다.

모든 성경은 하나님의 위대한 시대를 대망합니다. 그날에는 지금의 투쟁과 빈곤과 고통이 모두 하찮은 것이 될 것입니다. 그러나 앞서 언급했듯이 "내 인생은 끝났다. 나는 곧 죽을 것"이라는 생각은 완전히 낯설고 비성경적인 사고입니다. 어떤 선지자나 사도도 그런 식으로 생각하지 않았습니다. 오히려 그들은 "하나님이 오실 때까지! 하나님의 위대한 시대가 우리에게 임하기까지!"라고 생각했습니다.

아무리 훌륭한 사람이라도 세속적인 삶을 사는 한, 사랑하는 주께서 그를 행복하게 할 수 없을 것입니다. 그는 세상사에 대한 탐욕이 지나치게 강하며 하늘의 일을 생각하지 않는 자입니다. 우리가 추구해야 할 것은 예수 그리스도의 사람들에게 초점을 맞춘 하나님의 시간과 온 세상과 피조물의 위로가 되는 영광입니다.

악으로부터의 구속

사람은 자신의 악한 본성과 잘못된 행실을 계속해서 바라봄으로써 약해질 수 있습니다. 우리는 오래전에 죄사함을 받았음에도 그것에 매달려 자신을 약하고 악한 자로 생각합니다. 그렇다면 우리가 할 일은 일어나서 강해지며 하나님에 대한 믿음을 통해 죄사함에 대한 확신을 가지는 것입니다. 원칙적으로 죄는 용서받았으며, 우리는 이 엄연한 사실을 세상으로 가져가야 합니다.

회심의 경험을 주요한 쟁점으로 생각하는 한 백해무익할 수 있겠다는 염려를 하지 않을 수 없을 만큼 오늘날의 회심에는 알맹이가 빠져 있습니다. 마음의 변화가 결정적 요소가 되지 않는 한, 주님은 우리가 바라는 것을 주시지 않을 것이며 아무것도 드러내지 않으실 것입니다. 복음은 언제나 회개를 양산하며 회개의 결과는 또 하나의 회개를 만들어냅니다. 이 개념 역시 복음에서 나온 것입니다. 그러나 회개로부터 나오지 않는 어떤 행위도 강력한 요새에 맞선 비눗방울처럼 효과가 없습니다. [요한 블룸하르트]

불행에 처한 사람들이 찾아올 때, 나는 언제나 "오, 쉽게 도와줄 수 있을 거야"라고 생각합니다. 내 앞에 파산당한 자나 지옥의 권세에 사로잡힌 사람을 볼 때도 "이들이 하나님의 사랑만 알았다면 도움을 받았을 텐데… 오, 미신과 우상이여!"라는 강한 인상을 받습니다. 그들은 많은 것을 생각하지만 하나님은 그들의 마음에 들어오시지 않습니다. 따라서 사람들은 자신을 파멸시킬 것에 목을 맵니다. 이것은 하나님에 대한 사랑이 없는 자들의 불행입니다. 개인적인 죄에 대한 지나친 집착을 버리십시오. 그것만 쳐다보고 있으면 아무것도 해결되지 않습니다. 하나님을 붙들고, 오직 그만 바라보아야 합니다. 그렇지 않으면 회개하고 믿는다고 해도 여전히 회심하지 않은 것이며, 여러분의 삶은 하나님을 의지하지 않고 있는 것입니다. 우리는 확실하고 진지한 태도로 하나님을 경외하고, 간절한 마음으로 하나님을 구하며, 우리의 영을 하나님에 대한 사랑으로 충만하게 함으로써 이겨나갈 수 있습니다. 그러나 우리는 온전한 사람이 되어야 합니다.

하나님께 기도하는 것을 잠시 중단한 후, 먼저 자신의 죄를 인정하고 세상을 다스리시는 하나님의 의만 구함으로써 참으로 하나님을 알 수 있는 길을 찾으십시오. 자신의 괴로움을 제쳐두고 정직한 회개의 작업을 시작하되, 한숨과 불평이 아니라 기쁨으로 감당하고 몸과 마음으로 하나님께 영광을 돌리십시오. 그리고 자신의 죄와 죄에 대한 심판을 받아들이고 진실한 사람이 되십시오. 그러면 여러분은 그리스도를 통해 하나님을 향할 것이며, 여러분의 고통과 필요는 사라질 것입니다.

자신과 자신의 필요를 쳐다보는 대신 인간의 거짓된 본성으로 인해 오랫동안 억제되어온 하나님나라와 그 나라의 요구에 초점을 맞추는 방향전환이 내적인 사람 안에서 일어나야 합니다. 그러면 여러분은 하나님이 여러분을 그의 영광만 구하는 진정한 자녀로 대하실 것이며 여러분은 이 땅에서 수치를 당하지 않을 것이라는 확신을 가질 수 있을 것입니다.

예수님의 제자들에게 가장 중요한 말씀은 "순종하라"라는 것입니다. 필자가 말하려는 것은 오늘날 "믿으라"라는 단어는 "믿는 자는 그에게 순종해야 한다"라는 말보다 중요하지 않다는 것입니다. 순종하지 않는 믿음이 무슨 소용이 있겠습니까?

영원한 저주는 비성경적입니다. 그것은 교회가 만든 개념입니다. 사랑하는 주께서 불순종한 자들을 최종적으로 어떻게 처리하실 것인지는 그의 주권에 속한 문제입니다. 지금 여기서, 가장 중요한 것은 역사의 전쟁입니다. 우리는 이 현장에서 벗어날 수 없습니다. 여러분은 사랑하는 주께서 전혀 다른 시대에 행한 일과 무슨 관계가 있습니까? 우리의 관심사는 오직 하나님이 이 땅에서 진행되고 있는 싸움에서 우리에게 원하시는 것이 무엇이냐는 것입니다. 친구들이여, 우리는 이러한 사실에 대해 진지하게 받아들여야 합니다.

율법으로부터의 구속

우리의 관심사는 외적인 명령이 아니라 생명의 본성에 있습니다. 그것은 하나님의 명령입니다. 따라서 우리는 성경에서 참으로 놀라운 자유를 발견합니다. 성경의 규례 가운데 예수님 시대에 처음 만들어진 것은 없습니다. 예수님은 그것들을 훨씬 넘어서십니다. 안식일 규례마저 그를 위한 규례가 아닙니다. 어떤 제사나 성전이나 제단도 예수님을 위한 규례가 아닙니다. 하나님의 법은 외적인 것이 아니라 영적인 것입니다.

하나님의 백성은 자신이 하나님의 소유라는 명확한 인식이 몸에 배어 있어야 합니다. 각설하고, 교회의 터무니없는 주장에도 불구하고 우리는 구속된 상태에 있으나 자유합니다. 우리는 어디든 갈 수 있습니다. 더는 율법이 주장할 수 없기 때문입니다. 그러나 어디를 가든, 다음과 같은 인식이 뇌리에서 떠나지 않아야 할 것입니다. "나는 세상에 속한 자가 아니다. 세속적인 일은 나와 무관하다. 나는 하늘에 계신 아버지께 속한 자이며, 나와 관계있는 것은 하나님뿐이시다."

고통으로부터의 구속

나는 하나님 앞에서 여러분 모두에 대해 진심으로 염려하며, 간절한 마음으로 여러분을 돕고 싶습니다. 그러나 나는 "오직 하나님이 원하시는 일에만 매달리십시오"라는 말밖에 할 수 없습니다. 하나님나라가 우리 마음의 소원이 되어야 합니다. 그래야만 모든 것이 해결됩니다. 여러분은 하나님을 위해 어떤 어려움도 감내하겠다는 마음을 가질 때 쓸모 있는 존재가 될 수 있습니다. 여러분이 사실이라고 생각하든 아니든, 우리는 신체적으로도 무너지지 않을 것입니다. 우리가 십자가를 지신 주를 따를 때 하나님이 우리에게 원하시는 짐을 지고 좇는다면 절대 헛되지 않을 것입니다.

마음이 안일한 기독교는 수많은 형제자매가 쓰러져가고 모든 것이 어두워져 가는 이 세상에서 가장 큰 어리석음이 될 것입니다. 그러므로 설사 그런 일이 일어나더라도 크게 부르짖어야 할 것입니다. "나의 하나님 나의 하나님 어찌하여 나를 버리셨습니까?" 우리가 제대로 이해한다면, 그것은 믿음이 부족한 것이 아니라 세상을 불쌍히 여기는 마음입니다. 이러한 부르짖음 속에 하나님을 향한 우리의 길과 우리를 향한 하나님의 길이 있습니다.

소망을 가진다는 것은 하나님나라와 자신의 발전을 위해 매우 중요합니다. 왜냐하면, 이런 소망을 가진 우리의 마음에는 매우 실제적이고 강력한 무엇이 자리 잡고 있기 때문입니다. 우리는 하나님의 권능에 상당하는 힘을 받았다고 말할 수 있습니다. 권능은 우리를 사용하시기 위해 하나님에게서 나오며, 소망은 우리의 중요한 역할을 위해 우리에게서 나옵니다. 하나님의 권능과 우리의 소망은 함께 가며, 마치 부부처럼 함께 걷습니다. 소망을 가진 우리와 권능의 하나님은 함께 하나님의 선한 목적을 이루어가는 것입니다.

위기가 자주 찾아오는 것은 아니지만, 우리는 하나님을 믿기 때문에 그때마다 즉시 돌아보아야 한다고 생각합니다. 그러나 이 과정에서 우리는 실망할 때가 많습니다.… 하나님은 종종 빈곤과 고통에 대한 인간적 방식을 초월하는 자신만의 방식으로 해결하시기 때문입니다. 우리는 하나님이 가능한 한 속히 개입하셔야 한다고 생각합니다. 그러나 하나님은 대체로 "인내하라. 목표는 한 가지 방식으로만 달성할 수 있으며, 그것은 설사 네게 특별한 것을 주는 경우라 할지라도 네 편의에 따라 바꿀 수 없다"라고 말씀하십니다. 그러나 우리는 어떤 일이 즉시 또는 선한 방식으로 개선되지 않는다고 해서 믿음을 잃어서는 안 됩니다. 하나님나라는 길고 긴 역사를 포함합니다. 하나님의 모든 일에는 때가 있습니다.

계속되는 구속

예수님의 제자는 누구나 구속자의 자질을 습득할 수 있습니다. 이러한 자질은 하나님이 성령을 통해 주시기를 원하는 선물입니다. 따라서 이 선물은 나눌 수 있습니다. 어떤 사람은 이런 상황에 적합한 은사를, 다른 사람은 저런 상황에 적합한 은사를 가지고 있

습니다. 그러나 우리 예수님의 제자들은 언제나 다른 사람을 구속
하는 데 필요한 것을 가지고 있어야 합니다.

성령과 은사

성령은 진리의 영입니다. 따라서 그는 우리의 마음을 통해 교훈하십니다. 특히 성령은 예수님의 말씀을 상기시키며, 우리의 생각 속에 그 말씀을 새롭게 하고 더욱 분명하게 하십니다. 그러므로 믿는 제자들은 자신 안에서 이 수석 교사의 말씀을 스스로 시행하거나 시행할 의무를 가집니다.

따라서 제자에게는 매번 세부적인 내용을 상세히 설명해줄 별도의 인간 설교자가 필요 없습니다. 육신적 선생이 없다고 해서 더는 가르침을 받지 못하는 것은 아닙니다. 아니, 교훈은 계속됩니다. 이 교훈은 육신의 귀가 아닌 내면을 통해 생각과 영혼을 깨우치기 때문에 더욱 강력합니다. 그것은 귀로 듣고 "이것이 무슨 뜻이지"라고 한참을 고민하는 것보다 훨씬 명료한 교훈입니다.

그뿐만 아니라 수석 교사인 영은 우리에게 내면적 계시를 베푸십니다. 그러므로 우리는 듣고 생각만 할 수밖에 없던 것을 "봅니다." 언어의 한계가 느껴질 때도 우리는 근본적으로 이해합니다. 그렇기 때문에 성령님이 우리의 스승이 되셔야 합니다. [요한 블룸하르트]

우리의 기도는 근본적으로 언제나 성령의 내주하심을 간구하는 것이어야 합니다. 물론, 이 기도 자체는 실로 엄청난 요구이며, 이 간구가 의미하는 모든 것을 몇 마디로 표현하기는 어렵습니다. 최소한으로 줄여 말한다면, 이 기도에는 하나님 앞에서 내적으로 바르게 서며 그와의 진정한 교제를 원하는 내용이 담겨 있습니다. 이 간구는 하나님께서 성령을 매개로 이루어주십니다.

또한, 우리의 기도는 근본적으로 자신에게 계시된 것을 이해하는 법을 배우는 것이어야 합니다. 성령으로 말미암지 않고는 아무도 주 예수를 부를 수도 없습니다. 우리의 근본적인 기도에는 이런 생각도 드러납니다. 그러므로 우리는 하나님이 우리에게 영적인 일에 대해, 자신의 뜻에 대해, 그리고 우리에 관한 생각과 계획을 깨닫게 해주시기를 간구해야 합니다.

지금까지 말한 것들은 단지 기도의 예비 단계에 지나지 않습니다. "성령으로 기도하고"라는 구절은 더욱 많은 것을 요구하기 때문입니다. 예수님이 이 기도를 명하신 시점은 제자들이 오순절을 경험하지 못한 때였으나, 성령의 임재로 말미암아 모든 사람에게 구원이 임했던 것입니다.

제자들은 자신과 세상과 모든 육체를 위해 오직 성령의 임재를 위한 기도에만 집중했습니다. 주께서 승천하신 후 그것은 그들의 유일한 기도였습니다. 우리는 그들이 실제로 기도한 사실을 알고 있습니다. 그들은 날마다 함께 모여 약속된 성령을 위해 기도했습니다. 그리고 오순절 날, 놀라운 은사와 은혜와 권능이 임했으며, 그들은 모두 성령으로 충만했습니다. 그때부터 그들은 진정한 새 사람이 되었습니다. 하늘이 열리고 주께서 제자들에게 하늘의 것으로 하나 되게 하셨습니다. 위로부터 권능이 임하여 이 땅의 모든 것을 덮었습니다. 그리고 지금부터는 이 권능을 통해 모든 것이 해결될 것이며 어둠의 권세는 짓밟힐 것입니다. [요한 블룸하르트]

어떻게 사도들이 전파하는 곳마다 모든 것이 살아났습니까? 그들은 위대한 자가 아닙니다. 그들은 세상 지혜나 영민함이 없으며, 특별한 수사학적 재능도 없습니다. 아니, 헬라와 로마, 마케도니아와 소아시아, 팔레스타인과 주변 모든 지역에서 열매 맺게 한 것은 바로 하나님의 영광 때문입니다.

고린도후서 12장에서 바울이 말한 것처럼, 참으로 자유함을 얻고 새로운 피조물로 거듭남으로써 하나님과의 관계가 다른 대부분의 사람과 전적으로 다른 사람 속에는 특별함이 있습니다. 만일 놀랄만한 일이 나타나지 않는다면, 새로운 피조물의 실제적 출현에 대해 의심하지 않을 수 없을 것입니다.

이 생각을 조금 더 넓혀보자면, 이러한 특별함을 경험하지 못한 공동체는 사실상 자격을 잃은 무능한 공동체라고 말해야 할 것입니다. 하나님을 특별하게 인식하고 경험하거나 마찬가지로 죄와 그 힘을 특별하게 인식하고 경험하지 못한다면 말입니다.

살아계신 그리스도

주 예수님은 자신이 이 땅에서 하고 계신 일이 시작일 뿐이라는 사실을 우리가 깨닫기를 원하십니다. 그것은 이례적이고 독특한 일입니다. 아직 아무것도 끝난 것은 없습니다. 그의 시대로부터 지금까지 변함없이 남아 있을 만큼 완전하고 온전한 것은 없습니다. 그가 우리에게 주신 것은 뿌리이지 나무가 아닙니다. 씨는 더 자라서 싹을 내어야 합니다. 꽃이 피는 것은 나중의 일입니다. 그리고 마지막에는 열매가 맺힐 것입니다.

지금까지 누구도 자신이 죽은 후에도 자신의 일이 마치 자기가 그 일을 하는 것처럼 계속해서 이어질 것으로 생각한 사람은 없었으며, 오늘날에도 그렇게 생각하는 사람은 없습니다. 오직 예수님만이 사망을 이기시고 부활하심으로 인간의 죽음 문제를 해결하기 시작했습니다. 이런 점에서 예수님은 "나는 지금도 예전과 마찬가지로 살아 있으며 앞으로 다시 올 것"이라고 말씀합니다.

이 말씀에는 예수님이 완성하시고 전형이 되신 사역의 성격이 나타납니다. 그는 인류 구속의 표본이 되십니다. 그 일이 어떻게 하루에 완성되겠습니까? 그 일이 어떻게 한평생에 끝나겠습니까? 예수께서 하나의 단체를 창설하거나 사람들이 이전보다 큰 자부심과 열정을 가질 수 있는 새로운 종교를 세우고 싶어 했다면 마호메트나 공자가 했던 것처럼 완성했을 것입니다. 그러나 친구들이여,

구속은 시간을 요구합니다. 그것은 한 쌍이나 수백 명, 또는 하나의 집단을 위한 것이 아닙니다. 구속은 온 인류를 위한 것입니다.

주 예수는 하나님나라의 시작이자 마침이 되십니다. 그러므로 우리는 확실하게 "구주께서 다시 오십니다"라고 말할 수 있습니다. 그는 이 일을 완성하셔야 하며, 우리는 그가 다시 오실 때까지 그의 종이 될 뿐입니다. 종으로서 우리는 장차 오실 그를 섬겨야 합니다.

동시에, 우리는 이 땅에서 장차 오실 예수 그리스도의 모습을 보여주어야 합니다. 우리는 마치 이 땅에서 완전한 선을 이룰 것처럼 자신만 돌아보거나 그것에만 매달려 싸워서는 안 됩니다. 우리는 완전할 수 없습니다. 그것은 오직 이 땅에 계셨고 장차 오실 주 예수만이 가능한 일입니다.

이 일을 완성하는 것은 우리가 아니라 예수님이십니다. 우리는 이 사실을 마음에 담아두어야 하며, 복음을 전할 때마다 잊지 않고 기억해야 합니다. 우리의 길은 이 별빛의 인도함을 받아야 합니다. "그는 다시 오실 것입니다." 우리의 마음이 구주의 오심을 향할 때 모든 복음은 올바른 관점을 지향할 것입니다. 우리가 "그는 참으로 다시 오십니다"라는 말씀에 확실하고 견고한 초점을 맞출 때 복음은 인격적 존재로 살아 숨 쉬게 될 것입니다. 그러나 그렇게 하지 않을 경우, 우리는 복음을 그의 인격과 분리하게 될 것입니다. 그러므로 우리가 아무리 복음에 대해 많은 말을 하고 위대한 말을 할지라도, 예수님과 복음을 분리할 뿐입니다. 예수님의 인격적 임재가 없이는 한 마디의 복음도 실제적이거나 심오한 가치를 가질 수 없습니다.

그러므로 우리는 예수 그리스도의 미래적 오심을 향해야 합니다. 이 오심은 예수께서 바로 지금 우리의 마음에서 기다리고 계신다는 점에서 미래적인 일일 뿐만 아니라 현재의 일이기도 합니다.

우리는 사망의 시대에 살고 있습니다. 그러나 우리는 그런 사실을 자신에게 숨길 생각이 없습니다. 우리의 기력은 쇠하고 우리의 생각은 힘을 잃으며 우리의 감각은 마비되어 가고 있습니다. 지금은 이 모든 것이 살아 있지만 잠시 후에는 사라질 것입니다. 사망의 법이 우리가 행동하고 생각하며 느끼는 모든 것을 에워싸고 있습니다. 그러나 지금 이 사망의 세계에 생명의 법이 들어오고 있습니다. 그것은 사실상 주 예수 자신이십니다. 그는 영원한 생명이시며, 사망을 이기고 부활하사 우리를 다른 세상과 연결하시며, 우리를 하나님의 영으로 인도하사 죽음을 향한 우리의 삶 가운데서 그의 은사와 임재하심과 오심을 통해 새로운 힘과 생명력을 제공하십니다.

우리는 그의 나타나심을 마지막 날에 있을 현현으로만 생각해서는 안 됩니다. 오히려 우리는 다가오시는 구주에 대해 항상 인식하고 있어야 합니다. 우리는 암울한 때나 낙심할 때나 가난할 때나 아플 때나 환난의 때나 세속적인 일을 할 때도, 이런 생각이 뇌리에서 떠나지 않아야 합니다.

우리는 예수 그리스도의 삶이 완전히 순수하고 깨끗하며 유일하게 땅을 지배하시는 분으로 보이기를 원합니다. 우리는 그의 삶이 지상의 학문이나 세속적인 일과 혼합되는 것을 원하지 않습니다. 우리는 순수한 그리스도가 되기를 원합니다.

그러나 그리스도께서 많이 드러나지 않았던 이유는 바로 이 때문입니다. 그는 인간적 힘으로 지상에 계시지 않습니다. 그리스도는 사람들 가운데 위대한 사람으로 그들과 섞이지 않을 것입니다. 사람들이 말하는 위대함과 하나님께서 보시기에 위대함은 다릅니다. 외견상 그렇게 보이는 것들은 세상적 의미에서 영웅적이고 감동을 준다는 것이지 하나님께는 아무런 인상도 주지 않습니다. 이것은 우리가 세상과 혼합되지 않도록 조심해야 하는 이유입니다.

그리스도께서 완전히 순수한 모습으로 드러내듯이, 오직 그만이 우리 앞에 생명의 영으로 서시듯이, 우리 그리스도인도 순수하고 깨끗하며, 우리 시대의 일과 섞이지 않아야 합니다. 모든 시대는 세속적 관심사를 제시하며, 모든 세기는 고유한 시대적 특징을 드러냅니다. 우리는 세상의 한 부분에 속하며 그 안에서 만족한 삶을 영위하지만, 그것은 그리스도께서 지상에 세우시는 하나님나라의 삶이 아닙니다. 하나님의 생명을 가진 자의 삶은 전혀 새로운 것으로, 결국에는 지상의 모든 것을 정복하고 새 하늘과 새 땅의 도래를 맞게 될 것입니다.

따라서 오늘날 우리의 삶도 신적인 싸움, 거룩한 영적 전쟁 가운데 하나여야 합니다. 그러나 그것은 위대한 약속이 주어진 삶입

니다. 지금은 그리스도와 함께 하나님 안에 감추어 있지만, 마침내
는 드러날 것입니다. 생명의 주요 진리의 주이신 그리스도는 수천
년 동안 하나님 안에 감추어 계시지만, 결국은 모든 사람의 눈앞에
분명히 드러나실 것입니다.

다시 오실 그리스도

"보아라, 내가 곧 오겠다."제22:7 이 구절은 우리의 주와 왕이 되신 예수 그리스도의 오심에 관한 언급입니다. 이것은 그의 지상적 삶 및 초지상적 삶 전체를 관통하는 말씀으로, 우리의 머리로는 이해하기 어려운 말씀처럼 보입니다. 이 말씀의 영적 의미를 깨닫고 자기 이해self-understanding 및 하나님을 위한 삶의 자연스러운 한 부분이 되게 한 사람은 거의 없습니다. 그러나 우리는 예수님과 그의 제자들의 삶의 의미가 이 말씀의 성취에 달려 있다는 사실을 인식해야 합니다. 그들은 이 말씀에 뿌리를 내리고 이 말씀의 약속에 근거하여 모든 행동을 했습니다. 또한, 이 땅에서 마음속에 하나님 나라를 기독교 공동체의 목표로 삼은 모든 예수님의 후기 제자들 또한 이 말씀을 통해 장차 오실 주님을 대망합니다. 이 말씀이 없는 한, 하나님의 공동체 및 그의 정의와 진리가 이 땅에 임할 것이라는 소망은 아무런 소용이 없을 것입니다.

"보아라, 내가 곧 오겠다!" 이 말씀은 기독교 공동체의 역사를 두 시대로 나눕니다. 하나는 실제적인 하나님나라의 시대이며, 또 하나는 그 이전 시대입니다. 구주 자신은 알파시작와 오메가끝이십니다. 이전 시대는 구주께서 육신을 입고 오심으로 시작되었으며, 모든 사람은 이러한 사실을 알아야 합니다. 그들은 이 시대에 살고 있기 때문입니다. 우리는 이 시대에 "모든 믿는 사람을 구원하는 하나님의 능력"롬 1:16이 되는 복음을 가지고 있습니다. 이 복음과 함께 하나님나라가 선포되었습니다.

그러나 그리스도를 통한 하나님의 통치는 아직 세상 끝까지 스며들지 않았습니다. 그것은 믿는 자들 안에서 조용히 시작되었을 뿐이며, 세상에는 알려지지 않았습니다. 신실한 자는 많지 않습니다. 설사 복음을 들었을지라도 나머지 대중은 모두 여전히 죄와 사망의 권세에 사로잡혀 있습니다. 왜냐하면, 그들은 그것을 벗어날 힘도 의지도 없기 때문입니다.

그러나 하나님의 사랑을 세상에 드러내는 복음을 통해 이 무리에게 소망의 빛이 비취고 있습니다. 이 소망은 우리가 기독교에서 일반적으로 경험하는바 세상을 흔드는 하나님의 능력이며, 그것을 알지 못하는 불신자까지도 이 소망에 동참합니다. 어둠이 승리하지 못하는 것은 복음을 통해 오는 소망의 능력 때문입니다. 어둠은 더는 승리할 수 없습니다. 복음이 가는 곳마다 생명의 소망이 사망을 관통할 것이기 때문입니다. 그러나 인간의 마음은 하나님과 함께할 만큼 자유롭지 않고, 죄를 이길 힘도 없습니다. 따라서 세상은 예나 지금이나 아무런 변화가 없는 것처럼 보입니다.

새로운 것새 피조물은 신자들 가운데 은밀히 발견됩니다. 우리는 이들을 하나님나라의 선구자들로 부를 수 있으며, 그들 속에는 이미 하나님나라가 시작되었습니다. 그들은 하나님의 소유로서 인자가 아버지의 영광 중에 오시기까지 이 땅을 위해 싸우며 죽기까지 충성할 소명을 받았습니다. 그들이 소명을 다할 때, 비로소 예수 그리스도 안에 있는 하나님의 능력이 백성과 모든 대중에게 임할 것입니다. 그런 후에는 기독교와 복음이 이 시대에 할 수 없었던 일, 즉 심판이 시행될 것입니다.

"심판"이란 사람이 하나님의 엄중한 영을 통해 자신에 대해 알고 하나님이 보시기에 선한 것과 악한 것을 구분하며 악을 재판에 넘긴다는 의미입니다. 이러한 심판이 없는 한 신약시대를 포함해서 그 누구도 훌륭하거나 복될 수 없었습니다. 마찬가지로, 장차 오실 인자에 의한 심판이 없이 대중이 마지막에 구원 얻는 일은 일어나지 않을 것입니다. 오늘날 우리가 선하고 타당하다고 생각하지만 사실상 하나님의 일시적 관용에 불과한 수많은 것들이 무너지는 것도 이 최후 심판의 날에 일어날 일입니다.

따라서 모든 사도는 세상과 세상에 대한 승리와 관련하여, 예수께서 오실 때를 소망해왔던 것입니다. 그들은 그날이 되기 전에는 세상 전체에 대한 어떤 진정한 회복도 기대하지 않았습니다. 마찬가지로, 당분간 세상이 복음을 받아들이지 않고 우리의 영적 싸움은 은밀한 가운데 이루어질지라도 우리는 결코 믿음을 잃지 않아야 합니다. 마찬가지로 이 세상을 영영 잃어버린 것이 아닙니다. 세상은 예수 그리스도께서 만왕의 왕으로 나타나실 최후 계시를 기다릴 것입니다.

물론, 마냥 기다리기만 하는 것은 바람직하지 않습니다. 신실한 자의 삶은 그 자체로 종말의 시작이며, 모든 것은 이 선구자들의 신실함에 의존하기 때문입니다. 사도들과 마찬가지로 구주께서도 그렇게 말씀하셨습니다. "주인을 기다리는 종들"눅 12:36이나 "밤 낮으로 부르짖는 택하신 백성들"눅 18:7-8의 기다림에 대한 대답은 "내가 곧 오겠다"는 것입니다. 그들의 신실함은 오늘날 사람들에게 증거할 수 있는 힘이 됩니다. 그런 힘이 없다면, 복음은 사람들을 의롭게 하고 그들을 예수 그리스도의 군사로 모집할 수 있는 빛을 비출 수 없습니다.

따라서 우리가 복음의 능력을 소유하는 것은 매우 즐거운 일입니다. 그것은 어두운 세상에 빛을 비추며, 주 예수 그리스도께서 다시 오셔서 모든 육체가 하나님의 영광을 보게 될 마지막 날을 향해 모든 초점을 맞추도록 도와줄 것입니다

시간 자체는 우리의 적입니다. 시간은 영원의 적입니다. 시간은 우리를 오래된 수건처럼 오그라들게 하고 사망의 어두움으로 던져 우리가 수치를 당하는 동안 사람들의 기억에서 점차 잊히게 합니다. 그렇습니다. 시간은 우리의 적입니다. 그것은 우리에게 아무것도 주지 못합니다. 그러나 그리스도는 우리에게 참으로 귀한 것을 주십니다. 오직 그리스도를 통해 그의 백성에게서 나오는 것만이 하나님께서 허락하시는 참된 열매를 맺을 수 있습니다.

그리스도의 오심에 대한 모든 "예언"과 책자는 재림의 시기를 추측하는 순간 잘못된 길로 들어선 것입니다. 그날은 정해진 것이 아니라 하나님의 백성에 대한 반응으로 오며, 선을 위한 변화는 선

을 위해 싸우는 하나님의 백성에 대한 반응으로 옵니다. 하나님의 백성에 대한 가능성이 사라지면, 하나님의 엄청난 재앙이 이 땅에 이를 것입니다.말 4:1 그날의 참상은 예전 창세 전의 혼돈하고 공허한 땅처럼 될 수 있습니다.

그러나 동시에 우리가 잊지 말아야 할 것은 필요한 변화들은 가능할 뿐만 아니라 이러한 변화를 현실화하는 것이 우리의 유일한 관심사라는 사실입니다. 구주 자신이 인간 세상에 합류하셨으며, 우리는 그를 그냥 무시할 수 없습니다. 우리는 무엇인가를 할 수 있으며, 또한 해야 합니다. 우리는 밤낮 빈둥거려서는 안 됩니다. 우리 마음에는 "달라져야 한다"는 부르짖음이 끊임없이 이어져야 합니다.

우리는 무엇을 할 수 있습니까? 그것은 우리에게 달려있습니다.

기독교에는 자신이 변화하여 하늘로 올라갈 것이며 그곳에서 남아 있는 불쌍한 자들을 비웃을 것이라고 기뻐하는 집단이 많습니다. 그러나 그렇게 되지 않을 것입니다. 지금은 하늘의 안락의자를 찾을 때가 아니라 나 자신을 가장 먼저 심판대에 세울 때입니다. 먼저 심판을 통해 구주 앞에 서는 자만이 모든 사람 중 그의 사역을 계속할 도구가 될 수 있습니다.

"사람들이 그 이름을 '주님은 우리의 구원이시다'라고 부를 것이다."렘 23:6 이것은 나에게 매우 중요한 구절입니다. 왜냐하면, 이런 본문들은 우리가 일반적으로 어둠의 왕, 멸망, 적그리스도를 상기시키는 종말과 관련되기 때문입니다. 확실히 성경은 적그리스도와 같은 대적과 반대가 있다고 말합니다. 그러나 성경은 어떤 전능한 적그리스도에 대해서도 언급하지 않습니다.

반면에, 성경은 거듭해서 온 땅에 평화를 가져오시고 궁극적으로 선한 종말로 이끄실 왕에 대해 진술합니다. 물론 사람들은 악한 종말에 대해 말합니다. 사실 그것은 우리의 경험에서 우러나오는 말입니다. 그러나 성경은 마지막 날이 선한 피날레를 맞이할 것이라고 말합니다. 그날에 무너질 것은 선이 아니라 악입니다. 그가 오시기 전이라도 주께서는 이 땅의 주인이 되실 것입니다. 왜냐하면, 그가 오시면 우리는 "주님은 우리의 구원이시다"라고 말할 수 있어야 하기 때문입니다. [요한 블룸하르트]

영적 세계

우리는 조그만 난쟁이이며 하나님은 우리가 이해하기는커녕 생
각할 수도 없는 거대하고 엄청나며 강력한 존재라는 생각은 잘못
된 것입니다. 오히려 하나님의 통치는 무수히 많은 천사와 무수히
많은 하늘의 군대, 그리고 그의 보좌 주변 및 우리 가까이에 서 있
는 무수히 많은 인격체를 통해 시행된다고 말할 수 있습니다.

물론, 나는 현대인이 사람만 보고 그 외 광범위한 세상 안의 다
른 어떤 존재도 보려 하지 않는다는 사실을 압니다. 나는 우리가
성령을 가진 유일한 존재이기를 바람으로써 자신을 높이고 싶어
한다는 사실을 잘 알고 있습니다. 그러나 친구들이여, 온 하늘과
땅을 가득 채우고 있지만 우리의 물질적 눈은 볼 수 없는 하늘의
세계에 사는 모든 존재는 하늘에 계신 아버지 옆에서 우리를 둘러
싸고 있습니다. 보이지 않는 힘들이 우리를 섬기는 질서가 있으며,
하나님의 피조세계 전체를 채우고 있으며, 하나님이시기도 한 성
령님께서 우리를 매번 끊임없이 일깨우고 계십니다.

나는 세상 밖으로 나갈 때마다 하나님의 하늘 군대가 우리를 둘
러싸고 있다는 사실을 단 하루도 잊고 싶지 않습니다. 나는 우리가
혼자라고 생각되는 때나 장소는 없다는 사실을 생각하지 않으면
하루도 살 수 없을 것입니다.

하나님은 우리에게 온갖 유형의 능력들과 육신적 조력자 및 영적 조력자를 보내십니다. 이러한 하나님의 사신들은 본질상 인격적 존재입니다. 하나님의 지휘하에는 우리를 둘러싸고 동행할 수 있는 다양하고 수많은 힘들이 존재합니다.

우리는 오랫동안 어둠과 맞서 싸워왔습니다. 마귀와 사망과 지옥은 우리를 공포로 몰아넣었습니다. 우리는 많은 어려움을 겪었으며, 빠져나갈 방법을 찾지 못한 적이 얼마나 많은지 모릅니다. 그러나 하나님은 예수 그리스도를 통해 우리에게 그의 오른손을 펴셨습니다. 그는 우리를 오랜 세월 보호하시고 승리하게 하셨습니다. 그러나 오늘날 우리를 위한 또 하나의 전쟁이 있습니다. 그것은 진리를 받아들이지 않으려는 사람들과의 전쟁입니다. 그러나 보이지 않는 어둠의 권세들보다 위험한 것이 눈에 보이는 인간의 권력입니다. 그들은 하나님의 권세를 거짓으로 행사하고 영을 육신적으로 악용함으로써 간교하게 하나님의 영광을 가렸습니다. 세상의 속임수보다 위험한 것이 기독교라는 핑계로 속이는 것입니다.

우리는 결코 다른 사람과 나눌 수 없는 많은 일을 경험합니다. 사람들이 하나님나라에 대한 개인적 경험의 열매를 먹고 살지 않는 한, 그들이 그 나라와 관련된 경험에 대해 알고 있다는 것은 그다지 중요한 것이 아닙니다. 그러나 예수님과 사도들의 개인적인 경험은 구약시대의 선지자들과 마찬가지로 거의 드러나지 않았습니다.

우리는 신적인 영역은 물론 인간과 귀신과 사탄을 포함하는 보이지 않는 세계에 대한 한량없는 지혜가 사도와 선지자의 이론적 배경을 형성했음을 보여주는 성경 구절을 얼마든지 인용할 수 있습니다. 그러나 그들은 우리에게 이 영역에서의 경험을 보여줄 수 있는 호의를 베풀지 않습니다. 그들의 생각은 이렇습니다. "만일 이 전쟁에 동참하라는 부르심을 받은 자라면, 우리가 알려줄 필요가 없다. 그는 세상 사람의 눈이 보지 못하는 곳에서 스스로 그 모든 것들을 볼 수 있을 것이다."

우리가 초점을 맞추고 싶은 대상은 마귀가 아니라 우리를 사랑하시는 하나님이시며, 지금 잠시 얼굴을 내밀어야 할 자는 마귀가 아니라 사람입니다.

전사들조차 전장 안에 있는 사람들과 일정한 거리를 두어야 합니다. 보이는 세계 속 사람들에게 보이지 않는 세계에 관한 이야기를 제시하는 것은 그들의 임무가 아닙니다. 그들의 소명은 이 땅위의 하나님나라 말고는 그 어떤 것도 중요하게 생각하지 않는 하나님의 진정한 전사임을 스스로 입증하는 것입니다.

하나님께 속한 세계와 그렇지 않은 세계라는 두 종류의 세계가 있는 것이 아닙니다. 하나님의 통치 안에 있는 자와 그의 통치 밖에 있는 자라는 두 부류의 인간이 있는 것이 아닙니다. 아니요, 아무리 어두운 곳에서도 하나님만이 주가 되십니다. 원하는 것을 마음대로 할 수 있는 마귀는 없습니다. 어떤 악한 천사도 무엇을 만들어내지 못합니다. 그들이 "어둠에 있다"라는 사실 자체가 "하나님"의 통치 아래에 있다는 뜻입니다. 불행히도 이 어둠에는 그곳을 선택한 자들에게 사망을 퍼뜨리는 일정한 형태의 삶이 있습니다. 그러나 사망을 다루는 악한 세력의 영향력에도 불구하고, 그 모든 영역은 하나님의 주권 아래에 있으며 그의 손에 붙들려 있습니다. 이것은 우리의 마음에 가진 확실한 증거입니다. 나는 모든 사탄에게 이렇게 말할 수 있습니다. "사탄아, 너는 하나님의 것이다. 너는 아무것도 할 수 없다. 너는 하나님의 지배를 받기 때문에 손가락 하나 까딱할 수 없다."

우리는 결코 마귀를 믿지 않습니다. 그것이 우리가 55년 전에 "예수는 승리자"라고 말한 이유입니다. 오직 예수만이 승리자이십니다. 어둠에서조차, 우리 주께 경배할 필요가 없는 군주는 없습니다. 하나님이 한 분이시듯이 주도 한 분이시며, 다른 것은 주가 될 수 없습니다. 다른 것은 어떤 권세도 갖지 못합니다. 다른 것은 아무런 권리가 없으며 자신의 것이라고 주장할 것이 없습니다. 지옥이나 사망이나 마귀는 손톱만큼도 주장할 수 없습니다. 만물이 하나님께 속합니다. 참으로 모든 것이 그러합니다. 우리가 이러한 입장을 견지하면 어둠은 사라지지 않을 수 없을 것입니다. 아무것도 두려워하지 마십시오. 우리가 두려워해야 할 분은 오직 하나님뿐이십니다.

광신주의와 비합리성

덧붙이는 말

사람이 자연의 질서를 통해서만 도움을 받고 자연적 관점에서만 생각한다고 믿으면 그것이 바로 광신주의입니다. 그런 시각이야말로 이성적이지 않습니다. 그러나 오늘날까지도 성령과 하나님의 권능에 대한 소망을 가진 사람은 비합리적이며 이단적이라는 말을 듣습니다.

한 가지는 분명합니다. 성경적으로 비이성적인 것은 "세상적이기만 한" 것이며, 세상에서 자주 도움과 위로로 제공되는 것들에 몰두하는 것은 광신주의입니다. 내가 굳이 숨기지 않았다면 자신이 다른 사람보다 이성적이라고 믿는 자들에게서 온 편지를 한 다발은 모았을 것입니다. 그러나 우리는 세속적인 사람들이 얼마나 비이성인지를 알고 있습니다. 하나님으로부터 원하는 것이 없으며 적어도 하나님으로부터 직접 무언가를 받으려고 전혀 기대하지 않으니 그들의 태도가 놀랍지는 않습니다. 하지만 그런 그들이 광신적이라고 부르며 비이성적이라고 생각하는 자들이야말로 하나님의 말씀에 소망을 둔 이성적인 자들입니다.

인간

하나님과 사람: 인간의 인간 되기

나는 지금까지 사람의 대적은 하나님의 대적이라는 사실을 경험하며 살아왔습니다. 사람에게 있는 선을 인정하지 않으려 하는 자는 누구든, 하나님도 그를 인정하지 않으실 것입니다. 사람을 판단하는 자, 사람을 저주하는 자, '작은 자'로 보이는 사람들과 상대하지 않으려는 자는 누구든 하나님으로부터 분리된 자입니다. 마땅히 일어나야 할 일들이 그들에게도 일어나기를.

우리는 인간이 되어야 합니다. "그리스도인"이 아니라 인간이 되어야 합니다. 가톨릭교도가 아니라 인간이 되어야 합니다. 개신교도가 아니라 인간이 되어야 합니다. 보수주의자나 자유주의자나 사회주의자가 아니라 인간이 되어야 합니다. 프랑스인이나 독일인이나 중국인이 아니라 인간이 되어야 합니다. 예수님도 인간으로서 세상의 빛이 되셨습니다. 그가 품으신 것은 인간입니다. *

---

* 이 시점에서 라가츠는 레준의 *Christoph Blumhardt and His Message*, 157-168에 나오는 설교에서 발췌한 인용문을 사용한다. 필자는 라가츠의 인용문을 필자가 가진 보다 더 폭넓은 본문으로 대체했다. 이 새로운 본문은 플라우 출판사에서 번역한 것으로, 독자의 편의를 위해 블룸하르트의 문장 순서를 일부 바꾸었다. (버나드 엘러)

진실한 인간이 보이지 않습니다. 거짓된 영과 거짓된 욕심과 거짓된 목적을 가진 거짓 사람들은 자신이 진정한 사람이라고 생각합니다. 거짓 인간이 세상이 실패한 원인입니다. 진실한 인간은 여전히 보이지 않으며 장차 예수께서 오셔서 거짓 인간을 제거할 때까지 계속해서 보이지 않을 것입니다.

그러나 다행히도 지금 우리는 한 분을 알고 있습니다. 하나님은 그분 안에서 세상을 다시 시작하시고, 피조세계는 그분 안에서 첫 번째 창조의 빛 속으로 재배열됩니다. 그분은 인자이신 예수님이십니다. 그는 어떤 사람보다 진실하시며, 어떤 아이보다 순전하십니다. 그는 우리 가운데 살고 계십니다. 그는 하나님의 나라입니다. 하나님의 나라를 만드신다는 표현이 맞는 것이 예수님이 그 나라 자체입니다. 왜 그렇습니까? 그는 하나님이자 인간이기 때문입니다.

하나님은 세상을 창조하실 때 이 땅에 자신의 나라를 세웠습니다. 이 땅이 곧 그의 나라였습니다. 하나님의 대리인으로 이 땅을 통치하고 다스리며 감독할 자가 누구입니까? 인간입니다. 하나님의 나라는 인간을 통해 낙원을 이룰 것입니다. 하나님의 나라는 다른 사람들이 어떻게 하든 한 명의 의로운 사람을 통해 이 땅에 세워질 것입니다. 단 한 명의 진정한 인간만 있다면 하나님의 나라는 이곳에 있습니다. 한 명의 아담, 그리고 낙원에 하나님이 계셨습니다. 나쁜 일들이 여기저기 도사리고 있었지만 상관 없었습니다. 중요한 것은 그곳에 인간이 있었고, 하나님은 이 사람과 함께 하셨다는 것입니다. 다른 어떤 것도 중요하지 않습니다.

인간을 잃은 세상은 재앙입니다. 인간이 없어졌습니다. 실패한 세상의 원인도 바로 이것입니다.

예수님은 지금 살아 있는 교회를 찾고 계십니다. 그는 이 교회를 이 땅에서 찾고 계십니다. 사망을 이기고 다시 살아나신 분이 하늘의 영광 가운데 속히 와서 만물을 이기고 정복하실 수 없겠습니까? 그것이 하나님의 나라를 가능하게 할 수 있다면 예수님은 오래전에 주저 없이 그렇게 하셨을 것입니다. 수많은 천사와 함께 강림하셨을 것입니다. 그러나 그렇지 않습니다! 예수님은 천사들만 원하지 않습니다. 초자연적 존재들이 아니라 인간이 이 땅에서 하나님을 섬겨야 합니다. 진정한 인간만이 하나님을 섬겨야 하며, 하나님이 그 사람 안에서 하셔야 합니다. 예수님은 거짓 사람인 우리를 위해 이 사명을 충성스럽게 감당하실 것입니다.

인간의 위대함, 자유 및 영광

우리가 사는 이 땅은 생명은 물론 의식도 있으며, 그 의식은 바로 사람입니다. 땅이 의식을 갖고 자각하고 생각할 수 있는 능력이 곧 사람이라는 뜻입니다. 땅의 의식이 진리를 모른다면, 즉 하나님의 아들을 인식하지 못한다면 햇빛과 달빛, 별의 광채, 풀과 숲의 푸르름 등의 모든 것은 암흑물질일 뿐입니다. 사람은 인자를 인식함으로써 땅의 의식이 그를 통해 충만에 이르게 해야 합니다.

[주기도문의 첫 번째 간구에서] 우리가 구하는 모든 것은 궁극적으로 자신의 이익과 관련됩니다. 따라서 하나님은 자신의 이름이 거룩히 여김을 받는 것과 자신의 나라가 임하는 것과 자신의 뜻이 이루어지는 것을 인간이 요구하지 않는 한, 자진해서 그 일을 하시지 않습니다. 하나님은 우리가 그의 이름이 온 세상에서 높임을 받는 것과 하나님의 뜻을 반대하는 모든 것에 맞서는 것과 그가 이 땅을 주관하시도록 만물을 그 나라로 불러 모으는 일을 돕는 것이 중요하다는 사실을 인식하지 못하는 한, 자진해서 그렇게 하지 않으실 것입니다. 그러므로 하나님은 만사에 개입하지 않으시고 사람이 하는 대로 내버려 두십니다.

그러나 많은 사람은 하나님의 이름을 구하지 않거나 그에 대해 아무런 관심도 보이지 않습니다. 반복되는 말이지만, 사람들은 하나님의 나라에 들어가는 것만 빼고 나머지 모든 것을 좋아합니다. 오직 자신의 뜻만 알거나 어둠의 뜻을 따라 살려는 자들이 얼마나 많은지 모릅니다. 그러나 하나님은 힘으로 자신의 피조물을 강제로 구원에 이르게 하지 않으십니다. 따라서 그들은 자신이 한 일에 대한 책임을 져야 합니다. 그들은 하나님이 없는 자나 하나님으로부터 분리된 자, 또는 하나님을 반대하는 자가 겪는 큰 고통을 받아야 할 것입니다.

하나님나라의 일은 두 가지 법칙을 따라야 합니다. 첫째로, 여러분은 다시는 누구에게도 감히 화를 낼 수 없습니다. 하나님의 나라는 모든 사람에 대한 사랑이기 때문입니다. 그러므로 여러분은 누구도, 아무리 작은 자라도 무시해서는 안 됩니다. 여러분이 이 작은 자 가운데 하나에게 화를 내거나 그를 노엽게 하거나 그의 품위를 손상하거나 그를 하찮은 자로 대한다면, 여러분은 참으로 어리석은 바보입니다. 따라서 제가 '하나님의 소액 자본 투자'라고 표현하는 이들을 우리는 언제나 하나님의 기준에 따라 평가해야 합니다. 그들의 가치는 각 사람에게 달려있지만 당연하게도 그들은 모두 하나님께 속한 자들입니다. 여러분은 사람으로서 하나님께 가치 있는 자입니다. 그러나 여러분의 가치는 아무런 지위가 없는 작은 자, 가령 일용노무자의 가치와 머리카락 하나만큼의 차이도 나지 않습니다. 우리는 언제나 작은 자, 낮은 자, 멸시당하는 자에 하나님이 부여하시는 가치를 염두에 두어야 합니다. 우리는 그런 사람들을 지키고 보호해야 합니다.

두 번째 법칙은 우리가 여전히 종이라는 사실입니다. 우리는 종이 되고 싶지 결코 지배자가 되기를 원치 않습니다. 우리는 하나님의 지배를 받는 종이 될 것입니다. 그러나 오해해서는 안 됩니다. 우리는 결코 사람의 종이 되지 않을 것입니다…! 내가 하나님을 섬기면 하나님이 내 곁에 계실 것이며, 사람들은 내 앞에서 비켜설 것입니다. 나는 누가 되었든 사람에게는 손톱만큼도 굴복하지 않을 것입니다. 세상 나라와 왕들이 많아져 하늘과 땅이 무너진다고 해도 나는 바다 위 반석처럼 굳게 설 것입니다. 나는 오직 하나님만 붙듭니다. 나는 그의 종입니다. 나를 공격하는 모든 것은 산산

조각이 날 것입니다. 왜냐하면, 나는 하나님을 섬기기 때문입니다.

우리는 제사장이 되어야 합니다. 즉 은혜 안에 굳게 선 자는 다른 사람을 위해 굳게 서서 그들과 세상을 위해 기도함으로써 모든 사람이 하나님의 영광과 권능과 은혜로 가득하게 해야 합니다. 우리가 이러한 제사장적 의미를 고수한다면 왕 같은 힘을 가질 것입니다. 우리는 함께 힘을 합쳐 이 세상의 어두운 세력을 물리칠 수 있습니다. 여러분은 자신을 위한 제사장이 아니라 여러분이 사는 세상을 위한 제사장입니다. 그 세상이 여러분의 마음을 움직여야 합니다. 세상의 비극과 죽음을 볼 때 여러분은 그것에 맞서 "이래서는 안 된다. 이제는 끝나야 한다. 예수께서 살아계시기 때문이다"라고 말해야 합니다.

하찮은 존재는 없다

하나님은 존중받지 못하고 고통 속에 있는 모든 사람을 불쌍히 여기십니다. 심지어 나는 사랑의 하나님이 우리가 당하고 있는 극심한 고통 때문에 우리의 죄를 볼 수 없다고까지 말할 수 있습니다. 하나님의 마음은 세상 사람들이 잘못 판단하고 있는 비천한 자들을 위한 사랑으로 터질 듯이 차오르기 때문입니다. 고통 당하는 모든 사람은 바로 그 고통을 통해 하나님과 하나가 됩니다. 이 사람이 친구 되신 하나님과의 위대한 우정을 경험하고 고통 자체는 하나님과 사람 사이에 끼어든 공동의 적임을 알 수 있도록 해야 합니다. 그럴 수 있다면 고통은 집에서 퇴출당하는 제삼자가 됩니다.

구주를 위대하게 만드는 두 가지 측면이 있습니다. 하나는 그가 사람들을 자기 백성으로 여기고 그들에게서 자신의 속성을 본다는 것입니다. 또한, 구주는 사람들과 소통하실 수 있으며, 자신이 원하는 누구와도 즉시 관계를 형성하실 수 있습니다.

그러나 구주에 대한 또 다른 측면은 사람들이 그를 이해하고 자신으로부터 출발해 구주와의 관계를 만들어갈 수 있다는 점입니다. 부인할 수 없는 한 가지 사실은 겉으로나 속으로 아무리 타락한 자라도 구주를 만나면 "그는 진실로 나를 원하신다"라는 생각을 하지 않을 사람이 없다는 것입니다. 구주를 만난 자는 즉시 살아나며, 마음속에서 예수님을 발견합니다. 이어서 공동체 의식을 가지게 되며, 그 후에는 어떤 질문도 필요치 않습니다. 예수님은 결코 추천서를 요구하지 않습니다. 그런 것은 인간적 방식입니다. 여기도 죄인, 저기도 죄인일 뿐입니다. 그러나 예수님의 선한 능력은 사람들에게서 선을 드러내고 악을 전적으로 간과하시며 언급조차 하지 않으십니다. 옛사람을 쳐다보지 말고 새 사람이 드러나도록 도웁시다.

악한 존재는 없다

우리 그리스도인이 사람을 변화시키려고 할 때가 최악입니다. 사랑하는 하나님이 언제 우리보고 사람을 회심시키라고 했습니까? 그렇게 말씀하신 적이 없습니다. 우리가 바란다고 사람이 알아서 선해질 수 있는 것이 아닙니다. 회심은 우리의 의지가 아니라 하나님의 뜻에 따른 것입니다.

친구들이여, 여러분은 결코 사람을 잡초나 가라지로 보아서는 안 됩니다. 수확하여 단으로 묶은 가라지마 13:24-30 자체는 사람이 아닙니다. 우리가 "이 사람은 가라지고 저 사람은 곡식"이라고 말한다면 큰 실수를 하는 것입니다. 아니, 그냥 실수 정도가 아닙니다! 우리는 자신을 감히 하나님의 자녀라고 불렀지만, 사람들 속에서 발견하는 악이나 범죄나 죄라고 생각하는 것들은 모두 우리에게서도 나타나는 특징이라는 사실을 생각해보십시오. 인간의 본성 깊은 곳을 누가 들여다볼 수 있겠습니까? 우리는 다 비슷합니다.

그러나 표면적으로, 즉 삶의 외부적 영역에서 종종 드러나는 범법행위는 하나님의 법에 대한 것이 아니라 인간의 법에 대한 것입니다. 그곳에서 밀고 올라오는 악하고 죄 된 본성이 가라지의 결과물이고, 곡식을 밀어내고 밭을 뒤덮은 가라지는 아무리 고귀한 사람도 행악자로 만듭니다.

조심스럽게, 하지만 감히 하나님 앞에서 다음과 같이 주장합니다. 이런 악한 구분을 하지 않도록 자신을 지켜야 합니다. 우리는 악을 없애야 합니다. 그러나 부디 사람을 저주하지는 마십시오. 기독교세계 전체에 퍼져있는 오래된 가라지를 사람으로 보아서는 안 됩니다. 불쌍한 우리는 모두 그 안에 얽혀 있습니다.

여러분은 곡식 밭에 부는 바람을 본 적이 있습니까? 바람을 멈추기 위해 할 수 있는 일은 거의 없습니다. 바람은 가냘픈 식물을 사정없이 파괴합니다. 많은 사람도 마찬가지입니다. 어쩌다 보니 어떤 씨가 이웃에 들어왔고, 비인간적이고 비정상적인 방식으로 자라고 있습니다. 이 씨는 사람들 가운데 자라며 사람들의 감정 속에 침투하여 그들의 의지에 영향을 주고 있습니다. 우리는 종종 사람들의 행동을 보고 그들을 바보라고 부릅니다. 결국, 우리는 그들을 무시하고 그 사람들을 "죄인"으로 취급합니다. 그러나 곰곰이 생각해보면, 그렇게 뿌려졌던 씨의 흔적은 우리의 삶 속에서도 발견된다는 사실을 알 수 있습니다.

그러므로 인간 사회를 하나로 묶기 위해 우리가 받은 모든 소명 가운데 가장 큰 축복은 다음과 같습니다. 인간적인 방식으로 정의와 불의를 구별할 수밖에 없지만 이러한 구분은 우리의 생각이자 의견일 뿐이라는 것입니다. 여러분은 사람을 영원히 저주할 수 있습니까? 여러분이 하나님의 일을 대신하고 싶습니까? 오 사람이여, 과연 여러분이 영원한 판결을 내릴 수 있습니까?

사랑과 공동체

우리는 공동체 의식을 가져야 합니다. 물론 개인적 발전도 유익합니다. 그것은 특히 기독교의 토대로서 중요합니다. 그러나 우리는 무엇보다도 공동체 의식이 필요합니다. 그리고 이 공동체 의식은 그것에 속한 진리, 곧 하나님의 법 위에 세워져야 합니다.

여러분은 하나님의 법을 지켜야 합니다. 여러분은 그리스도에게 귀를 기울임으로써 여러분이 행할 바에 대해 배워야 합니다. 공동체의 존립은 이런 식으로만 가능합니다. 자신을 위해서만 존재하는 자는 힘든 시간을 보낼 것이며 성공하기 어려울 것입니다.

사람이 자신의 힘으로 복을 받고 행복해질 수 있다는 말을 믿지 마십시오. 여러분은 이 땅에서 예수 그리스도의 공동체로 부르심을 받았으며, 우리는 서로 의지해야 합니다. 한 지체가 고통을 당하면 다른 지체도 아파야 합니다. 우리는 성령 안에서 서로를 인식함으로써 서로를 섬길 수 있으며, 자신이 섬김을 받을 때조차도 다른 사람을 섬기게 되는 것입니다. 이러한 공동체 의식을 통해 하나님은 여러분에게 기회가 날 때마다 서로 섬기라고 요구하십니다. 다른 때에는 섬김을 받으라고, 심지어는 자신보다 못하다고 생각하는 자로부터도 섬김을 받으라고 말씀하십니다. 그래야 여러분은 아무것도 아니고, 하나님이 모든 것 되신다는 사실을 깨닫게 되고, 다른 사람을 자신보다 낮게 여기는 법을 배울 수 있기 때문입니다.

하나님 및 이웃과 함께 하는 이 공동체의 열매는 무엇보다도 모든 죄를 덮는 것이 되어야 합니다. 사실 이러한 공동체의 속성은 정확히 죄를 이기기 위해 존재합니다.

결과적으로 우리의 죄는 감추어지며, 우리는 언제나 그 죄가 어떻게 되었는지 증언할 수 있어야 합니다.

우리는 대체로 혼자서 신앙생활을 할 수 있습니다. 그러나 어려운 상황에 부딪히면 혼자 힘으로 감당할 수 없습니다. 친구들이여 생각해보십시오. 나 자신은 아무것도 아닙니다. 나는 단지 이러한 공동체를 통해서만 존재할 뿐입니다. 나를 이해해주는 형제자매가 없다면 나는 아무것도 아닙니다. 하나님의 나라에서는 아무도 혼자 존재할 수 없습니다. 우리는 하나님의 은혜를 통해 존재합니다. 하나님의 은혜로 산다는 것은 곧 다른 사람을 위해, 그리고 다른 사람과 함께 사는 것이며, 공동체 의식을 함양함으로써 능력을 발휘하는 하나의 도구가 되는 것입니다.

이교도든 그리스도인이든 사람과 사람을 엮는 모든 세속적 유대관계는 구속입니다. 사람은 이런 식으로 다른 사람과 엮이며, 결국 한 사람이 다른 사람을 자기 뜻대로 좌우하는 인간적 집단을 형성합니다. 안타까운 말이지만 소위 "교회"로 불리는 집단 역시 이러한 위험에서 벗어나 있지 못합니다.

소위 기독교세계를 구성하는, 일반적으로 "교회"라고 불리는 것들은 종파나 사회 단체의 모임 정도를 의미하게 되었습니다. 이러한 구성 안에서 우리는 항상 뭔가 양심에 찔리거나 다른 사람들 앞에서 부끄러움을 느끼게 됩니다. 우리는 함께 묶여 있는 다른 사람들과 함께 "사람의 길"을 따릅니다. 그 결과 불안감이 조성되고, 모두가 따라야 하는 강력한 집단정신이 형성됩니다. 따라서 우리는 고개를 숙이고 겨우 자신을 추슬러 교회로 들어섭니다. 이것은 대체로 매우 불쾌한 이야기입니다. 그러므로 이런 저주가 더 지속되기 전에 완전히 세속적인 사회로 돌아가는 경우도 흔히 볼 수 있습니다.

그러나 사랑하는 친구들이여, 여러분은 인간의 형상이 아니라 하나님의 형상을 따라 창조되었습니다. 여러분이 닮아야 할 인간의 형상은 없습니다. 여러분이 닮아야 할 형상은 하나님 아버지뿐이십니다. 여러분이 인간적이거나 세속적인 방법을 사용하거나 인간적 인내에 의존하여 참는다는 것은 불가능한 일입니다. 그런 방식은 오히려 여러분의 영혼을 회복할 수 없을 만큼 손상할 수 있다는 사실을 알아야 합니다. 누가 여러분을 위해 이 문제를 해결할 수 있습니까?

그러나 친구들이여, 우리에게는 새 언약이 있습니다. 그것은 우리가 하나님의 형상을 취할 수 있는 언약입니다. 이 언약은 온갖 법을 만들어 우리를 타인과 구별하는 방식으로 사람을 구속하지 않습니다. 새 언약은 다른 사람을 무시하지 않습니다. 다른 사람은 여러분을 마음대로 하지 못하며, 여러분도 다른 사람을 마음대로 하지 못합니다. 여러분을 구속할 수 있는 것은 하나뿐입니다. 그것은 그리스도 안에 있는 참된 언약입니다. 사람 위에 사람을 놓는 법은 있을 수 없습니다. 그리스도 안에는 하늘에 계신 아버지께서 주신 하나님의 법만 있을 뿐입니다. 이 법이 모두의 마음에 굳게 설 때, 우리 가운데 사랑과 자유의 복된 공동체적 의식이 생겨날 것입니다.

그런 후에는 우리 가운데 조작과 상처 주기 및 공격적 비판이 완전히 멈추게 될 것입니다. 우리는 하나님에 대한 사랑 안에서 함께 하나의 목표를 위해 달려갈 것이며 서로 사랑하게 될 것입니다. 우리는 누군가 다른 의견이나 신조를 지니거나, 무언가를 이해하는 방식이 우리와 다르거나 우리보다 더 나은 경우에도 그렇게 해야 합니다. 그렇게 되면 전쟁과 피의 원인이 되는 인간적 결합들도 더는 존재하지 않을 것입니다. 모든 사람의 마음은 하나님의 결합으로 하나가 될 것이며, 성령께서는 이러한 구속이야말로 사랑이며 진정한 공동체적 의식이라는 사실을 보여주실 것입니다.

오늘날의 문제는 예수님 시대와 마찬가지로 우리가 이러한 관계 및 언약에 도달할 수 있느냐는 것입니다.

우리가 일반적으로 "사랑"이라고 부르는 것은 우리를 약한 자로 만듭니다. 세상 사람들이 원수를 미워하는 것은 본성에 따른 것입니다. 하나님께로 난 자만이 예수께서 하신 말씀을 행할 수 있습니다. 물론 우리가 밑에서 올라오는 동기, 즉 동정이나 혐오감에 사로잡힌다면 진정한 사랑을 할 수 없습니다. 그러므로 우리는 하나님의 자녀가 되어야 합니다. 어떻게 하면 하나님의 자녀가 될 수 있습니까? 우리는 그렇게 타고났습니다. 우리는 하나님으로부터 온 자입니다. 따라서 그의 성령이 우리 안에 거하셔야 하며, 우리를 평범함에서 끄집어내어 들어 올리셔야 합니다.

친구나 연인의 상호적 사랑은 원수를 사랑하려는 노력에 아무런 도움이 되지 못합니다. 나에게 상처를 준 사람, 나를 이해하지 못하는 사람, 나를 모욕하고 비난하는 사람을 하나님을 위해 붙잡아야 합니다. "당신은 나에게 상처를 주었기 때문에 나에게 속한 자"라는 것입니다. 우리를 좋아하지 않는 자들과 관계를 끊고 멀리 떨어진다면 우리의 목적이 달성된 것입니까? 이왕 말이 나왔으니, 우리의 목표는 무엇입니까? 하나님의 사랑이 온 세상을 정복하고, 모든 잔인한 행위와 그로 인한 고통을 영원히 사라지게 하는 것이 아닙니까? 우리가 인내와 사랑으로 이 사역에 동참한다면 가치 있는 일이 아닙니까? 우리는 승리를 안겨줄 힘을 세상에 들여오고 있는 것입니다.

나는 "너희 원수를 사랑하라"라는 말씀보다 예수님으로부터 오는 더 큰 빛을 알지 못합니다. 이 말씀의 때가 와야 합니다.

각 사람의 마음은 경찰서와 같습니다. 모든 사람의 행위가 파일별로 정리되어 있습니다. 우리는 단지 "그 사람에 대해 어떤 자료를 가지고 있습니까? 이 사람은 무엇을 했습니까?"라고 묻기만 하면 됩니다. 질문을 받은 사람은 파일을 열고 모든 사람에 대해 필요한 정보를 제공해줄 것입니다. 아주 은혜롭게 서랍을 닫아둔 채 지난 사건에 대해 언급하지 않을 때도 많지만, 열쇠까지 버린 것은 아니며, 여차하면 언제든지 문을 열고 사건을 들춰낼 것입니다. 이게 문제입니다. 장애물로서 해악을 끼칩니다.

마음속에 사건일지가 남아 있는 한, 다른 사람과 무엇을 한다는 것은 불가능합니다. 마음속에 파일 서랍을 가진 상태에서는 누군가에 대해 아무리 중요한 말을 한다고 해도 먹히지 않을 것입니다. 서랍장을 파괴한 후에야 하나님의 뜻에 대해 명료하게 이야기할 수 있습니다. 이 부분에 대해서는 타협의 여지가 없습니다. 나는 결코 경찰서가 되지 않을 것이며, 마음에 사건을 넣지 않을 것이다! 이런 자세를 가질 때, 여러분은 마음이 환하게 밝아지고 마음의 짐이 가벼워지는 것을 보게 될 것입니다. 구주의 생명의 빛이 우리를 비추기 때문에 악한 세상도 더는 무겁게 느껴지지 않고 모든 일이 잘될 것입니다.

예수님이 죄짐을 지실 것입니다. 그러나 그는 경찰서가 있는 마음에는 나타나지 않으실 것입니다. 그곳에 들어가지 않을 것이며, 아무것도 하지 않으실 것입니다. 예수님은 세상 죄를 짊어지신 분이십니다. 만약 여러분이 도리어 죄를 지우는 사람이라면, 예수님는 여러분과 아무런 상관이 없을 수도 있습니다. 그러니 잘 생각해보십시오!

사람들에게 "나는 하나님의 것"이라는 인식을 심어주십시오. 그러면 즉시 자신이 처한 비참함에서 벗어날 것입니다. 길을 잃은 사람은 제일 먼저 가라앉아 버립니다. 따라서 우리의 사랑은 이런 인식을 자신과 다른 사람들에게 심어주는 것이어야 합니다. 우리는 자신이나 타인을 비하해서는 안 되며, 누구도 악한 자로 여겨서는 안 됩니다.

우리의 사랑은 예수께서 말씀하신 대로 햇빛 같아야 합니다. 이 빛은 모든 사람에게 비취어야 하며 자신도 빛으로 깨끗이 남아야 합니다. 이런 식으로 우리의 능력이 유지됩니다. 우리의 원수는 우리가 그를 바로잡으려는 것이 아니라 하나님의 자녀로 받아들인다는 것을 느낄 것입니다. 그렇게 되면, 그는 더는 원수가 될 수 없을 것입니다. 그러나 세상이 이것저것 트집을 잡아 공격하고 우리도 거기에 동참한다면, 우리가 하나님의 것이라는 의식을 잃은 것입니다.

예수님은 모든 사람이 비정상적이라고 생각하지만, 그 누구도 포기하지 않으십니다. 사람들이 그렇게 생겨먹지 않았으면 구원이 필요 없을 것입니다. 따라서 예수님은 죄인이든 의인이든, 가난하든 부하든, 건강하든 병약하든 모든 사람이 그 모습 그대로 나아오기를 원하십니다. 예수님도 모든 사람에게 자신을 있는 그대로 내어주십니다. 그러므로 자신의 경건함만 강조하고 다른 사람의 신앙은 무시하는 일은 없어야 할 것입니다.

예수님은 자신이 피 흘려 섬기신 것처럼 제자들도 섬기기를 원하십니다. 제자들에게 원하시는 것은 이것이 전부입니다. 예수님의 제자는 그의 영으로 다른 사람을 자유롭게 하고, 아무도 포기하지 않으며, 오래 참고 인내하는 마음으로 하나님이 각 사람에게 부여한 선을 바라보아야 합니다. 자유케 된 자는 쉽게 자신을 바로잡을 수 있습니다. 그러므로 우리는 항상 섬김과 구원과 자유의 마음을 가짐으로써 강력한 권세들과 맞서 싸울 수 있으며, 아무리 어려운 관계 속에서도 승리를 확신할 수 있습니다.

신적인 인간

우리가 구주의 삶을 살펴보고 "어떤 사람들 쪽으로 가셨나?"라고 묻는다면, 예수님은 언제나 어린아이 같은 자, 단순한 자, 순진한 자를 찾으신다는 사실을 알 수 있을 것입니다. 그러나 예수님은 어딘가에 메이거나 형식적인 의미에서 "종교적"이 되려는 모든 시도를 멀리하셨습니다.

그러므로 나는 오늘 여러분에게 다음과 같이 말합니다. 겉으로 드러나는 법이나 행동들 즉 "외면성"에 치중한 방식… 종교적 울타리 안에 갇힌 이 땅에서의 삶과 그 무거운 짐에 눌린 사람들만이 보이는 길… 이런 길은 누구나 갈 수 있는 넓은 길입니다. 그러나 '종교적 삶'이라는 바탕 속에서 이러한 것들을 '내면적'인 것으로 다루는 사람은 성장이 멈추며, 결국에는 영혼의 힘을 잃어가며, 영원하신 하나님의 힘도 함께 사라져갑니다.

오직 법에 따라 세워진 기독교세계는 바람직하지 않습니다. 만일 이처럼 전적으로 형식적인 기독교세계 속으로 서민층, 교육받지 못한 계층, 멸시와 천대를 받은 계층으로부터 주로 배출되는 어린아이 같은 자들이 들어오지 않았더라면…. 만일, 이 어린아이 같은 자들이 "나는 여기서 벗어났습니다. 나는 하나님의 자녀입니다. 만약 내가 멸시당한다면 모두가 멸시당하는 것입니다"라고 말하는 법을 몰랐더라면…. 이런 사람들이 아니었다면 기독교 공동체는 지금처럼 잘될 수 없었을 것입니다.

그러나 친구들이여, 오늘의 상황은 끔찍합니다. 우리는 도처에서 지혜와 학식과 권력과 지배와 영향력 및 그와 유사한 것들을 발견합니다. 그러나 어린아이다움, 어린아이와 같은 마음은 참으로 찾기 어렵습니다. 가르침과 배움, 그리고 학습된 교양의 혼란 속에서 진정한 사람은 죽어 있습니다. 사회는 우리를 노예로 만들고 있습니다! 많은 사람은 "사람들"의 말에 대해 깊이 생각하지 않으며, 따라서 그들은 두리번거리며 모든 "사람"이 가는 길로 휩쓸려 갑니다.

여러분은 사람들이 어린아이 같은 자를 대체적으로 나쁜 사람으로 본다는 사실을 모릅니까? 나는 그들 속에 진리와 생명의 힘이 있음에도 불구하고 어린아이 같은 태도를 보인다는 이유로 그들의 삶전체를 이상하게 바라보는 자들이 많다는 사실을 알고 있습니다. 그들은 어린아이 같은 자들을 절대 인정하지 않습니다. 우리 사회는 이런 순진함을 원하지 않기 때문입니다. 사회는 타인을 지배할 수 있는 영민하고 무자비한 자를 원하는데 어린아이 같은 자들은 언제나 여기서 빠져나갈 준비가 되어있기 때문입니다. 주 예수께서 어린 아이 같은 겸손함으로 당시의 종교법에 맞서다 죽임당하셨듯이, 오늘날도 마찬가지입니다.

　사람은 두 차례의 회심을 경험해야 합니다. 한번은 자연인에서 영적인 사람으로, 또 한 번은 영적인 사람에서 자연인으로입니다. [요한 블룸하르트]

새로운 계시

내가 참으로 기꺼이 받아들이는 질문은 "오래전 사람에게 한 말이 우리에게도 적용됩니까?"라는 것입니다. 저는 평생 이 질문과 씨름했고, 답을 얻는 과정도 매우 어려웠습니다. 하나님이 역사하신 한 가지 행위를 통해 이론적으로뿐만 아니라 실제적으로도 질문이 해결되었으며, 따라서 우리는 "이 말씀은 우리에게도 적용되며, 성경 시대의 사람들에게 완전히 일어나지 않은 일마저도 지금 나에게 일어날 수 있다"라고 고백하게 되었습니다. 때로는 아브라함이나 모세 시대, 심지어 사도 시대에도 일어나지 않았던 일이 오늘날 우리에게 일어나기도 합니다.

하나님나라의 진보는 예전의 요구와 약속은 물론 새로운 요구와 약속도 드러낼 것입니다. 우리 하나님의 통치에는 경직된 것이나 기계적인 것이 없으며, 모든 것은 언제나 새롭고 살아 있으며 유의미하고 시의적절합니다. 그러므로 우리에게는 우리 시대에 일어나고 있는 일에 대해 어떻게 이해할 것인가라는 동일한 질문이 항상 주어져 있습니다.

한편, 예수님이 하나님의 진리라는 양심적 믿음에 기초하여 오늘날 하나님의 살아 있는 약속 및 생명에 부합하는 것을 찾아야 한다고 믿습니다. 나는 여러분을 포함해 많은 사람이 이러한 사실에 대해 의심하는 것을 이해할 수 있습니다. 그러나 예전 것은 지나가고 새로운 필요가 새로운 은혜를 가져다줄 것입니다. 이 사실을 확실히 깨닫기 전까지, 우리는 계속해서 휘청거릴 것입니다. 여러분은 간절히 찾는 자가 만날 것이라는 말씀을 믿어야 합니다. 하나님은 절대로 사라지지 않을 것이기 때문입니다. 그러나 하나님은 그가 계신 곳에서만 발견됩니다. 하나님이 원하지 않는 곳에서는 찾을 수 없습니다. 그러므로 우리는 그의 뜻대로 하나님을 찾아야 합니다.

이 일은 삶의 경험들을 통하지 않고서는 일어나지 않습니다. 우리는 감히 오늘날에도 "계시"가 필요하다고 담대히 말할 수 있습니다. 성경과 함께 계시도 끝난 것이 아닙니다. 나는 많은 사람이 "계시"라는 단어에 대해 분노한 나머지 자신의 신앙적 판단에 따라 하나님의 직접적인 행동 및 그의 기적적 행위와 맞서 싸운다는 사실을 알고 있습니다. 그러나 나는 우리의 좁은 시야 때문에 지극히 높으신 분이 응당 자기 것이라고 인정받아야 할 것을 왜 빼앗기셔야 하는지 모르겠습니다.

그리스도는 살아 계시며, 그가 살아계신다면 계시도 있어야 할 것입니다. 이 계시는 하나님의 인도하심을 받는 자들의 마음에 반드시 있어야 할 요소입니다.

하나님나라의 새로운 발전이 세상을 뚫고 나온다는 기조 위에서, 우리는 모든 것이 새로워지고 있다는 생각을 할 수 있습니다.

예를 들면, 일찍이 사도들이 "믿는 자는 복을 받았고 믿지 않는 자는 저주를 받았다. 믿는 자에게는 복이, 믿지 않는 자에게는 화가 임할 것"이라고 말했다면, 수 세기를 내려오는 동안 약간의 변화가 있다는 것입니다. 오늘날의 의미는 "복되도다! 네 원수, 네 대적은 물론, 불신자에게도 복이 있을지어다"라는 뜻입니다. 우리는 온 세상을 위해 복을 비는 자가 되어야 합니다. 그렇게 할 때 하나님의 나라가 복된 가운데 임할 것입니다.

성경

우리가 만일 새로운 시온 즉, 구속함을 받은 하나님의 백성의 새로운 교회 공동체인 새 예루살렘을 기다린다면, 이 시온을 위해 준비하는 한편 현재 교회의 신앙고백이 규정하는 지위를 무시해야 합니다. 우리는 마음속으로 하나님만을 섬길 준비를 해야 합니다. 우리가 이 목적을 향해 하나님과 함께 일하는 동역자가 된다면, 우리는 다시 한번 '성경적'이 될 것입니다. 사람이 신앙고백을 열망하며 따른다고 해서 '성경적'이라고 부르는 것은 바람직하거나 유익한 어법이 아닙니다.

"성경적"이라는 말은 유동적입니다. 따라서 예전에도 그랬지만 오늘날에도 하나님께 속한 것을 찾고 표현한다는 것은 결코 쉬운 일이 아닙니다. 그러나 오늘날 많은 사람은 "성경적"이라는 말을 시민으로서 이 사회를 살아가는 우리의 삶을 옹호하는 듯한 표현으로 사용하고 있습니다. 따라서 정작 성경의 진리를 따르는 자는 국가와 교회를 파괴하고 싶어 하는 자처럼 인식되기도 합니다.

그러나 그리스도는 영원한 모퉁이 돌로 서 계십니다. 이 돌로부터 끊임없이 "새것"이 나올 것이며, 마침내 하늘과 땅이 새로워지고 새로운 하나님의 나라가 도래하며 이전 것은 사라질 것입니다.

오늘날 사람들은 "성경의 영감"에 대해 많은 말을 합니다. 그것은 바람직한 일입니다. 그러나 나는 "영감 어린 사람"에 대해 말하고 싶습니다. 감사하게도 하나님은 그의 영으로 진리를 말한 자들을 통해 성경을 주셨습니다. 그러나 영감을 받은 것은 선지자이지 성경의 문자가 아닙니다. 문자가 우리를 진리로 인도할 수 있다면, 읽으며 하나님의 영의 인도하심을 받기 때문입니다.

그러나 전혀 그렇지 않습니다. 오늘날 자연인은 하나님의 영에 대해 아무것도 모르며, 따라서 영감 어린 선지자의 말을 혼란스러워 합니다. 그러나 루터와 같은 사람은 개인적으로 동시대인은 알지도 못하고 이해하지도 못했던 하나님이 의도한 진리를 증거할 수 있었습니다. 그는 성경 텍스트가 아니라 하나님과 성령의 지배를 받았습니다. 그러나 우리가 하나님이 이미 드러내신 삶만 다룬다면, 그리고 하나님의 진리와 신실함과 관련해 각자가 자신이 받을 선물에만 관심을 가진다면, 성경의 영감에 대해 갈등을 겪을 필요가 없습니다. 우리는 상호협정하에 있음을 알게 될 것입니다.

고대에도 여호와 하나님과 세계 전체의 하나님 사이에 구분이 있었습니다. 따라서 이방인은 하나님 아래에 있었으나 이스라엘은 사람과 함께 거하시는 여호와 하나님의 지배를 받았습니다. 여호와라는 이름의 뜻은 원래 "그가 여기 계신다!"라는 부르짖음입니다. 하나님이 은혜를 내려주시는 행위는 "그가 여기 계심"을 보여줍니다. 야곱은 한 돌을 가져다가 베개로 삼고 누웠을 때 꼭대기가 하늘에 닿은 사닥다리를 보고 "그가 여기 계신다"라고 외쳤습니다. 따라서 하나님의 모든 사랑의 행위가 곧 '여호와'를 의미한다는 개념이 정립되었습니다. 이러한 여호와 개념에 대해 구약성경만큼 확실히 보여주는 것은 없습니다. 참으로 하나님은 사람과 함께 살았으며, 사람은 하나님의 크고 놀라운 행위를 통해 그를 알았습니다.

우리가 이처럼 은혜로운 하나님의 행위를 몰랐다면 얼마나 가련한 자가 되었을는지 생각해보십시오. 우리가 하나님에 대해 철학적인 방식으로 사고해야 했다면, 하나님에 대해 어떤 말을 할 수 있었겠습니까? 그러나 하나님은 자녀에게 잘해 주시는 인간적 아버지와 같다는 사실은 삼척동자도 알고 있습니다. 특히 우리는 지금 이처럼 은혜로운 하나님의 행위로 말미암아 그리스도 안에서 화목하게 되었습니다. 하나님이 육신을 입고 오셔서 자신을 드러내신 것은 그리스도 안에서입니다. 예수님은 참으로 인간인 사람이었습니다. 그런 이유로 우리는 그를 인자라고 부르며, 하나님은 그를 통해 사람에게 다가오십니다.

성경도 규범이 있어야 합니다. 성경의 규범은 사도들이 제시한 그리스도입니다. 성경 어디든 이 규범에 부합하지 않는 곳이 있다면, 규범에 일치시킬 수 있을 때까지 나를 위한 본문이 아닙니다. 그런 경우에는 가르침이 와서 마침내 깨닫기까지 몇 번이고 기다려야 합니다. [요한 블룸하르트]

그들이 주의 발 밑에 앉아 주의 말씀을 배운다._{신 33:3, 블룸하르트} 의 독일어역 성경에 따름 여러분이 사랑하는 하나님의 말씀 앞에 나아올 때, 여러분은 하나님의 발아래에 있는 것입니다. 그러나 이것은 우리가 그것을 실제로 믿을 때만 가능한 일입니다. 많은 사람은 이 사실을 개인적으로 받아들이지 않기 때문에 하나님은 물러나십니다. 따라서 말씀은 감추어지고, 더는 능력을 발휘할 수 없게 되는 것입니다. 그 결과 많은 사람은 더는 성경을 하나님의 말씀으로 받아들이지 않으며, 관심을 두지도 않습니다. 우리는 하나님의 말씀을 지나치게 인간적으로, 지나치게 피상적으로 받아들이지 않도록 조심해야 합니다.

하나님이 하신 말씀은 곧 그의 인격을 나타냅니다. 나는 "말씀이 뭐 대단한 것처럼 굴지 말라. 성경이 아니라 성경 안에 있는 하나님이다"라고까지 할 수 있습니다. 우리가 성경을 외적인 면에만 초점을 맞추어 하나님의 임재로 받아들이지 않고 문자에만 집착한다면, 성경을 두려움과 미신적인 방식으로 사용할 수 있습니다. 가령 내가 율법을 읽고 있다면 나는 하나님과 대화하고 있는 것입니다. 이렇게 하면 우리는 성경을 이해할 수 있습니다. 하나님께서 하시는 말씀을 듣고 있기 때문입니다. 이런 식으로 읽지 않았을 때와 비교해 전혀 다른 깨달음을 얻을 수 있습니다. 그러나 성경을 이런 식으로 읽지 않는 것은 비성경적인 태도입니다. 그는 성경을 하나님이 하시는 말씀으로 받아들이지 않기 때문에 깨닫지 못할 것입니다. 우리가 하나님으로부터 오는 모든 것을 인간적 관점으로 바꾸어 생각한다면, 하나의 체계가 만들어질 것입니다. 그렇게 되면 "성경적"인 것, 그리고 사실상 본래적 성경 자체는 사라질 것입니다.

우리가 말하고 듣는 모든 것도 마찬가지입니다. 만일 우리가 하나님의 발아래 앉아 말하고 듣는다면, 단순히 책을 읽는 것과는 전혀 다른 가치가 나타날 것입니다. 책만 읽는 것은 사실상 아무런 효과가 없습니다. 책 자체에 가치가 있는 것이 아닙니다. 가치가 있는 것은 사람들입니다. 여기서 사람들은 하나님의 사람들입니다. 그러므로 나는 하나님의 발아래 앉아 배울 것입니다. 오늘도 내일도 그렇게 할 것입니다. 무슨 일이 있더라도 그렇게 할 것입니다!

우리는 성경을 읽을 때 주변 세상이 어떻게 돌아가는지 주의해서 살펴보아야 합니다. 우리는 세상사가 성경에 나타난 것과 다르다는 사실을 발견하고 "우리가 사는 세상은 그들과 다르며, 따라서 그런 일은 있을 수 없다"라고 말하기 쉽습니다. 그러나 그것은 잘못된 결론입니다. 우리는 정직하게 "성경과 다른 세상이라면, 성경이 말하는 세상이 되어야 하며 반드시 그렇게 될 것"이라고 말해야 합니다.

성경에는 다른 사람이 하나님의 법령에 따르는지를 판단하는 잣대가 되는 특정 법령이 있다는 것은 사실입니다. 그러나 이런 표현을 사용해서 죄송하지만, 하나님나라의 진보를 위해서는 성경 이상의 것, 즉 직접적인 가르침이 필요합니다.

기독교세계Christendom의 타락

영에서 문자로

하나님의 생명이 우리 안에 거하기 위해 우리가 할 수 있는 일은 무엇입니까? 그것을 방해하는 것은 무엇입니까? 성서를 다루는 오늘날의 학계가 그 범인입니다. 학자들은 구약성경으로 이미 구주를 죽였으며 지금은 신약성경으로 그를 공격하고 있습니다. 설령 성경에 충분히 언급되지 않았더라도, 우리는 하나님의 영이 우리의 마음에 주시는 말씀을 따라야 합니다. 우리는 자유로운 백성이 되어야 하며 사람의 지시, 형식과 책에서 벗어나 하나님의 영이 하시는 말씀을 듣고 따라야 합니다.

하나님이 우리 시대에 직접 주시는 말씀으로 들리도록 남아 있어야 하는 것들까지도 다 빼앗아가는 성경 사고방식이 있습니다. 이러한 사고방식은 우리에게 무기력한 문자만 남겨 놓았습니다.

거부

오늘날 우리에게 사도들은 세상의 기사와 표적으로 남아 있습니다. 그들에게서 전능하신 하나님의 불이 사도적 형태말씀이 아니라 능력로 나타났습니다.

그러나 사실상 이러한 사도적 사역은 그들의 죽음과 함께 끝났습니다. 분명히 머릿돌은 세상에서 제거되지 않았으나 땅에 대한 하늘의 직접적이고 신적인 증거나 사람들에 대한 하나님의 직접적인 계시와 같은 것들은 끝났습니다. 사람들은 '회상'이라는 수단을 통해 자구책을 강구했으며, 경건한 백성은 물론 시온을 일정 부분 드러내는 새 예루살렘의 구속 공동체와 같은 모임들도 이런 방식에 의존하여 살아남을 수 있었습니다. 우리는 아직도 여기저기서 반짝이는 빛을 볼 수 있습니다. 그러나 대체로 하나님의 빛은 "인간적인" 빛에 묻혀버렸으며, 인간의 영악함이 우후죽순처럼 솟아올랐습니다. 이교도적 시스템이 참된 기독교 신앙에 들어와 뒤섞였으며, 전쟁과 피흘림은 기독교세계를 형성하기 위한 필수적 과정이 되었습니다.

하나님의 나라에서 '종교'로

여러분은 하나님의 소유입니다. 여러분에게 필요한 것은 하나님의 임재에 대한 확실한 자각입니다. 여러분은 "종교"가 필요 없습니다.

우리의 세상은 멸망합니다. 세상에 속한 것들은 오래 가지 못합니다. 그러나 하나님의 세계는 하나님의 말씀 위에 세워졌기 때문에 영원합니다.

인간이 만든 세상과 문화는 중국이든 유럽이든 상관없이 모두 무너질 것입니다. 그러나 하나님은 찬양을 받으실 것이며, 그것들은 멸망해도 우리는 웃을 것입니다. 그러기 위해서는 이 육신적 세계가 붕괴할 동안 하나님의 법을 굳게 붙들고 확신하며 그의 나라를 사모하는 마음이 변치 않아야 합니다. 이런 마음의 성향과 영적 사모함만이 우리에게 하나님나라의 진보를 경험하게 할 것입니다.

나는 최근 다른 나라에서, 한 사람을 만나 종교에 관한 대화를 나눈 적이 있습니다. 그는 이렇게 말했습니다. "종교의 발전은 있을 수 없습니다. 우리도 그 정도는 알고 있습니다. 종교는 시종여일합니다. 인간의 다른 정신 활동에는 진보가 있지만, 종교는 언제나 제 자리를 지킵니다." 나는 비위를 맞추기 위해 "당신이 옳습니다"라고 말하지 않을 수 없었습니다.

그러나 사실 종교에는 진보가 있습니다. 진리는 생명을 나누어 주지만, 세상이 만든 것은 삶의 진보를 가져올 수 없습니다. 진보는 반드시 의를 통해서만 올 수 있지만, 세상이 만든 것은 결코 사람을 선하게 하거나 정직하게 하지 못합니다. 진보의 전형은 하나님나라입니다. 하나님의 나라는 우리 하나님의 진리와 공의가 지속해서 드러나는 곳이기 때문에 오랜 "고정석"이 없습니다.

우리에게 특정 가르침을 통해 제시된 "종교"만 있다면, 그리고 우리는 오직 이 종교에 따라서만 살아야 하며 우리가 이웃에게 제시할 것은 오직 그것뿐이라면 어떻게 되겠습니까? 그러나 그렇지 않습니다. 참으로 살아 있는 한 가지 확실한 사실은 인간을 위한 새로운 날에 대한 소망입니다. 그러나 오늘날 기독교에서 이 소망을 제거하면, 기독교는 더는 존재할 수 없습니다. 그것은 종교와 같은 것에서는 결코 생성될 수 없습니다.

"기독교라는 종교"를 가지는 것은 전혀 어려운 일이 아닙니다. 세상에는 다양한 기독교가 존재하기 때문에 우리는 얼마든지 그중 하나를 택할 수 있습니다. 우리는 태어나면서부터 기독교에 입문하며, 큰 어려움 없이 그 안에 머물 수 있습니다. 그 안에서 제대로 살아가려면 조금 수고로울 수 있지만, 누구든지 원하기만 하면 큰 힘 들이지 않고 그렇게 할 수 있습니다.

그러나 마음속에 숨은 또 하나의 기독교가 있습니다. 이 기독교는 "이 땅에 대한 하나님의 통치"라고 부릅니다. 이것은 마음속에 철저히 봉인되어 있지만 우리는 "이것이 이루어질 것"이라는 사실을 확실히 알고 있습니다. 또한, 이 기독교는 우리에게 몇 번이나 간절함과 탄식을 자아내게 할 것입니다.

주 예수님은 다음과 같이 말씀하셨어야 합니다. "자녀들아, 기독교나 제자도의 영역에서 가장 많은 거짓과 많은 권력이 어둠의 세력이 되어 너희를 무너뜨리려 할 것이다."

바람직한 현상은 아니지만, 지극히 거룩하고 존귀한 분이 우리의 영원을 위해 싸우시는 바로 그 현장에 가장 많은 거짓과 오류가 난무한다는 것은 부인할 수 없는 사실입니다. 말과 글의 역할로 인해 오류가 진리의 탈을 쓰고 이러한 현장에 나타나기 때문에 더욱 위험합니다. 신앙생활, 그리고 예수를 따르는 삶의 영역에서 말과 글이 너무 큰 영향력을 행사하는 것은 위험하지만, 항상 그래왔습니다. 하지만 말과 글은 그 어떤 중요한 것도 만들어내지 못합니다. 오직 '행동'만이 창조적인 힘을 갖고 있습니다. 하나님이 자기백성을 행동하게끔 하시지 않는 한 아무것도 앞으로 나아갈 수 없습니다. 하나님 백성의 유일한 목적은 바로 하나님이 원하시는 대로 행동하는 것입니다.

우리는 우리의 기독교를 그리스도 자체로 규명해서는 안 된다는 사실을 강조하기 위해 애썼습니다. 우리는 기독교세계란 그리스도께서 하나님으로 높임을 받는 부차적 세계라는 사실을 설명하기 위해 노력했습니다. 그마저도 하나님에 대한 세속적 방식의 언급을 통해서만 그러합니다. 따라서 세상이 하나님을 전혀 경외하지 않고 그에 대해 말하는 것처럼, 기독교세계라는 이차적 세계는 그리스도를 따르는 일 없이 그에 대해 말합니다.

우리는 그리스도 안에 있는 신앙에 대해 말하지만, 그리스도를 위한또는 그리스도께서 쓰실 수 있는 신앙을 보여주지 못합니다. 우리는 그리스도 안에 있는 하나님의 사랑을 믿지만, 하나님의 사랑을 위해서또는 그 응답으로 아무것도 하지 않습니다. 우리는 영원한 생명을 믿지만, 영원한 생명을 위하여또는 그것에 대해 아무것도 하지 않습니다. 우리는 하나님의 나라를 믿지만, 하나님의 나라를 위한 그 어떤 것도 믿지 않습니다. 따라서 우리 안에 행함이 죽었다면, 믿음과 소망과 사랑은 말로만 떠드는 것이며, 기독교세계의 소리 나는 구리와 울리는 꽹과리가 될 뿐입니다. 이러한 부차적 세계는 여전히 그리스도와 관계를 맺고 있지만, 비극적인 죽음을 감출 수 없습니다.

기독교세계에서 그리스도는 죽었으며 그리스도인은 하나님의 옛 백성의 죄로 돌아갔다고 하면 지나친 말일까요?

하나님에 대한 갈망을 가로막은 것은 "이방신들"이 아니라 그리스도인들 자신입니다. 그렇다고 그리스도인이 이들에게서 완전히 벗어났다는 것은 아닙니다. 그들은 오늘날 가장 높은 곳을 향해 몸부림치는 온갖 형태의 다양한 기독교입니다. 옛적에 인류 전체가 바벨탑을 쌓았다면, 우리는 지금 **기독교 교회**들이 이 탑을 쌓고 있는 것을 보고 있습니다. **교회**는 완전해지기를 원하며, 가장 위대하고 영리한 자가 되고 싶어 합니다. **교회**는 모든 것을 이해하며, 하나님의 말씀 대신 **교회**의 말로 하나님의 나라를 설명하려 합니다.

[편집자의 말: 블룸하르트는 마태복음 11:25-30에 근거하여 다음과 같이 말한다.] 주 예수께서 버림받았다고 느끼신 때, 갈릴리 작은 마을에 있는 어린아이 같은 자들은 그를 기쁘게 하기 시작했

으나 통치자들은 즉시 외면했습니다.

우리 가운데서도 언제나 이런 식입니다. 그런 사람들은 결코 예수께서 주고 싶어 하시는 것을 원하지 않습니다. 그들이 사랑이 많고 친절한 백성이든 당시 예루살렘에서 볼 수 있는 것처럼 교만하고 오만한 백성이든, 인간의 문화를 지배하는 이 통치자들은 언제 어디서나 존재합니다.

대중 가운데 가장 착한 마음씨와 친절함, 아무리 선한 의지라 할지라도 예수님이 오신 목적에 더 유리하게 작용하는 요소가 될 수는 없습니다. 예수님은 인간을 땅의 일에서 완전히 끄집어내어 하나님께로 높이 옮기기 위해 오셨습니다. 그는 이 일을 하실 때 먼저 하나님으로부터 땅의 것들을 가지고 나오셨습니다. 그러나 그걸 용납할 사회는 없습니다.

따라서 지금까지도 사람들은 기독교를 사회화하고, 심지어 세력화하는 데 성공하기도 했습니다. 그러나 이런 기독교는 더는 예수께서 염두에 두신 모습이 아닙니다. 이처럼 궁극적으로 하나님의 영에 반대되는 "기독교" 세력은 다른 세력으로 대체되거나 그들과 밀접한 관계로 발전할 것이며, 온 세상은 다시 한번 예전의 길을 따를 것입니다. 그곳에는 기독교로 향하는 길이 없습니다.

우리는 그토록 오랫동안 마음에 품어온 것을 포기할 준비가 되지 않았습니다. 즉 구주께서 하나님의 영광을 좇아 완전히 새로운 방식으로 자신을 드러내실 수 있다는 사실을 받아들일 수 없습니다. 이 사실은 많은 사람에게 공격적으로 들릴 수 있습니다. 왜냐하면, 오늘날 기독교세계를 살아가는 모든 사람들은 하나님의 뜻을 이 땅에 이루는 데 필요한 것이 무엇인지 정확히 안다고 생각하기 때문입니다. 나도 오늘날 다양한 형태의 기독교 안에서 그런 것을 볼 수 있었으면 정말 좋겠습니다. 그러나 그렇지 않습니다. 왜냐하면, 곳곳에 비진리와 불의가 가득하기 때문입니다. 하나님의 나라가 진리와 공의 안에서 공적 사실이 되기 위해서는 이런 비진리와 불의가 어떤 식으로든 제거되어야 할 것입니다.

성경이 우리에게 더 기다리라고 말한 적이 없다는 사실을·받아들이지 않는 사람이 여전히 많다는 사실을 알고 있습니다. 심지어 기독교 "종교"도 사람이 죽은 후에 복을 받아 세상 끝날까지 그렇게 지낸다고 주장합니다. 그러나 성경에 대해 약간 달리 생각해볼 수 있습니다. 성경을 자세히 읽어보는 사람은 누구나 사람이 **이 땅에서** 의롭고 순전하게 살아야 하고, 자신보다 하나님을 사랑함으로써 세상 사람들의 빛이 되는 것이 바로 하나님의 분명한 뜻임을 신구약 성경 모두 공통적으로 제시한다는 사실을 알게 될 것입니다.

하나님의 때, 즉 마지막 때이자 새로운 시작의 때가 되면 세속에 찌든 기독교세계 안의 모든 것이 무자비하게 무너질 것입니다. 예수님 시대 유대교가 그랬던 것처럼…. 우리는 기독교 자체가 선하다거나 경건하다고 말할 수 없으며, 우리의 신앙고백과 교리문답을 진리라고 부르지 못할 것입니다. 아니, 선과 경건, 진리와 공의는 그리스도 안에만 존재합니다. 따라서 선과 경건 즉, 그리스도가 지상의 모든 사람을 위한 완성자와 성취자로 나타날 수 있다면, 모든 기독교세계는 몰락해도 됩니다.

교회

민속 종교로서 "기독교"는 멸망으로 달려가고 있습니다.

외형적 교회에 일종의 "하나님 찾기"가 시작되는 것을 볼 날도 멀지 않았습니다. 이 하나님 찾기에는 우상 숭배적 요소도 있을 것입니다.

교회를 포함한 인간적 모임이 우리의 몸과 영혼을 걸고 보호하며 기도해야 하는 집이 되어야 한다는 것은 오늘날 하나님의 마음이 아닙니다. 하나님의 뜻은 정반대입니다. 고대 이스라엘에서 볼 수 있는 것처럼, 기독교 안에 인간에게서 나온, 하나님의 마음과는 상관없는 하나의 체계가 자라났습니다. 그러나 오늘날 일어나고 있는 사건들을 통해 세속적 교회가 지배하던 옛 시스템으로부터 새롭고 신선한 진리의 삶으로 이끄시는 하나님의 마음을 읽을 수만 있다면, 우리는 절대 속지 않을 것입니다.

심판의 시대를 살고 있습니다. 진리의 손가락은 우리의 관습과 종교 속에 있는 이러저러한 거짓이나 속임수를 가리킵니다. 정의의 손가락은 우리가 진리의 음성을 따라 모든 것을 바꿔야 하지 않을지 고민하도록 안내합니다.

역사의 격랑에 휩쓸려 요동하지 않고 수 세기 동안 무사히 살아온 인류는 온갖 위로로 자신을 위안하며 습관과 관습에 빠져 편히 지냈습니다. 그들은 급기야 이 모든 것은 하나님이 계시기 때문이라고 자위하게 되었습니다. 그 후에는 모든 일이 인간의 계획을 보호하는 데 초점을 맞추어 진행되었습니다. 왜냐하면 사회의 생존이 그것에 달린 것처럼 보였기 때문입니다. 마치 이러한 한시적 계획이 무너지면 모든 것이 멸망할 것처럼 보였던 것입니다.

사람이 나쁜 일에 익숙해지면 비겁해져서 그 일을 하나님의 판단에 맡길 용기를 내지 못합니다. 따라서 우리는 엄청난 양의 비상식과 미신이 기독교 안으로 파고들어 오는 것을 볼 수 있으며, 우리의 종교 제도 곳곳에는 이러한 약점과 오류를 얼마든지 찾아볼 수 있습니다. 그러나 익숙해진 사람들은 필요한 제도를 유지하기 위해 이런 일을 스스럼없이 해치웁니다. 따라서 오류가 가득하고 많은 사람이 그로 인해 탄식하고 있음에도 불구하고, 진리와 공의를 요구하는 하나님의 의로운 음성이 들릴 때마다 진리와 공의는 묵살 당하고 헛된 말은 보호를 받는 것입니다.

기독교세계와 교회의 모든 선을 모아 우리를 치장하더라도, 우리는 여전히 어두움에 있을 뿐입니다. 나라와 사람들에게서 볼 수 있는 죄와 사망의 어두움은 여전히 인간 실존의 전형적 표지입니다. 이러한 사실에 비추어, 어떤 사람은 비관주의자가 되고 어떤 사람은 낙관주의자가 됩니다. 그러나 하나님나라의 실재를 상징하는 빛이 없이는 어떤 관점도 지배적인 관점이 될 수 없습니다.

"나는 진리"라고 말씀하신 예수님은 어떤 교회에서도 "이들이 야말로 하나님나라의 역사를 전개하고 그 나라의 성취 목적을 보여줄 하나님의 진리를 구체화하는 그리스도인들이다"라는 말을 들을 수 있는 방식으로 계시되지 않으셨습니다. 우리에게 부족한 것은 모든 진리로 인도하시는 성령이십니다.

우리가 성령보다 다른 영들을 존중할 때, 성령께서 침묵하시는 것은 이상한 일이 아닙니다. 그것이 바로 우리가 하나님과 세상, 그리스도와 기독교세계, 성령과 교회 가운데 진정으로 원하는 것이 무엇인지 확실히 알기 위해 오랫동안 심판을 기다려온 이유입니다.

기독교가 하나님나라의 생명의 씨를 흠모해야 할 신비의 대상으로 생각하여 껍질 안에 가두어 놓으려 한다면 잘못된 것입니다. 껍질을 깨고 싹을 틔울 때가 오면 심어야 합니다. 그것이 자연스러운 창조의 한 과정입니다.

특히 우리 시대의 하나님나라가 특정 성직자나 교단 또는 회중에 속한 것이 아니라는 것은 명백한 사실입니다. 오늘날 세계는 활

짝 열려 있으며, 이 시대는 하나님이 세상을 개인들이 아닌 하나의 전체로 생각하심을 인식할 수 있게 해주는 표지가 있습니다. 오늘날 하나님나라를 향한 모든 영적 발전은 이러한 징후를 보여줍니다. 기독교는 세계적이 되어야 하며, 신앙은 모든 인류에게 열려 있어야 합니다.

개신교와 가톨릭

우리는 가톨릭이 개신교가 되거나 개신교가 가톨릭이 되어야 한다고 생각해서는 안 됩니다. 아니요, 루터가 독일의 전 영역을 취하지 못하게 막으신 것은 하나님이셨습니다. 종교개혁이 이 부분에서 실패한 것은 크게 잘못된 일이며, 많은 사람은 종교개혁이 조국에서 큰 갈등과 반목을 야기한 일종의 종교적 분열을 초래했다는 점에서 불행한 사건이라고 생각합니다. 그런데도 예전의 신앙적 삶이 보존된 것은 하나님의 선하심 때문이었습니다. 이 전통에도 선과 진리가 포함됩니다. 반면에, 개신교가 모든 진리를 대변하지 못하며, 진리가 아닌 것도 많이 받아들였습니다. 따라서 하나님은 개신교와 가톨릭이 양립하기를 원하셨습니다.

종교개혁을 통한 하나님의 우선적 목적은 신앙을 유지하기에 더 적합한 기독교적 관점이나 종교나 교단이 일어나는 것이 아닙니다. 오히려 하나님의 목적은 행위와 진리 면에서 주의 오심을 준비하기 위한 새로운 통찰력을 얻게 하시는 것입니다. 필자가 한 마디 덧붙인다면, 나에게 종교개혁 350년은 이 땅의 모든 백성에 대한 하나님의 빛과 영광으로부터 시작해서 새롭고 경건한 삶에 이르기까지 온 땅으로 확산되어야 할 영적 갱신의 이미지를 주어야 한다는 것입니다.

우리가 종교개혁을 개신교, 루터파, 복음주의 교회들의 개혁파와 같은 태동이라는 관점에서만 생각한다면 잘못입니다. 하나님은 종교개혁에 대해 더욱 위대하고 광범위한 의도를 가지고 계십니다. 우리가 오랫동안 품어왔던 생각, 즉 하나님의 모든 구속적 목적이 오직 복음주의를 통해 성취될 것이라는 생각은 옳지 않습니다. 마치 다른 사람들이나 교회는 존재하지도 않는 것처럼, 오직 이기적이고 나만을 사랑하는 우리만이 새로운 이스라엘인 것처럼 행동하는 것은 틀렸습니다. [요한 블룸하르트]

새로운 각성과 블룸하르트가 말하는 희망

마른 자의 갈증을 풀어주고 목마름을 해소할 방법은 하나님이 그의 영을 쏟아 부어주시는 것 외에는 없습니다. 이 시대에는 이러한 사실을 믿지 않는 자가 많습니다. 왜 그렇습니까? 그것은 통상적인 세상 방식이 아니라 매우 드물고 특별한 일이기 때문입니다. 그런 이유로 대부분 사람에게는 너무 엄청난 일처럼 보입니다. 그러나 어쩔 수 없습니다. 별것 아닌 것처럼 만들 수도, 그렇게 생각할 수도 없습니다.

영을 부어주심이 있을 것입니다. 확신을 가지고 기다립시다! 실제로 이 기다림은 사도 시대에 일부 이루어졌습니다. 사실 지금은 당시보다 더 큰 규모의 현상을 기대할 수 없습니다. 첫 번째 성령을 부어주심에서 우리는 하나님이 그의 말씀을 지키심을 보았습니다. 그러나 지금 우리는 그것을 다시 한번 원합니다. 우리는 지금 탈수 상태에 있습니다. 우리는 목이 말라 죽기 직전에 있습니다. 오늘날 사람들은 내적, 외적으로 끔찍할 만큼 악한 상태에 이르렀습니다. 그러나 지금 우리는 다시 한번 성령을 간절히 원하며, 하나님은 주실 것입니다. [요한 블룸하르트]

우리는 공의를 행하고 전심으로 그것을 구해야 합니다. 그러면 우리의 마음은 성령께서 가까이 오셔서 우리를 다스려주실 것을 간절히 구하게 될 것입니다. 오늘날 공의는 우리 머리 위에서 흔들거리는 칼입니다. 그러나 이 칼은 우리가 풍비박산 나지 않도록 아직 떨어지지 않았습니다. 공의의 칼은 심판을 통해 새로운 시작을 할 수 있는 사람들을 찾을 수 있을는지 보기 위해 기다리는 중입니다.

보다 나은 상황을 위해 인간 편에서 할 수 있는 일이 있습니까? 그리스도인이 할 수 있는 일은 자신이 놓치고 있는 것에 대한 보다 많은 탄식과 간절함, 즉 성령에 대한 확실한 믿음뿐이라는 것이 나의 대답입니다.

그러나 사람들은 모든 것이 지금 상태로 충분한 것처럼 생각합니다. 그들은 더는 위로부터 필요한 것이 없는 것처럼 행동합니다. 그들이 실제로 가지고 있는 것은 영감에 의한 것이 아니라 연구를 통해 고안해서 얻은 것뿐이라는 사실이 드러났는데도 말입니다. 악한 무리는 여전히 믿지 않습니다. 그렇기 때문에 그들은 구주를 우리에게 복을 주시는 분이자 많은 사람의 구원을 간절히 바라는 마음으로 약속된 성령을 중보하는 도구가 되신 분이 아니라, 파괴자이자 지금도 심판을 통해 모든 것을 나락으로 떨어지게 하는 자로 만듭니다.

진실로 무엇인가를 하기 원하는 사람은 예수님처럼 수많은 사람을 위하는 마음을 가지는 법을 배워야 합니다. 예수님은 겉으로만 그렇게 한 것이 아니라 자신의 피를 흘리심으로 온 세상을 화목하게 하려는 마음을 보여주셨습니다. 사방이 비극으로 가득한 세상을 슬퍼하며 불쌍히 여기는 마음으로 탄식과 애통과 간절함으로 성경을 통해 성령을 깨닫기를 원하는 자들, 그들이야말로 진정으로 우리를 보다 나은 세상으로 인도하는 자들입니다. [요한 블룸하르트]

나는 여러분이 자신의 온전함을 위해 하나님을 기다리는 것이 전적으로 옳다고 생각합니다. 나는 여기에 한 가지만 덧붙이고자 합니다. 여러분은 자신이 완전하지 않기 때문에 죄인이라는 생각으로 약해지지 말라는 것입니다. 우리는 항상 여러 가지 일로 자신을 비난할 수 있지만, 하나님의 행위가 자신의 행위에 따라 좌우되는 것처럼 끼워 맞추려는 시도는 잘못된 것입니다. 특히 여러분과 같은 사람이 전심으로 하나님의 주권과 도우심을 갈망할 때 그렇습니다. 질병에서 벗어나 건강한 생명으로 가는 길이 더딜지라도, 하나님을 사랑하는 마음만 굳게 붙드십시오. 여러분은 하나님의 것이며, 앞으로도 그럴 것입니다. 여러분은 그 사실을 계속해서 깨닫게 될 것입니다.

모든 환자가 반드시 주의해야 할 것이 있습니다. 그것은 죄가 드러나는 곳에는 하나님이 구해주실 수 없다는 것입니다. 그는 공의로우신 분입니다. 나는 이러한 사실에 대해 오래전부터 확신해 왔습니다. 나는 단순히 "이 사람을 건강하게 해주옵소서"라고 기도해본 적이 없습니다. 아니, 그런 환경에서는 "나를 고쳐주소서"라는 기도보다 "내가 고통을 당하겠나이다"라는 끈기 있는 기도가 도움을 받기 쉽다는 사실을 잘 알고 있습니다. 말하자면 우리는 고난을 통해 사랑하는 하나님을 더욱 가까이해야 한다는 것입니다. 우리가 온 마음을 다해 기꺼이 그를 만나러 가면 갈수록, 우리의 부족함은 더욱 온전해질 것입니다.

기사와 이적은 그가 하나님과 관계가 있다는 사실을 보여주지만, 우리에게 진정한 도움이 되지는 못합니다. 우리를 돕는 것은 공의와 진리이며, 아무리 많은 기적도 굽은 것을 바로 잡으시는 하나님의 계명이나 한마디 말씀에 비하면 아무것도 아닙니다.

많은 기도와 탄식은 마치 비처럼 하늘에 도달한 후 땅으로 돌아옵니다. 하나님의 보좌에 상달된 기도라는 말을 들을 수 있을 만한 기도는 많지 않습니다.

만일 내가 하나님이 나에게 주시는 말씀을 듣기 위해 전화기에 귀를 기울이지 않는다면 하나님도 저쪽 끝에서 내 말을 듣기 위해 귀를 기울이지 않으실 것입니다. 하나님은 우리의 일방적인 말만 들으려 하지 않으실 것이며, 쌍방 통화가 이루어져야 할 것입니다.

따라서, 때로는 "모든 기도를 잠시 멈추라! 먼저 공평하게 하나님의 말씀을 받아들이라. 그러면 계획에 없던 기도가 저절로 나올 것이다. 그것은 어린아이의 기도와 같고 진리에 부합하는 기도가 될 것이다"라는 조언이 필요합니다.

인간 편에서 첫 번째 할 일은 하나님의 말씀에 귀를 기울이는 것입니다. 그러나 우리의 내적 자아가 차선책에 해당하는 분주한 세상에만 열려 있다면, 우리의 마음은 세상의 쾌락과 고통을 통해 오직 자신만 위하는 이기적인 각성을 할 것입니다. 따라서 하나님이 우리를 일으켜 세우지 않으시면 우리의 기도는 사실상 기도가 아니라는 생각이 분명해질 것입니다. 하나님은 어리석은 자까지 포함하여 모든 사람의 탄식을 들으실 수 있지만, 사실상 하나님의 말씀에 귀를 기울이는 자만이 기도할 수 있습니다.

하나님나라는 어떻게 임하는가?

선물과 임무: 기다림과 행동

하나님의 것은 언제나 준비가 되어 있지만, 문제는 여러분이 준비되어 있느냐는 것입니다.

하나님은 우리를 사용하십니다. 우리는 우리가 예수님을 이용하는 것이 아니라 예수님이 우리를 이용해주시기를 원하고 자신을 그에게 전적으로 맡겨야 합니다.

세속적인 우리가 하나님 앞에 나아가야 하는 것은 지당합니다. 우리는 하나님의 피조물의 한 부분이며, 따라서 아무도 영으로 나아와 그 앞에 경배하지 않는다면, 하늘에서는 참으로 슬픈 일이 될 것입니다. 왜냐하면, 하나님은 세상을 사랑하시기 때문입니다.

그리스도는 매우 높은 곳에 자리하고 있습니다. 그는 우리를 그곳으로 이끄십니다. 그러나 모든 사람이 그것을 감당할 수 있는 것은 아닙니다. 왜냐하면, 예수께 나아가는 자는 만사를 하늘의 빛에 비추어 보는 동시에 인간적 고통과 위기를 받아들이는 것을 두려워하지 않아야 하기 때문입니다. 우리는 많은 사람이 피눈물을 흘리는 인간적 비극 깊숙이 들어갈 때만이 예수께로 향하는 새로운 길을 열 수 있습니다.

하나님이 누군가를 사용하시는 것은 필요에 의한 것이 아니라 오직 그의 선하심 때문입니까? 이것은 마치 아버지가 아들의 도움을 전혀 필요로 하지 않는다고, 아버지는 선하기 때문에 자녀들이 스스로 오는 것을 허락한다고 말하는 것과 같습니다. 자녀에게 버림받아 외부 사람을 고용하게 되더라도 아버지에게는 이 모든 상황이 아무렇지 않다는 말과 같습니다!

그러나 다 의미 없습니다. 우리는 종으로서 아버지와 함께 머무는 것조차 싫어합니다. 차라리 탕자처럼 방탕하게 살며 아버지가 주신 재산을 허비하고 돼지와 뒹구는 것을 더 좋아합니다. 따라서 우리가 누더기를 걸친 채 집으로 돌아가는 행위는 아버지께 영광이 됩니다. 물론 우리는 품꾼으로 일하는 자가 되기를 원하는 탕자처럼 어리석지 않아야 할 것입니다. 아니요, 우리가 돌아왔다는 그 자체만으로 복 받을 것입니다!

하나님은 종종 자신을 도울 사람을 필요로 합니다. 그것은 언약으로의 초청에 숨어 있는 비밀입니다. 하나님과의 언약이 없이는 아무 일도 일어날 수 없습니다. 내게 돌을 던지는 사람들이 뭐라고 하는지 잘 알고 있습니다. 맞습니다. "우리는 하나님나라를 세울 수 없다." 맞습니다. 우리는 그 나라를 세울 수 없습니다. 그런 이유로 전능자께서 언약을 세우신 것입니다. 그는 이 언약을 통해 하나님을 위해 열매 맺는 자, 그를 위해 싸우는 자, 더는 인간을 향해 무기를 남용하지 않고 악하고 참람한 인간 세상을 근절하기 위해 사용하는 자를 사용하실 것입니다. 이 일을 위해 하나님은 사람을 필요로 합니다. 그러나 청함을 받은 자는 많으나 택함을 받은 자는 적습니다. 왜 그렇습니까? 그들은 진정한 헌신을 하지 않았기 때문에 부르심을 받았을 때 사용될 수 없었던 것입니다.

기억하십시오. 하나님나라는 오직 주의 임재를 통해서만 형성될 수 있습니다. 아무리 가치 있고 훌륭한 것이라고 해도, 인간적 발견은 하나님나라를 형성할 수 없습니다. 그러나 이 모든 사실에도 불구하고 하늘을 창조하신 하나님은 물론 인간도 계획에 동참해야 합니다. 이것은 놀라운 사실이지만, 이치에 맞는 말입니다. 사람은 없고 오직 하나님만 계신다면, 인간이 하나님의 형상으로 창조되었다는 말을 할 수 없을 것입니다. 그러나 인간은 하나님의 형상으로 창조되었으며 하나님의 형상으로 남아 있을 것입니다. 그는 하나님이 세상을 창조하신 목적을 위한 가장 위대하고 거룩한 사역에 하나님의 동역자가 될 것입니다.

우리는 구주의 전 생애를 통해 이 땅의 사람에게서 믿음을 찾고 싶어 하는 마음을 볼 수 있습니다. 이 믿음이 없이는 그가 계획하신 것들이 이루어질 수 없습니다. 우리는 구주께서 한편으로는 하늘에 계신 아버지를 신뢰하면서 다른 한편으로는 아버지로부터 무엇인가를 받은 사람들에게 의존하셨다고 말할 수 있습니다. 사람들은 예수님을 믿었으며 예수님은 이 믿음 안에서 그 영광스러운 완성을 향해 그의 나라를 이끌어가는 하나님의 사역이 요원의 불길처럼 일어나는 것을 보았습니다.

적은 무리

한편, 하나님은 이 땅에서 많은 걸 필요로 하지 않으십니다. 모두 합해 몇 사람만 있으면 됩니다. 이 소수의 사람을 붙드시고, 그들을 통해 온 세상을 견고히 세우실 수 있습니다. 사랑하는 친구들이여, 자신을 너무 하찮은 존재로 생각하지 마십시오. 이 땅 위의 하나님나라를 대표하는 수많은 대중들이 있을 것이라는 통념을 버리십시오. 적은 무리가 더 낫습니다. 한 명, 두 명, 세 명, 열 명이 모여 하나가 되는 것이 자기들의 경건함 속에서 난리 치지만 결코 하나님나라를 위해 한 마음으로 분투하는 데까지 나아가지 못하는 십만 명보다 훨씬 낫습니다.

이 빛 즉, 새 하늘과 새 땅에 대한 소망은 아무도 속이지 않을 것입니다. 여러분은 이 빛 안에서 작은 자로 남아 있을 수 있습니다. 그러나 자신이 즉시 가장 위대한 영웅이 되어야 한다고 믿는 것만큼 어리석은 일은 없습니다. 하나님은 언제나 약한 자를 통해 일하십니다. 그러나 그들은 가장 강한 자입니다. 희망이 그들 안에서 성령의 능력으로 가장 큰 힘을 발휘하기 때문입니다.

예수님의 제자들에게 모든 상황은 어두웠습니다. 왜냐하면, 그들은 예수님에게서 사람들을 복종시킬 어떤 권력도 찾아보지 못했기 때문입니다. 그는 언제나 가난한 자 가운데 계신 가난한 자이자 천대받는 자 가운데 계신 천대받는 약한 자였으며, 자신을 과시하기 위한 어떤 행동도 하지 않았습니다. 세상에서는 오직 강한 자와 권력을 잡을 줄 아는 자가 출세하는 것을 볼 수 있지만, 그는 언제나 약한 자였습니다. 주 예수님은 제자들에게 "내가 얼마나 성공하는지 보라. 미래는 나의 것이다!"라고 말씀하시는 분이 아니십니다. 아니요, 주님은 그 모든 것을 거부하시고 비참한 결과를 맞습니다. 물론 '이 세상에서'라는 단서를 달아야 할 것입니다.

시대마다, 어려운 문제는 몇 사람만 깨닫습니다. 모든 사람이 달려가는 대상, 모든 사람이 받아들이는 그것은 쉬운 것입니다. 따라서 많은 사람이 가는 길이 아니라 적은 사람이 있는 그곳에 더욱 깊은 진리가 있습니다. 오늘날 예수님의 "적은 무리"는 흔해 빠진 기독교에 만족하지 않고 그보다 크신 분을 신뢰하며 인류를 위한 높은 목적에 대한 소망을 가진 자들로 구성됩니다.

사랑하는 친구들이여, 하나님은 소수의 사람을 통해, 우리의 희망인 성령을 통해, 도우실 수 있습니다. 성령은 온 세상보다 크십니다. 하나님의 자녀는 성령께 의지하며, 성령은 그들 속에 들어와 그들을 하나님의 처소로 삼으십니다. 따라서 탄식하고 있는 단 한 명의 하나님의 자녀를 통해 하나님의 모든 영광이 비칠 수 있습니다. 하나님은 절대로 숫자를 세신 후 "나는 반드시 이 땅에 십만 명의 자녀가 필요하다. 그렇지 않으면 아무것도 이룰 수 없다. 천 명뿐이라면, 모든 것을 잃은 것이다"라고 말씀하지 않으십니다. 하나님께는 그런 식의 계산이 전혀 필요하지 않습니다. 사실상 오늘날 얼마나 찾을 수 있을지 모르지만, 하나님의 자녀가 몇 명뿐이라고 해도, 아니, 단 한 사람을 통해서도 온 세상을 희망으로 가득하게 하는 영광의 빛을 비출 수 있습니다.

사랑하는 하나님은 결코 적은 무리를 유명한 존재로 드러내지 않으십니다. 그들은 언제나 배후에 있습니다. 그들은 공동체 내에서 성공적이며 강력한 존재가 될 수 있지만, 인간적 행위로 사람들에게 명성을 얻지 않으며 아무리 탁월한 선지자나 천사라도 마찬가지입니다. 사실 그들은 바로 그런 이유로 숨어 있어야 합니다. 사랑하는 하나님은 자신을 내세울 만한 유력자를 통해 인류와 거래하지 않습니다.

강하고 힘 있는 자가 아니라 세상이 하찮은 존재로 여기는 약한 자, 큰 어려움에 직면할지라도 외적인 도움 없이 하나님의 영역으로 가져와 해결하는 자가 있습니다. 그가 남자든 여자든, 아이든 어른이든, 무지한 자든 영리한 자든 상관 없습니다. 하나님은 이런 사람들을 통해 자신의 목적을 이루십니다. 이들은 자신의 지식이나 힘을 의지하지 않으며 오직 하나님의 통치에 모든 것을 맡깁니다.

예수님이 오실 때까지 그의 뜻은 "적은 무리"에 머무를 것입니다. 그러나 이것은 적은 무리만 영광으로 부르심을 받았기 때문이 아니라 그것은 참으로 끔찍한 왜곡입니다 나머지 가련한 백성이 본분을 이행할 수단이 없기 때문입니다. 그러나 적은 무리는 목적지에 도달했으며, 하나님의 나라는 이 무리를 통해 주어질 것입니다.

지금까지 하나님의 나라는 각자의 문제였으나 이제는 모든 사람의 문제가 되었습니다. 따라서 그들은 지옥과 깊음, 죄와 사망으로부터 벗어날 것입니다. 죄와 사망은 한 사람을 이기지 못할 것입니다. 이것이 우리가 하나님 안에 가진 자유입니다. 우리는 어떤 지옥도 "이 사람은 나에게 속한 자"라는 말을 하지 못하도록 든든히 설 것입니다. 나는 "아니다. 그는 하나님께 속한 자"라고 말할 것입니다. 아무도 그런 말을 하지 않는다고 해도, 나는 그렇게 말할 것입니다. 어떤 지옥도 "이 사람은 내 것"이라는 말을 하지 못할 것입니다. 결코 그럴 수 없습니다. 하늘에 계신 내 아버지께 속한 모든 자나 다른 누구라도 그런 말을 할 수 없을 것입니다.

내가 어떤 면에서든 다른 사람에 대한 희망을 포기해야 한다면,

예수님의 부활은 없는 것입니다. 나는 하나님과 그의 천사들, 그리고 예수님 앞에서 여러분에게 말합니다. "내가 희망을 버려야 한다면, 여러분은 세상의 빛이 아닙니다." 이 희망은 나에게 예수 그리스도의 부활입니다.

물론 이러한 구속의 빛 안에 머물기 위해서는 실제적인 전투가 필요합니다. 왜냐하면, 나는 항상 마음에서 이 구원의 세계를 창조해야 하기 때문입니다. 우리는 언제나 세상 전체와 심리적, 영적, 신체적인 면에서 관계하고 있습니다. 지금 우리는 모든 것을 보고 깨닫습니다. 이러한 부활의 빛을 통한 변화에는 고통이 따르지만, 이 고통은 유한합니다. 지옥과 같은 고통도 끝이 있습니다. 그곳에는 죄와 사망도 있지만, 모두 끝날 것입니다.

나는 이런 지식을 통해 고통을 참을 수 있습니다. 공의에는 반드시 보상과 처벌이, 그리고 은혜에는 심판이 따릅니다. 선과 악이 동시에 작동하는 한, 이러한 것들의 존재는 비록 일시적이라고 할지라도 공의의 필수적 요소입니다.

그러나 지옥과 죄와 사망은 끝이 있고 모든 사람은 하나님의 것이며, 예수 그리스도를 믿으면 모든 사람을 위해 싸워야 한다는 믿음을 가지기 전에, 그리고 하늘과 땅과 모든 사람 가운데서 하나님의 사랑을 촉구하기 전에, 우리가 영생을 깨달은 자가 되기 전에, 이 모든 것 전에, 믿는 사람들은 먼저 우리가 직면한 우울함 및 외로움과 싸워야 합니다. 그러나 우리는 세상에 슬픔의 예시가 되어서는 안 됩니다. 우리의 신앙에 기쁨이 없다면, 다른 사람을 초청

할 수 없습니다. 그러므로 우리는 고통을 뒤로하고, 오직 주만 붙들고 그를 향해 꾸준히 나아가며, 하늘과 땅을 조물주의 지배 아래 놓아야 합니다.

하나님은 우리를 위대한 존재로 만드셨습니다. 그러므로 사소한 것에 만족하지 말고 크게 생각하는 법을 배워야 합니다. 나를 믿는다면, 족쇄를 벗어버리십시오. 크게 생각하십시오. 지옥의 복음, 마귀의 복음을 짓밟아버림으로써 예수께서 모든 피조물에게 임하시고 어떤 거짓 선지자도 내 영혼이 하늘에 계신 아버지께로 가는 길을 가로막지 못하게 해야 할 것입니다.

사랑하는 형제들이여, 이 일을 하시는 분이 예수님이십니다.

하나님의 백성과 사역

계시에 기초하여 모인 백성은 항상 존재했습니다. 하나님은 그들을 "내 백성"이라고 불렀습니다. 하나님의 백성인 이들에게 땅과 영생에 관한 위대한 약속이 주어졌습니다. 이 약속은 하나님의 계시를 통해 새로운 시대, 예수 그리스도의 시대까지 유지되었습니다. 또한, 예수 그리스도의 이름으로 한 공동체가 세워질 것이며, 이 공동체를 통해 하나님이 약속하신 모든 것이 이루어질 것입니다. 오늘날 이 약속을 위한 공동체를 형성하는 것은 성령의 교제입니다.

참으로 영적 싸움의 전사가 되기를 원하는 자는 매우 작은 집단을 이루고 있습니다. 제가 말씀드리건대 단 한 명의 전사도 없는 기독교 집단들도 있습니다. 그곳에는 수천, 수만 명의 그리스도인이 있지만, 자신의 생명을 거는 사람은 단 한 사람도 없습니다. 주 예수께 머리를 조아리고 겨우겨우 그의 주변에 머물지언정, 전사는 아닙니다. 그들은 죽을 때까지, 목숨을 바쳐 헌신하지 않을 것입니다. 그러나 그렇게 하지 않는 자는 승리를 위해 싸우는 예수님의 제자가 될 수 없습니다.

모든 죄에 대한 성찰이 이루어질 때까지, 수 세기 동안 쌓인 어둠이 사라지고 사람들에게서 제거될 때까지, 그리스도의 공동체는 고난을 견뎌야 합니다. 그러나 감사하게도 하나님은 우리가 이 고난 가운데서도 든든히 설 수 있도록 도와주십니다. 구주를 믿는 자는 고난을 당하는 중에도, 마땅히 자신은 어둠을 물리치신 예수 그리스도의 고난을 통해 다른 사람을 돕는 자라고 생각해야 합니다. 우리가 다른 사람을 생각하는 한, 우리의 고난은 자신의 나라를 이 땅에 세우고 계신 하나님 아버지를 돕는 힘이 될 것입니다. 예수님의 십자가는 부활로 이어졌으며, 우리의 십자가 역시 부활을 초래할 것입니다. 자기 십자가를 진 자는 예수님의 동역자가 되어 만물을 새롭게 하는 일에 동참하는 것입니다.

우리의 기도의 열매를 후세대가 먼저 맛볼 수 있습니다. 우리가 기도의 응답에 대한 감사로 하늘을 향해 부르고 싶어 했던 찬양을 우리의 후세대가 먼저 부를 수 있다는 것입니다. 그러나 견고한 성벽이 무너질 때까지 얼마나 많은 공격이 필요하겠습니까? 우리의 기도는 어둠의 권세를 둘러싼 요새를 두드리는 망치질이라고 할 수 있습니다. 이런 기도는 수없이 반복되어야 합니다. 요새가 무너지기 전에 오랜 시간이 필요할 수 있으며 많은 세대가 오갈 수 있습니다. 그러나 단 한 차례의 공격도 헛되지 않을 것입니다. 계속해서 두드린다면, 아무리 든든한 성벽도 마침내 무너질 것입니다. 그 후에는 주의 영광이 인간의 황폐한 땅을 치유하고 복을 주는 분명한 길을 열 것입니다. [요한 블룸하르트]

하나님의 시온

시온은 무엇이며, 소리 높여 기쁨의 노래를 불러야 할 "시온의 주민"사 12:6은 누구입니까? 그들은 하나님의 계시를 좇아 세상에 대해서는 죽고 하나님을 향해서는 산 자들입니다. 기쁨의 노래를 부를 수 있는 자가 한 명뿐일 때도 있습니다. 오직 그만 살아 있는 하나님을 경험하였기 때문입니다. 때로는 여러 명이거나 공동체 전체일 때도 있으며, 수천 명일 수도 있고 수만 명일 수도 있습니다. 사람이 많을수록 하나님께는 더욱 큰 기쁨이 됩니다. 그러나 시온은 하나님의 빛과 생명으로 불타올라 몸과 영혼을 바쳐 어떤 일이 있더라도 하나님을 마음의 유일한 보화로 삼는 자들이어야 합니다. 시온은 이 땅의 한 파벌이 아니며, 단순한 종교적 가르침과 형식을 가진 공동체가 아닙니다. 진정한 시온의 백성은 특별한 예술적, 전문적 기술이나 유명한 인물이 될 수 있는 특별한 능력이 없습니다. 그들의 힘은 오직 하나님께 있습니다. 이런 자들이 "시온의 주민"입니다.

이 땅에서 당신의 목적을 이루기 위해 한 걸음 내디디려고 하실 때, 하나님은 언제나 시온을 창조하셨습니다. 즉, 하나님의 말씀과 행위에 열린 마음을 가지고 세상과 다른 삶을 사는 백성의 공동체를 세우신 것입니다. 어떠한 하나님의 영광도 이러한 시온과 별개로 세상에 주어진 적이 없습니다. 의롭고 살아있으며 진실한 율법과 권리는 시온에서 처음 나왔습니다. 이 시온이 없으면, 그들은 죽어 시체 덩어리가 될 것입니다.

경건한 진리와 영원은 사람들이 이러한 것들에 관심을 가지는 소위 "시온"이 형성된 경우에만 지상에 머물 수 있습니다.

보이지 않는 전쟁터

우리가 사는 세상은 갈수록 하나님을 대적하기 때문에 전쟁이 있을 수밖에 없습니다. 주로 보이지 않는 삶의 욕망을 둘러싸고 일어나는 내적 전쟁입니다. 그러나 이 보이지 않는 영역에서 모든 장애물이 휩쓸려 없어지고 나면 보이는 변화 또한 명확히 드러날 것으로 생각합니다. 만일 하나님의 백성이 자신들의 인생을 뒤흔들고 삶의 자리를 옮겨 진리를 향해 나아간다면, 그래서 불의와 거짓의 내적 존재를 물리치고 승리하면, 이 시대가 허락하는 한도 내에서 외적으로도 즉시 새롭고 진실하며 영원한 삶을 형성할 수 있을 것입니다.

인간 사회 밖에서 일어나는 전쟁도 있습니다. 우리 주변의 영적인 영역에서 일어나는 전쟁이 있다는 것입니다. 한편으로 백성을 재촉하시는 하나님의 밝고 명확한 빛이 그들을 지상에서 들어 올려 새로운 영적 발전을 거듭 경험하게 하고, 계속해서 도덕적 성장과 성취를 향해 나아가게 할 것입니다. 이 모든 것은 인간에게 있는 선의 위대하고 강력한 역사에 해당합니다. 반면에 선과 인간에 대한 대적, 하나님과 그의 백성에 대한 대적은 항상 존재합니다.

바트볼, 하나님의 시온

이곳 바트볼에서 나는 목사라는 사실을 강조하려 하지 않습니다. 나는 단지 사감으로서, 더 많은 활동의 자유를 누립니다. 따라서 나는 자신에게서 교회와 관련된 모든 요소를 지우려고 합니다. 나는 이곳 바트볼에서 우리가 관심이 있는 본질적인 문제들에 대해 더욱 진실한 방법을 찾아낼 수 있을 것으로 믿습니다. 특히, 우리는 단지 함께 모여 설교하는 교회적 행위를 배우기를 원치 않습니다. 아니, 우리는 일상에서 하나님의 나라에 부응하여 그의 뜻대로 사는 방법을 배우기를 원합니다.

우리는 오직 말과 생각을 통해 영적 고상함만 추구하는 것을 "예배"라고 부르지 않습니다. 오히려 삶의 현장에서 벌어지는 치열한 싸움, 육체적 삶에 대한 마음의 조명, 이러한 것들이야말로 하나님의 영광에 대한 증거로서 "예배"에 해당합니다. 우리는 바트볼에서 또 하나의 설교 기지가 아니라 삶의 기지를 구축하고 있습니다. 서로를 받아들입시다. 무엇보다 중요한 것은 영적인 고지로부터 낮은 지상으로 내려와야 한다는 것입니다. 오늘날 모든 상황은 홍수와 같은 수사학적 열변이나 설교가 아니라 선한 사례, 진리의 모범을 요구합니다.

오늘 어떤 사람이 나에게 자신의 집에서 바트볼은 "극락섬"으로 불린다는 글을 보냈습니다. 나는 그 말에 큰 감동을 받았습니다. 나는 "그렇다. 그렇게만 된다면!"라고 생각했습니다. 우리는 특별한 교훈을 가르치거나 의식을 행하지 않지만, 참으로 복된 자가 되기를 원합니다. 이곳에 오는 모든 사람은 우리 가운데 복된 무엇을 느껴야 합니다. 적어도 내가 하나님의 종이 되고자 하는 것은 이러한 목적 때문입니다.

인간의 시야

인류의 역사를 되돌아보면, 한때 나무로 우거진 숲이 폭풍으로 황폐해지는 모습을 볼 수 있습니다. 이처럼 불행한 인류 역사의 전 과정에서 우리 하나님은 여전히 자신에게 속한 자들이 성도라 불릴 수 있게 허락하셨습니다. 하나님은 그들의 능력이 되시며, "너희는 나의 길을 가야 하며, 어떤 상황에서도 휘말리지 않고 갈 수 있는 길을 찾아야 함을 보여야 한다"라고 성도들에게 말씀하십니다. 앞으로 나아가야 할 필요가 있을 때, 하나님은 언제나 자신의 시대 속에서 굳게 서는 성도를 필요로 합니다. 이들은 시대를 깨닫고 그 사회 속에서 어떻게 살아야 할지를 알지만, 아무리 타락한 세상에서도 하나님나라를 향한 고귀한 생각을 영혼에 간직하고 살아갑니다.

시급히 악에 맞서 싸워야 할 전쟁이 있습니다. 하나님은 이 전쟁을 우리에게 맡겼습니다. 그러므로 우리는 모든 상황이 언제나 순조로울 것이라고만 생각해서는 안 됩니다. 우리의 존재는 악과 맞서 싸우며 선과 협약을 체결할 때만 정당화됩니다. 이 전쟁은 장차 승리로 이어질 것이며, 우리는 즐거워할 수 있을 것입니다. 그것은 우리에게 위안입니다. 그러나 현재로서는 전쟁이 우리의 기쁨입니다. 떠날 날이 가까워도 우리는 이 전쟁에 충실할 것입니다.

그것이 바로 우리가 받은 소명입니다. 하나님이 모든 사람을 위해 중보할 수 있는 특별한 개인들에게 이 전쟁을 맡기신 것은 온 인류가 그 일을 직접 할 수 있는 위치에 있지 않기 때문입니다.

많은 사람에게 가장 큰 위험이라고 생각되는 것은 자신과 타인에 대해 사회적 잣대로 판단한다는 것입니다. 사람들은 이런 판단에 따라 자신을 자랑합니다. 이러한 자기 판단은 강력한 힘을 형성합니다. 이런 태도는 하나님 앞에서 엄청난 홀로서기입니다. 이런 상황에서는 전방위적인 사회적 환경에 대해 어떤 문제도 제기하지 못합니다.

그러나 결국 중요한 것은 하나님의 생각뿐입니다. 사람은 의롭게 하거나 심판할 수 없습니다. 오직 하나님만이 하실 수 있습니다. 하나님 앞에서 살아야 합니다. 우리는 오직 그것만 추구해야 합니다. 우리는 사람의 인정이 필요하지 않으며 그것을 원하지도 않습니다. 우리는 이 땅에서 오직 하나님의 인정만 필요합니다. 하나님의 자유, 고귀함 및 탁월성이 우리의 마음을 사로잡아야 합니다. 나는 다른 어떤 것에도 기대고 싶지 않습니다. 따라서 나는 전적으로 하나님과 그의 영원성, 진리 및 위대하심에만 의존합니다.

우리는 종일 위에서 오는 즐거움 속에 머물러야 합니다. 영적으로 강하고 담대하고 경건해야 하며, 생명을 방해하는 모든 대적에 대해 강력히 맞서야 합니다.

그러나 우리의 입에서 어떤 저주나 악의나 경멸의 말도 나오지 말아야 합니다. 이러한 태도가 이 시대에는 완전히 새로운 것일 수 있으며, 눈에 띄지 않는 방식으로 효과를 발휘할 것입니다. 우리는 전적으로 오해를 받고 있을 때도, 원수에 대한 적의를 품어서는 안 됩니다. 예수님은 원수를 사랑하심으로 모범을 보였습니다. 우리는 이 예수님 안에서 축복으로 가득한 마음으로 모든 적개심을 해소할 수 있습니다.

사역, 실망, 성취

사람들을 있는 그대로 바라볼 때, 그들이 무엇인가를 계속 높이 쌓아가고 모든 악에 대해 분연히 일어나는 모습을 볼 때마다, 그들이 곧 무너질 것이며 병들고 지쳐 쓰러질 것이라는 사실도 언제나 보게 됩니다. 가라지가 그들의 숨통을 죄었습니다. 그들에게는 하나님의 호흡이 없습니다. 그들은 외적인 수단을 통해 필요한 일을 할 수 있다고 생각하지만, 이미 하나님의 호흡이 그들을 떠났습니다.

주인이 추수꾼을 보내어 먼저 가라지를 제거하실 것이라는^마 ^{13:24-30} 큰 소망이 우리에게 없었다면, 우리는 절망적인 상황에 놓였을 것입니다. 나는 이 시대에 가장 필요한 것이 이런 소망이라고 생각합니다. 우리는 추수꾼이 눈에 보이는 사람이 아니라는 사실을 알아야 합니다. 인간은 이 일을 할 수 없습니다. 누구도 자신이 다른 사람에게서 가라지를 제거할 수 있다고 생각해서는 안 될 것입니다. 그는 틀림없이 곡식을 망칠 것이며, 가라지가 그에게는 알찬 곡식처럼 보일 것입니다.

가라지는 다른 사람보다 더 인정받고 싶은 욕심, 즉 질투나 시기와 같은 것들입니다. 그러나 주 예수님은 훨씬 큰 것을 보고 선포하시며, 우리의 눈을 열어 그것을 보게 하십니다. 주께서 추수 현장으로 은밀히 보내시는 추수꾼이 있습니다. 그들은 그의 성령과 천사들을 포함한 보이지 않는 권세들입니다. 그들은 하나님이 주신 선한 권세들로 매우 다양한 방면으로 나타납니다. 언젠가 그들의 손에 낫이 들리고, 하나님과 사람의 대적이 열매를 **빼앗길** 날이 올 것입니다.

주께서 처음으로 거두어들이려고 기다리고 계신 대상에 대해, 하나님은 이미 조용하고 은밀하게 많은 일을 행하셨습니다. 영원하신 하나님은 어떤 인간도 알 수 없는 가장 심오하고 가장 은밀한 차원의 방식으로 역사하십니다. 우리의 눈이 열려서 볼 수 있다면, 그는 참으로 많은 놀라운 일들을 이루십니다. 외견상 하늘에는 하나님이 계시지 않은 것처럼 보이는 것이 사실입니다. 그러나 우리 가운데 깊은 심연 속을 들여다볼 수 있는 자는 아무도 없습니다. 우리가 그렇게 하는 것은 하나님의 뜻이 아닙니다. 그러나 우리가 새로운 시대, 구속의 시간을 기다린다면, 이 일이 아무런 준비 없이 하룻밤에 해결될 것으로 생각해서는 안 될 것입니다. [요한 블룸하르트]

왜곡의 소지

블룸하르트의 사상이 추종자 사이에서 왜곡될 수 있는 영역.
-버나드 엘러

침묵이냐 정적주의냐?

성령의 빛으로부터 나온 희망에는 또 다른 면이 있습니다. 즉 우리는 이러한 소망 자체가 우리에 대한 가능성으로 가득하다는 사실을 생생하게 인식한다는 것입니다. 이 가능성은 확실히 하나님께 있지만 피조세계에도 있다고 말할 수 있습니다. 온전하지 않은 육신의 눈으로 보는 것이 전부라고 생각하는 사람들이 있습니다. 따라서 그들의 소망은 미약합니다. 왜냐하면, 그들은 언제나 "우리는 아무것도 할 수 없다. 모든 것은 하늘에서 내려와야 한다"라고 생각하기 때문입니다.

참 소망을 아는 자는 다릅니다. 그들은 스스로 행동합니다. 만일 내가 지상에 더욱 의롭고 탁월한 무엇이 창조될 수 있는 것처럼 행동하지 않는다면, 어떻게 공의가 거하는 새 하늘과 새 땅을 바랄 수 있으며, 어떻게 성령의 능력을 기대할 수 있겠습니까? 하나님은 반드시 우리를 통해 모든 것을 이루십니다. 우리가 아무것도 하지 않는 것은 잘못된 것입니다. 하나님은 우리의 마음에 상황이 좋아질 것이라는 약속을 주시는 동시에 확실한 능력도 주십니다. "지금 시작하라! 소망이 있다. 그러므로 시작할 수 있다!" *

평화를 추구하는 그리스도인이 복음을 통해 안락한 삶을 살게 하는 것이 평화라고 생각한다면 어떤 면에서 거짓이라고 할 수 있습니다. 사실은 정반대입니다. "평화가 아니라 칼을 주려고 왔다."마 10:34라는 말씀을 생각해보십시오. 전쟁이 지속되는 한 평화가 있지만, 어디까지나 전장의 평화일 뿐입니다. 군인은 총탄에 맞아 죽으면 '전쟁에서 명예로운 전사로서' 평화를 얻습니다. 그러나 전쟁 중에 막사에서 자고 있는 군인에게는 평화가 없습니다.

---

* 앞서도 확인한 것처럼, 이곳에서도 블룸하르트의 인용문에 대한 라가츠의 편향된 선택을 찾아볼 수 있다. "침묵"이 "정적주의"와 다르다는 사실을 암시하는 제목은 옳다. 또한, 블룸하르트를 따르는 자들 사이에 그의 입장이 인간적인 자신감으로 충만한 "행동주의"로 왜곡될 소지가 있다는 부연 설명도 문제가 없다. 블룸하르트의 정확한 입장을 더 잘 이해하기 위해 라가츠의 인용문에 아래 레준의 인용문을 덧붙임으로써 균형을 잡을 수 있다. -『크리스토프 블룸하르트와 그의 메시지』*Chistoph Blumhardt and His Message*, 77-78

"기다림은 큰 힘입니다. 기다림은 위대한 행동입니다."

"그리스도인은 기다림의 힘으로 충만한 이 소망의 조력자라는 사실을 알아야 합니다."

"참으로 기다리는 자, 모든 사람에 대한 하나님의 자비의 날을 기다리는 참된 그리스도인은 부드럽게 자은 실로 나라들을 엮어 우리의 신앙에 단단히 동여맨 후 예수 그리스도의 날까지 보존할 것입니다. 많은 그리스도인이 '나도 무엇인가를 하고 싶습니다. 나는 다른 사람을 위해 기다림으로써 조용한 힘이 되기를 원합니다'라고 말하는 그리스도인들이 많다면 그리스도의 임재가 얼마나 멋지겠습니까?"

자유냐 정해진 틀이냐?

하나님의 사랑은 자유하게 합니다. 우리는 언제나 자유로운 백성입니다. 우리는 하나님 사랑 안에 있기 때문입니다. 사랑하는 친구여, 나는 당신에게 말합니다. "당신이 어느 곳에 있든, '예수'라는 말이 여러분에게 자신이 가진 전부를 버리고 아버지의 사랑으로 나아오는 의미라면, 여러분은 자유롭습니다."

하나님의 통치 방식은 자유로운 백성을 요구합니다. 하나님은 경직되지 않은 사람을 필요로 합니다. 우리는 하나님나라의 요구와 직접적인 상호관계를 통해 변화할 준비를 해야 합니다. 우리는 수백 년이 지나도록 오직 한 가지 방식에만 매달릴 수 없습니다.

하나님은 여러분을 만나시는 것과 완전히 다른 방식으로 나를 만나주셨습니다. 우리는 모두 여호와에 대해 같은 개념을 가지고 있을 것입니다. 그러나 그는 여러분에게 말씀하시는 것과 동일한 방식으로 나에게 말씀하시지 않습니다. 그는 나에게 나타나신 것과 다른 방식으로 여러분 각자에게 나타나실 것입니다. 우리는 한 성령으로 말미암아 한 백성이 되었지만, 하나님에 대한 감정이나 그와의 관계는 개인마다 다르며 어느 정도 자유롭습니다. 여호와는 기계적인 존재가 아닙니다.

나는 하나님의 나라를 경험하기 위해서는 우리 모두가 낮은 자리로 내려와야 한다는 말씀밖에 드릴 것이 없습니다. 여러분은 그리스도인의 상호관계에서 종종 볼 수 있는 방식처럼, "나는 대단한 사람이지만 너는 아무것도 아니다. 너도 나처럼 되어야 해"라는 말을 해서는 안 됩니다. 그러나 여러분은 하나님의 나라에 가까이 가면 갈수록 더욱 온화하고 겸손하며 순전해질 것입니다. 그리스도는 여러분의 생명이 되실 것입니다. 온유하십시오. 그러면 그리스도께서 여러분을 다스릴 것입니다.

세상은 개종 없이 하나님의 나라에 사로잡힐 것입니다. 개종은 조만간 저절로 이루어질 것입니다. 하나님의 통치가 우리의 일부가 되면 될수록 다른 사람의 눈은 더욱 크게 열릴 것입니다. 우리가 하나님의 모든 것, 예수님의 모든 것, 성령의 모든 것을 받아들이면 받아들일수록, 세상은 더욱 많이 깨닫게 될 것입니다.

이 시점에서 그리스도인은 예수님의 말씀을 전혀 잘못 이해하고 있습니다. "너희는 온 세상에 나가서." 세상을 향한 여러분의 발걸음은 위대한 의미가 있지만, 개종은 여러분의 일이 아닙니다. 예수님도 사람을 개종시키라는 명령을 하지 않았습니다. 하나님의 영이 회심시키지 않으면, 우리는 명분을 접어야 합니다. 인간에게는 매우 고상하지만 감춰진 무엇인가가 있습니다. 그것은 전적으로 하늘에 계신 아버지에게 속한 것으로, 그것이 자유를 위해 벗어날 준비를 할 때 우리의 더듬거리는 손과 길 감각은 인간 영혼의 은밀한 구조에 감히 개입할 수 없습니다.

예수님은 우리가 가장 큰 원수에게 선을 베풀되 그의 자유의사에 선택을 맡기기를 원하십니다.

가슴이냐 머리냐?

어떤 식으로든 오직 하나님께만 정직하게 초점을 맞추지 않는한, 우리가 하나님의 목적을 위해 무엇인가를 성취할 수 있을 것이라는 생각을 버려야 합니다. 다른 고려사항은 모두 우리의 관심사가 아닙니다. '사고'의 과정을 통해 나온 우리의 생각은 전혀 중요하지 않습니다. 우리는 그를 위해 준비되어 있어야 합니다. 왜냐하면, 결국 중요한 것은 그리스도의 가르침이나 그에 대한 설명이 아니라 그리스도 자신이기 때문입니다. 동시에, 우리는 보이지 않는 것을 향해 "예수여!"라고 외쳐야 합니다. 아무런 '사고' 없이 그렇게 한다는 것은 쉬운 일이 아닙니다. 그러나 '사고'한다면 어렵지 않게 나올 수 있을 것입니다.

나를 찾아오는 많은 사람은 "예수여"라고 부르짖지만, 이 말에는 각자의 생각이 담겨 있습니다. 내가 가장 먼저 하는 일은 이들에게서 "생각을 지우는" 작업입니다. 왜냐하면, 그들은 예수님을 부를 때 무의식적으로 특정 조건을 부여하기 때문입니다. 말하자면, 그들은 특정 색채를 가진 예수님을 찾는다는 것입니다. 가령 "경건주의"를 선호하는 자는 경건한 예수를 원합니다. "교회다움"을 중시하는 자는 그런 예수를 원합니다. 따라서 인간의 기호와 생각이 예수님보다 높은 곳에 자리하는 것입니다. 예수님이냐 예수님에 대한 자신의 생각이냐를 선택해야 한다면 그들은 자신의 생각을 위해 죽기까지 싸울 것입니다.

신학 체계와 신념을 통해 누구나 "예수님!"을 부를 수 있습니다. 스스로 하지 못할 때에는 선생님에 기대어 그 교사의 이름으로 "예수님!"을 외칠 수 있습니다. 그러나 하나님에게서 오셨다는 이유만으로 아무런 계산 없이 예수님을 주인님으로 인정하는 일은 자주 일어나지 않습니다. 그러나 자신의 인간적 성취, 성장 배경, 그리고 전통과 문화를 벗어던지고 다만 예수님이 주님으로 인식되기 때문에 "예수님"을 부르는 사람, 믿음으로 그렇게 외치는 사람이 있습니다. 그 사람이 있는 곳에 기적이 일어나고, 하늘로부터 빛이 비취며, 거룩함에 휩싸일 것입니다.

우리의 생각이 아닌 우리의 마음에 모든 것이 달려 있습니다. 종교의 최종 결과는 누구나 이해할 수 있을 만큼 단순해야 합니다.

모든 사람은 하나님나라가 논리적 개념이 아니라 놀라운 사건으로 임한다는 사실을 인정해야 합니다.

예수님은 어떤 종교나 철학이나 도덕도 주지 않습니다. 그는 능력을 주십니다.

복음을 섬길 자가 우리뿐이라면, 그것이 학자들의 강단에서 나오는 인간의 지혜로만 유지된다면, 복음은 오래전에 사장되었을 것입니다. 복음은 기독교에 대한 학문적 지식을 알거나 특정 신앙 고백 및 도덕적 원리를 기억하는 것으로 절대로 유지되지 않습니다. 기독교의 본질은 우리의 이해력을 통해 찾을 수 있는 것이 아닙니다. 오히려 기독교의 본질은 순전한 마음이 지속적으로 깨어 있는 곳, 부활한 사람들이 있는 곳, 학문이 말도 붙이기 어려운 불가해한 자들이 있는 그곳에 있습니다. 주로 사회의 가장 낮은 계층에서 발견되는, 기쁨과 신실함으로 가득한 이들이 없다면, 복음은 죽고 말 것입니다.

전망과 과제

블룸하르트가 이 기록을 남긴 것은 1914년 가을이다.
－버나드 엘러

평화가 오기 전에, 반드시 극복해야 할 어둠이 있습니다. 그 후에는 "그가 오신다! 사랑하는 하나님이 우리에게 다시 한번 평화를 주심으로 그에 대한 우리의 소망과 이해에 응답하셨다"라고 외칠 것입니다. 그러므로 우리는 이처럼 암울한 시대에도 즉시 기뻐할 수 있습니다. 적어도 나는 살아계신 하나님이 우리 가운데 역사하신다는 사실을 확신하기 때문에 기뻐할 수 있습니다. 이 괴로운 시절이 끝나고 하나님의 새로운 은혜가 임할 것입니다. 하나님은 언제나 이 현장에서 우리와 함께 계셨으며 앞으로도 그럴 것입니다.

예수 그리스도의 공동체 역사 전체는 모든 것이 무너지고 있다고 생각할 만큼 비극적인 시대가 끝난 즉시 사랑하는 하나님이 다시 한번 놀라운 권능으로 도와주셨음을 반복적으로 보여주었습니다. 나는 하나님 앞에서, 인류를 진멸시킬 비극적인 사건들이 일어난 것에 대해 여러분과 함께 신음하며 탄식합니다. 그러나 이 모든 상황은 하나님으로부터 나온 거룩한 역사입니다. 확실히 모든 것은 바뀔 것입니다.

하나님의 방식은 심판으로 이어질 것이며, 이 심판은 선을 이루게 될 것입니다. 우리의 부정한 사회는 정결함을 입을 것이며, 하나님의 말씀은 비록 시대와 문화는 끝날지라도 우리의 빛과 위로로 남을 것입니다. 이제 하나님의 나라가 본격적으로 준비될 것이며, 나는 하나님이 지금 인류에게 진지하게 말씀하고 계신다는 사실이 감사할 따름입니다. 이것은 우리의 마음에 확실하게 남아 있는 은혜입니다. 인간의 괴로움과 수고는 사라질 것입니다. 죄와 사망과 지옥에 대한 승리와 하나님의 은혜는 우리 시대에도 사실로 드러날 것입니다.

마지막 때에는 많은 어려움이 따를 것입니다. 과거가 잊혀지고, 많은 사람이 일어나 거짓된 사람들의 행위를 옹호하고 과거를 숭상하는 자들을 모을 것입니다. 성경은 "그 때에 누가 너희에게 말하기를 '보시오, 그리스도가 여기 계시오' 혹은 '아니, 여기 계시오' 하더라도 믿지 말아라"마 24:23라고 말씀합니다.

그다음에 우리는 그리스도를 잃어버렸다고 주장하는 세련된 종교 운동들을 보게 될 것입니다. 그러나 길을 잃은 것도 그들이고, 없어져야 할 대상도 그들입니다. 여기에는 한 가지 비밀이 숨어 있습니다. 즉, 이런 거짓 그리스도들이 잠잠해질 때까지 참 그리스도는 음성을 높이지 않으시리라는 것입니다. 이건 확실합니다. 우리는 그리스도가 보이지 않는 시대를 살아내야만 합니다. 그러나 그리스도께서 자신을 세상에 명백히 드러내 달라고 울부짖어서는 안 됩니다. 우리는 분별력 있는 기도를 해야 합니다. 나는 오늘날 광야에서 부르짖는 각종 무리들에 구주께서 동참해주시기를 바라지 않습니다. 오늘날 기독교세계를 떠들썩하게 하는 비이성적 종교성의 마지막 발악에 맞서 우리는 귀를 막고 이러한 종교 운동들의 최후를 차분히 지켜봐야 합니다. 그들은 언젠가 반드시 사라질 것입니다. 그들이 사라질 때까지 그리스도는 그의 음성을 들려주지 않으실 것입니다.

모든 것이 황폐해지고 무너져내리는 오늘날, 우리는 하나님나라의 보이지 않는 씨가 세계 곳곳에 심어지고 있다고 확신합니다. 참으로 이 씨는 하나님 자신에게서 오며, 오늘날 세상의 쓰레기 더미 아래서 썩지 않고, 옛것이 길을 비켜주는 동안 점차 자라서 "예수"라는 이름을 "세상의 그리스도"로 바꾸는 사역에 동참할 것이 확실합니다.

그러므로 인간 세상 곳곳에 어떤 괴로움과 슬픔이 가득할지라도, 우리는 절망하지 않고 담대히 다가올 날을 바라볼 것이며, 각양 법과 제도에 얽매이거나 인간적 질서에 기대지 않고 오직 세상의 빛이신 예수님만 의지할 것입니다. 예수님은 만물이 그의 빛으로 반짝이며 하나님의 영광을 드러내기까지, 길을 잃은 인류가 하나님의 자녀로서 원래의 창조 목적을 이룰 수 있는 유일한 길을 찾을 때까지, 살아계셔서 정복하실 것입니다.

결론

우리는 생명과 사망이 싸우는
최후의 전장에 서 있습니다.
이곳에서 하나님의 명령을 따라
세상의 잘못을 바로잡는다면
옛 세상은 무너지고
오직 예수님의 나라만이
폐허에서 일어날 것입니다.

제2부

존 레게John Regehr는 캐나다 위니펙에 위치한 메노나이트 형제 성경학교Mennonite Brethren Bible College의 실천신학 조교수이다. 그는 1970년, 남침례신학교Southern Baptist Theological Seminary에서 「크리스토프 블룸하르트의 설교」The Preaching of Christoph Blumhardt라는 논문으로 박사 학위를 받았다. 레게는 이 논문의 원자료로 아들 불름하르트의 문집에서 31개의 강연 및 설교를 번역했다. 그러나 심사위원단이 최종적으로 번역문을 논문에 포함시킬 수 없다고 결정함에 따라, 이 자료는 어떤 형태로든 출판되지 않았다.

본서의 제2부는 이 자료 가운데 16개를 선택한 것이다. 레게에 이어 우리도 가능한 한 많은 블룸하르트의 자료를 영어로 옮겨야겠다는 생각을 가지고 플라우 출판사Plough Publishing House의 자료와 중복되지 않게 세심하게 항목을 선택했다. 이어지는 번역문은 최소한의 편집을 거쳤으며 레게의 허락을 받은 것이다.

이곳의 설교가 제1부에서 정립된 라가츠의 작업을 대체하는 일은 없을 것이다. 그럼에도 불구하고 이 자료는 그것만의 특별한 장점이 있다. 이곳에서는 발췌가 아니라 원고 전체를 제시하기 때문에 교사이자 설교가인 블룸하르트에 대해 더욱 확실한 '느낌'을 가질 수 있다. 제1부와 제2부를 결합하면 두 자료를 각각 보는 것보다 훨씬 더 큰 효과를 발휘한다.

레게는 선정한 자료를 원래의 작성 일자 기준 연대순으로 배열했다. 그러나 나는 논리적 연결에 초점을 맞추었다. 또한, 나는 블룸하르트의 사상을 가능한 한 많이 담기 위해 필요한 곳에는 내용을 축약 및 발췌하였다.

레게는 아들 블룸하르트의 네 권짜리 문집*Christoph Blumhardt: Eine Auswahl aus seinen Predigten, Andachten und Schriften* [CFBL], herausgegeben von R. Lejeune [Rotapfel Verlag, 1925-37]에서 자료를 선정했다. 각 단원의 자료 출처 및 작성 일자를 표기하고 편집 방향을 설명한 "참조 사항"은 미주에 표기했다.

버나드 엘러

예수라는 이름

여드레가 차서, 아기에게 할례를 행할 때에, 그 이름을 예수라고 하였다.
그것은, 아기가 수태되기 전에, 천사가 일러준 이름이다. _ 눅 2:21

그는 아기로 오셨으며, 천사들은 그를 향해 "더없이 높은 곳에
서는 하나님께 영광이요, 땅에서는 주님께서 좋아하시는 사람들에
게 평화로다"라고 찬양했습니다. 그는 예수라는 이름을 받음으로
써 그 이름으로 불리고 알려진 자들의 대열에 합류했습니다. 이 행
위를 통해, 하나님은 인류의 구원을 위해 특별한 방식으로 자신을
드러내셨습니다.

예수는 아무나 쉽게 자신의 자녀에게 줄 수 있는 이름이 아니
라, 하늘에 계신 아버지가 사람의 아들에게 주신 이름입니다. 성부
께서는 이 이름을 통해 예수가 자신의 아들임을 보여주시는 동시
에 그를 우리의 형제로 소개합니다. 이 이름은 하늘에 계신 아버지
께서 우리에게 말씀하시고 싶은 것이 있으며 무엇인가를 창조하고
싶어 하신다는 것을 보여줍니다.

예수라는 이름은 구주, 구원자를 뜻합니다. 아버지는 그의 아
들, 구주를 이 이름으로 부르시며, 그를 우리의 형제가 되게 하심
으로 우리에게 "구원을 받을 것"이라는 선포를 하게 하십니다.

인류 역사상 가장 큰 암흑은 생명의 빛을 잃어버림으로써 생명

의 관점에서 미래를 바라볼 수 없게 되었다는 것입니다. 사실 궁극적인 목적지를 분명하게 모른다는 무지는 언제나 인간을 괴롭혔습니다. 그러나 하늘에 계신 아버지께서 새로 태어난 아이에게 예수라는 이름을 주심으로써 모든 사람은 자신의 생명을 위해 누구에게 의지해야 할 것인지 알게 되었습니다. 여러분이 진실한 사람이 되고자 한다면 예수라는 이름 안에서 하늘에 계신 아버지께서 여러분과 인류를 구원하는 것을 그의 목적이 되게 하셨다는 선언을 찾아내기만 하면 됩니다. 아버지는 구주이신 예수의 이름을 통해 사람들이 구원에 대한 확신을 갖기를 원하십니다. 예수라는 이름은 이 구원을 선포할 뿐만 아니라 창조하십니다.

예수라는 이름이 우리에게 이러한 깨달음을 제공한다면, 각 개인은 이 깨달음을 살리기 위해 노력해야 할 것입니다. 하나님이 여러분에게 원하시는 것에 대해 의심하는 것은 옳지 않습니다. 하나님이 여러분을 구원하고 싶어 하신다는 사실에 대해 의심하는 것은 예수라는 이름에 맞서는 범죄 행위입니다. 복음을 듣고 하나님이 구주를 통해 여러분의 죄를 씻기 위해 하신 모든 일을 알게 된 여러분은 다른 길로 가서는 안 됩니다. 세상이 여러분에게 다른 것을 가르칠 때, 또는 세상에서의 경험이 하나님은 사실상 여러분의 생명에 관심이 없다는 사실을 확인시켜주는 것처럼 보일 때, 혼동해서는 안 됩니다. 진리에 대한 확신을 가지십시오. 여러분은 자신이 구원을 받는 중이라는 사실을 알 수 있으며, 또한 알아야 합니다. 이것은 예수님의 첫 번째 설교입니다. 여러분은 구원받고 있으며, 이 사실에 대한 확신을 가져야 합니다.

우리는 주 예수께서 일단 말씀으로 우리를 붙드시면 우리가 그의 말씀에 따라 그를 이해할 수 있다는 사실을 확실히 믿어야 합니다. 예수님은 "하나님께서 세상을 이처럼 사랑하셔서 외아들을 주셨으니, 이는 그를 믿는 사람마다 멸망하지 않고 영생을 얻게 하려는 것이다"라고 말씀하셨습니다. 여러분이 이 말씀 위에 굳게 서서, 예수 그리스도께서 탄생하셨으며 여러분의 죄를 위해 돌아가셨다는 사실을 안다면, 그가 부활하셔서 아버지의 우편에 앉아계신 사실을 안다면, 여러분이 구원받는 중이라는 사실도 알아야 합니다. 예수라는 이름은 여러분에게 이러한 사실을 선포합니다.

삶이 혼란스러울 수 있습니다. "그럼에도 불구하고 나는 구원받고 있습니다." 죄가 계속 삶 속에 침투합니다. "그것과 상관없이 나는 구원받고 있습니다." 지옥의 괴롭힘과 마귀의 공격에도 "여전히 나는 구원받고 있습니다." 우리는 확신합니다. 육신과 세상, 마귀와 지옥, 우리가 떠올릴 수 있는 그 어떤 대적이 와도 "예수님이 오셨기 때문에 우리는 구원을 받고 있습니다"라고 자신있게 말할 수 있습니다. 우리는 사실을 알고 있습니다. 하늘에 계신 아버지께서 예수라는 이름을 통해 우리에게 알려주셨습니다. 우리는 추측을 하는 것이 아니라 알고 있습니다. 우리가 구원을 받고 있다는 진리는 예수라는 이름에 대한 우리의 이해를 형성하는 근본적인 사실 가운데 하나입니다.

그러나 사랑하는 자들이여, 우리가 알아야 할 사실은 더 있습니다. 우리는 자신이 구원받고 있다는 사실을 아는 것으로 끝나서는 안 됩니다. 그것은 다른 사람에 대해서는 모른다는 것입니다. 우리는 다른 사람을 저주하면 안 될 뿐만 아니라 예전의 우리처럼 아직 복음에 사로잡히지 않은 것처럼 보이는 사람들에 대해 무관심해서도 안 됩니다. 우리는 세상에 대해, 모든 사람의 영혼에 대해, 분명한 생각을 가져야 합니다. 성경에 나타난 가장 확실한 진리는 하나님이 모든 인류, 사실상 피조세계 전체를 구원하고 싶어 하신다는 것입니다.

예수님이 그 이름으로 불린다면, 따라서 예수님이 아버지의 보내심을 받아 사람으로 태어나셨고 모든 생명의 근원이 되는 영원하신 하나님의 맏아들로 선포되셨다면, 하나님이 주셨으며, 피조물의 알파와 오메가이신 이 예수라는 이름에는 만물이 구원을 받는 중이라는 선포가 담겨 있습니다. 또한, 지금의 "예수님 시대"를 사는 우리는 모든 사람을 구원의 관점에서 보고, 그에게도 그런 사실을 알려주어야 할 것입니다.

우리가 예수라는 이름에 대한 이와 같은 선포를 마음으로 받아들인다면, 더욱 큰 빛 가운데 있게 될 것입니다. 저는 이를 '창조와 선포'라고 부르고 싶습니다. 우리가 복음에 사로잡혀 구원에 대한 확신을 가질 때, 우리에게는 이미 어느 정도의 빛이 비췬 것입니다. 그러나 모든 피조물, 즉 누구든, 무슨 일을 하든, 또 어떤 삶을 살든 상관 없이 예수라는 이름이 모두의 구원을 보장한다는 통찰을 받아들일 때, 우리는 더욱 큰 빛과 능력을 발산할 수 있습니다. 다시 말하면 훨씬 사도적이 될 수 있다는 것입니다. 하늘에 계신 아버지께서 주신 예수라는 이름은 복음의 선포를 신뢰할 수 있게 하고 모든 피조물에 대한 구원의 선언을 유효하게 하십니다. 우리는 잃어버린 자를 이런 관점에서 보아야 합니다.

앞으로 시간이 갈수록 죄와 불신과 사망과 지옥의 권세가 사람들을 강하게 옭아매고 선포된 복음으로부터 멀어지게 하겠지만, 그럴수록 하나님이 구원을 목표로 주셨다는 사실에 대한 더욱 강한 확신을 가져야 한다는 것이 나의 생각입니다. 우리는 더욱 담대하게 이 시대의 마귀와 맞서 싸우며 그들이 사로잡은 먹이를 빼앗아 와야 합니다.

우리는 복음에 대해 잠결에 일어나 "그분께서는 뜻하신 대로 하실 것이다"라고 말한 엘리와 같은 태도를 보여서는 안 됩니다. 아니, 우리는 그런 영혼 없는 자세가 아니라, 모세처럼 무너진 곳을 온몸으로 막아서야 합니다. 하나님의 종 모세가 하나님의 이름으로부터 이스라엘 온 백성을 위한 자비와 은혜, 인내, 신실함을 쟁취하기 위해 싸웠다면, 우리는 같은 담대함물론 동일한 회개와 함께을 가지고 복음을 선포해야 할 것입니다. 그것이 구원을 위한 하나님의 뜻입니다.

우리가 인간을 고소하고 저주하는 마귀와 지옥의 권세 및 세상의 모든 악에 맞서 선포할 메시지는 "너희는 결코 이길 수 없다. 우리는 예수님을 알기 때문에 이 사실을 잘 알고 있다. 너희는 세상에서 물러날 수밖에 없다"라는 것입니다. 인간은 하나님과 예수 그리스도께 속했으며, 구원은 이처럼 신음하고 있는 세상을 거부하지 않을 것입니다.

예수님은 모든 피조물의 장자이십니다. 그는 사망을 이기고 부활하신 맏아들이십니다. 하나님의 모든 충만이 그 안에 거하며 그를 통해 만물과 화목하는 것은 하나님의 기쁘신 뜻입니다. [골 1:15-20에 대한 의역]. 그리스도의 성육신은 모든 육체, 모든 인간과의 연합입니다. 하나님이 모든 육체와 연합한 그를 "예수"라고 부르신다면, 구원은 모든 육체에게 선포된 것입니다. 우리가 예수라는 이름을 온전하게 이해하기 위해서는 이러한 진리를 활용해야 합니다.

잠시 "저주"에 대해 진지하게 생각해보십시오. 옆에 앉은 사람이 현재 처한 상황으로 인해 구원을 박탈당했다면, 여러분은 얼마나 지옥으로 떨어져야 하겠습니까? 아니면 몇몇 사람들을 위한 예외가 있다고 생각합니까? 하나님은 그런 방식으로 절대 일하시지 않을 것입니다. 그는 의로운 분이십니다. 그러므로 우리는 나 자신을 위해서라도, 구원이 모든 사람에게 선포되었다는 사실을 굳게 붙들어야 합니다.

나는 여기서 말세에 하나님이 구분할 수 없으며 구분하지도 않을 것이라는 말을 하려는 것이 아닙니다. 최후 심판에서 그때까지 구원받지 못한 사람들에 대해 어떤 결정을 내리고 어떤 조치를 취할 것인지는 하나님께 달렸습니다. 내가 말할 수 있는 것은 오늘날 하나님이 최종적 결정을 하달하지 않은 한, 우리는 모든 사람에게 예수라는 이름, 구원을 약속했기 때문에 중요한 그 이름을 심어주어야 할 사명이 있다는 것입니다. 또한, 우리는 긍휼히 여기는 마음과 성직자의 진지함으로 구원을 기대해야 할 것입니다.

이제 우리는 예수라는 이름이 선포하는 보다 깊은 진리에 대해 다루고자 원합니다. 우리는 그 안에서 구원 개념뿐만 아니라 구원을 위한 하나님의 능력도 찾을 수 있습니다. 예수라는 이름은 구원을 선포할 뿐만 아니라, 그것을 이루어나가시는 분도 예수님이십니다. 따라서 복음은 그 소식을 믿는 자들, 즉 예수를 통해 진정으로 구원받고자 하는 이들에게 구원의 능력으로 불립니다. 구원이 선포되었지만 그 구원이 실제로 성취되지는 않은 채 지속되고 있는 이 세상을 바라보며 우리는 낙심하지 말아야 합니다. 구원을 강렬하게 설교하지만 죄와 죽음으로부터 즉각적으로 구속되지는 않는 상황들을 자주 맞이하지만 슬퍼하지 말아야 합니다. 예수님이 선포한 완전한 구속이 지체된다고 해서 낙심하면 안 됩니다. 하늘에 계신 아버지는 예수라는 이름 안에 세상을 안전하게 보존하고 계십니다. 이러한 사실은 먼저 모든 만물의 구속에 대한 선포를 통해, 그리고 최종적으로 예수 그리스도의 재림에 의한 구원 약속을 통해 확인되었습니다.

우리가 예수님을 하나님의 능력이자 승리로 알고 확인하지 않았다면, 우리의 공동체는 오래전에 사라졌을 것입니다. 마찬가지로, 우리 마음의 악한 계략, 반만 헌신하는 우리의 믿음, 우리의 나태함과 끊임없이 드러나는 세속성을 포함한 온갖 방해에도 불구하고 예수님이 우리의 삶에 들어오신 것을 몰랐다면, 우리는 오래전에 길을 잃었을 것입니다.

이미 붕괴가 진행되고 있는 곳에서 개선된 모습을 보기 위해서는 오랜 시간이 필요하다는 사실을 우리는 종종 경험했습니다. 무언가가 깨지고 무너지고 있는 상황을 마주한 사람들은 많은 경우 다음과 같이 반응합니다. "굴러가다 끝날 때까지 내버려 두어야 돼. 인생이 원래 그렇지"라고 말합니다. 우리도 그렇게 똑같이 반응할 수도 있었습니다. 그러나 절대 그렇지 않습니다. 우리는 어떤 것도 "끝날 때까지 내버려" 두어서는 안 됩니다. 예수님이 어떤 상황에서도 구원하실 수 있는 하나님의 능력이 되심을 알아야 합니다. 어떤 학문적인 개념으로서만 그런 것이 아니라 우리 두 손으로 만질 수 있는 아주 실질적인 능력이라는 점에서 진실로 그러합니다.

예수님이 우리를 해방시키는 정복자이시며, 우리를 멸망에서 끌어내시는 구원의 주이심을 아는 자만이 진정 겸손한 마음으로 구원의 선포 아래로 올 수 있습니다. 가령 습관적인 거짓말쟁이가 복음에 매력을 느끼고 자신의 구원에 대한 진리를 알고 믿었다면, 이제 그의 거짓말은 어떻게 되는 것입니까? 믿기 때문에 계속해서 거짓말을 방치할 것입니까? 그의 거짓말의 원동력은 무엇입니까? 거짓말의 배후에는 그를 죄에 옭아매는 지옥의 힘이 있습니다. 어떤 변화도 일어나지 않고 거짓말이 계속된다면, 그런 사람이 구원이나 구속의 과정에 있다고 생각합니까?

구속이 예수 그리스도 안에 있는 하나님의 능력으로 우리의 삶에 쳐들어오지 않는다면, 아무리 자신을 그리스도인이라고 부르고 신자로 여길지라도 천국에 들어가지 못할 것입니다. 죄와 사망과 지옥의 끈은 분명 잘라내어야 합니다. 우리는 새로워져야 합니다. 그리스도의 능력으로부터 본질적으로 기인한 것은 우리의 삶을 새로운 길로 인도해야만 합니다. 한 마디로 작은 일이든 큰일이든, 우리에게는 언제나 정복자이신 예수님이 계셔야 한다는 것입니다. 영생에 대한 확실한 소망은 이런 식으로만 우리 안에서 분명해질 것입니다.

이제 우리는 예수라는 이름에 담긴 마지막 선포에 이르렀습니다. 우리가 예수님을 우리의 삶의 구원자로 믿는다면, 그가 만물의 생명을 빛으로 이끄시는 하나님의 능력이 되심도 믿을 수 있습니다. 우리는 구원에 대한 이해를 온 세상과 연결한 것처럼, 예수 그리스도의 능력을 모든 인류와 연결할 수 있습니다. 예수님이 누구시며 어떤 신적 능력이 있는지 안다면, 나 자신은 물론 다른 사람을 위해서도 용기를 낼 수 있을 것입니다.

오늘날 많은 사람이 자신의 구원에 대해 아무것도 모르기 때문에 그것을 받아들이지 않습니다. 그러나 나는 그로 인해 낙심하지 않습니다. 나는 마음속으로 "여러분이 사망의 손아귀에서 구원을 받아 여러분의 눈이 열릴 때까지 기다리라. 그렇게 되면 믿을 것이다"라고 생각합니다. 나는 이것이야말로 예수라는 이름이 신자들의 마음에 창조할 태도라고 믿습니다. 이 신자들은 때가 되면 첫 열매이자 빛과 소금이며 다른 사람을 위해 일선에서 싸우는 전사가 될 것입니다. 만물을 영광으로 채울 그리스도의 몸, 곧 지상에 있는 그리스도의 교회의 의의는 여기에 있습니다.

예수님이 살아계시기 때문에 인생은 더 이상 목적 없이 정체된 이야기로 남아있을 수 없습니다. 오히려 영원한 생명의 힘 아래 놓인 인생이 되어야 합니다. 구주께서 우리를 도와주고 싶어하십니다. 하늘과 땅의 위대한 주이신 그는 우리를 위해 싸우고 싶어 합니다. 이 세상이 걸려있기 때문에 하나님은 우리가 당신의 능력을 붙들기를 원하십니다. 저주받은 것을 축복하고 잃어버린 것을 구하며 하늘에 있는 모든 권세에 맞서 최후 승리를 거두고 하나님을 대적하는 행위를 지옥으로 넘기는 것은 바로 이 능력입니다.

우리는 이 예수를 알고 있습니다. 우리는 이 예수를 전합니다. 우리는 이 예수가 날마다 우리와 동행하시기를 원합니다. 모든 세대가 배교하며 모든 사회가 파멸하고 있지만, 무너질 것이 무너지고 가고픈 곳을 가도록 내버려 두십시오. 먼저 여러분이 예수를 꼭 붙들어야 합니다.

우리는 그와 함께 승리를 쟁취할 것입니다. 우리는 그와 함께 세상을 돌려놓을 것입니다. 온 세상이 그를 조롱할지라도 우리 적은 무리가 그의 능력을 바라보며 굳게 선다면 온 세상은 우리의 보상이 될 것입니다.

모든 피조물은 만물의 머리가 되시는 예수 그리스도의 교회 아래로 나아와야 합니다. 이 목표는 반드시 이루어질 것입니다. 이것은 아버지로부터 예수라는 이름을 받은 아들, 곧 하나님의 말씀이며, 따라서 절대 실패하지 않을 것입니다.

예수라는 이름은 인류가 멸망해서 수십억의 사람이 지옥에서 죽어가는 것으로 영광을 얻지 않으실 것입니다. 오히려 그 이름은 그가 사망과 죄의 권세에서 건져낸 셀 수 없이 많은 무리에 둘러싸여 영광 받으실 것입니다. 따라서 아무도 자신이 하나님의 오른손, 예수라는 이름을 받은 하나님의 권능과 무관하게 구원받았다고 말하지 못할 것입니다. [1]

만물을 새롭게

그 때에 나는 보좌에서 큰 음성이 울려 나오는 것을 들었습니다. "보아라, 하나님의 집이 사람들 가운데 있다. 하나님이 그들과 함께 계실 것이요, 그들은 하나님의 백성이 될 것이다. 하나님이 친히 그들과 함께 계시고, 그들의 눈에서 모든 눈물을 닦아 주실 것이니, 다시는 죽음이 없고, 슬픔도 울부짖음도 고통도 없을 것이다. 이전 것들이 다 사라져 버렸기 때문이다." 그 때에 보좌에 앉으신 분이 말씀하셨습니다. "보아라, 내가 모든 것을 새롭게 한다." 또 말씀하셨습니다. "기록하여라. 이 말은 신실하고 참되다." 또 나에게 말씀하셨습니다. "다 이루었다. 나는 알파며 오메가, 곧 처음이며 마지막이다. 목마른 사람에게는 내가 생명수 샘물을 거저 마시게 하겠다. 이기는 사람은 이것들을 상속받을 것이다. 나는 그의 하나님이 되고, 그는 내 자녀가 될 것이다." _ 계 21:3-7

    이 본문은 하나님의 뜻에 대한 가장 온화하고 친밀한 표현입니다. 이 하나님의 뜻은 예수 그리스도를 통해 인류에게 깊이 뿌리를 내렸기 때문에 다시는 외면할 수 없는 말씀입니다. 모든 인간 사회는 이 뜻을 잠시 잊고 있으며, 기독교세계는 하나님의 뜻이 가리키는 방향과 전혀 다른 길을 가고 있지만, 인류에 스며든 이 뿌리로부터 사도들과 선지자들처럼 하나님의 뜻과 밀접하게 연결될 사람들이 나올 것입니다. 이들은 만물을 새롭게 하시려는 하나님의 확고부동하고 엄중한 뜻으로부터 다른 모든 것이 나온다는 사실을 알게 될 것입니다. 재앙과 장애물 및 시련과 실패로 가득한 개인적 삶과, 수많은 환란과 실패와 실망을 겪어야 했던 인류를 위해, 만물은 새롭게 될 것입니다.

그리스도 안에 있는 사람들은 자신이 종말을 향한 점진적 발전의 한 지점에 서 있다는 사실을 경험적으로 알게 될 것입니다. 그들은 이 마지막 날에 "보아라, 하나님의 집이 사람들 가운데 있다. … 보아라, 내가 모든 것을 새롭게 한다"라는 말씀을 듣게 될 것입니다. 모든 눈물이 사라지고 다시는 사망도 없을 것입니다. 인간의 죽음은 하나님의 창조적 행위를 통해 초월되었으며, 따라서 오늘날 우리가 겪는 어려움은 끝나게 될 것입니다.

말하자면 주 예수는 언제나 현재의 가장 먼 경계 선상에 계십니다. 따라서 예수님과 그의 제자들은 한 방에 모든 것이 바뀌고, 전혀 다른 내일이 올 수 있다고 생각했다는 것을 이해할 수 있습니다. 우리는 그들이 망상에 사로잡혔다고 생각할 수 있지만, 그렇다면 그것은 영광스러운 망상이며 최고의 진리입니다. 만일 예수님이 가장 먼 경계 밖으로 나가기를 주저하고 "현재는 내일 끝날 수도 있다"라고 말하지 않았다면, 예수님은 현재의 것들이 끝을 향해 가는 와중에도 여전히 오늘 극복해야 할 것들을 해결하기 위해 힘을 내는 사람들을 계속해서 부르고 만들어가는 일을 하는 강력한 인물이 되지 못하셨을 것입니다. 우리는 그런 사람이 되기를 원합니다. 우리도 경계로 나아가야 합니다. 우리의 존재 한 부분은 현재와의 관계를 끝냈습니다. 우리는 현재 세상의 경계에 서 있으며, 이 경계는 새로운 인류의 시작을 나타냅니다.

만물은 하룻밤에 변할 수 있지만, 사도들이 기대했던 때에 그런 일이 일어나지는 않았습니다. 그리고 마치 세상의 모든 악이 단숨에 제거될 것이라고 생각했던 그들의 기대는 조금 어리석었을 수도 있습니다. 물론 그날은 연장되었으며, 예수님과 함께 시작한 첫날 이후로 일정 기간의 성장 과정이 있다는 사실을 지금 우리는 알고 있습니다. 그날은 무르익어가는 중이며 아직 완성되지 않았습니다.

그러나 인류의 발전에서 천 년은 어떤 의미가 있습니까? 이천 년은 어떤 의미가 있습니까? 오늘날 우리에게 남은 이천 년은 무엇을 의미합니까? 시간은 무엇입니까? 우리가 목적에 집중한다면, 우리가 이처럼 더 큰 변화 과정 속에서 자신이 하나님의 뜻 안에서 자랄 수 있는 곳에 서 있다면, 시간의 길이는 신경 쓸 필요가 없습니다. 종말이 되어 만물이 충만해졌을 때, 우리는 몇 년 안 되는 것처럼 느껴질 기간을 돌아보며 기쁜 마음으로 "금방 왔다"라고 말할 것입니다.

그러므로 나는 우리 모두에게 "모든 것의 끝에 서자"고 요청합니다. 이 말에는 많은 것이 내포되어 있습니다. 우리가 경계에 서게 되면 많은 것을 이미 다른 방식으로 경험하기 시작합니다. 우리 안팎에 있는 불치병이 실제로 끝나고 새로운 것이 시작되었음을 발견합니다. 우리가 예수님처럼 장차 올 시간에 초점을 맞춘다는 것은 자신의 현재적 삶 속으로 그 시간의 일부를 이미 끌어들였다는 뜻입니다.

우리를 괴롭히는 단조롭고 공허하며 불안한 이 시대는 우리를 정복할 수 없습니다. 슬픔과 부르짖음과 사망과 어둠으로 표현되는 악은 우리 안에서 자신을 넘어설 능력을 마주할 것입니다. 이것이 성경이 말하는 "정복하는 자"의 의미입니다. 이러한 하나님의 뜻 안에 선 우리는 장차 올 시대를 위하여 비록 주도적인 역할은 아닐지라도 이미 많은 것을 정복합니다. 우리는 "염려하지 말라. 나는 이길 것이다. 아무것도 나를 해치지 못할 것이다. 나는 믿음으로 지나갈 수 있다"라고 자랑스럽게 말하면 안 됩니다. 우리는 개인적으로 약하고 가난하다고 느끼며, 또한 마땅히 그렇게 생각합니다. 그러나 주 예수의 어떤 힘이 세상을 정복합니다. 그것은 하나님의 능력이기 때문에 모든 것을 넘어설 수 있습니다.

이 능력은 지금 이 시대에도 우리 안에 있는 모든 악을 극복합니다. 얼마나 그러하냐면 정말로 어려운 일이라고 표현할 만한 것이 없을 만큼 그러합니다. 우리가 지극히 동의하기 어려운 요구에 직면할 수 있으며, 우리가 사랑하는 모든 것을 버려야 할 상황에 이를 수 있지만, 그럼에도 불구하고 우리는 여전히 하나님의 능력이 우리 안의 모든 문제를 해결하실 것이라는 확신을 가지고 우리를 둘러싼 온갖 한심한 도전에 굴복하지 않을 것입니다.

"내가 모든 것을 새롭게 한다." 이 말씀은 예수께서 지상에 계시는 동안 그의 능력의 핵심적 원천이었습니다. 이것은 그리스도의 영을 통해 우리 안에서 계속해서 일어나야 할 힘과 능력의 근원입니다. 우리는 이 힘으로 외적 형식을 위한 어리석은 일을 중단하고 참으로 만물이 새롭게 될 것이라는 소망으로 가득해야 할 것입니다. 우리가 하나님의 영으로 강건해진다면, 악으로 가득한 세상이 우리를 어떻게 하겠습니까? 우리가 새롭게 되면 모든 것을 이길 것입니다.[2]

다시 오실 예수 그리스도

예수께서 제자들에게, 늘 기도하고 낙심하지 말아야 한다는 뜻으로 비유를 하나 말씀하셨다. "어느 고을에, 하나님도 두려워하지 않고, 사람도 존중하지 않는, 한 재판관이 있었다. 그 고을에 과부가 한 사람 있었는데, 그는 그 재판관에게 줄곧 찾아가서, '내 적대자에게서 내 권리를 찾아 주십시오' 하고 졸랐다. 그 재판관은 한동안 들어주려고 하지 않다가, 얼마 뒤에 이렇게 혼자 말하였다. '내가 정말 하나님도 두려워하지 않고, 사람도 존중하지 않지만, 이 과부가 나를 이렇게 귀찮게 하니, 그의 권리를 찾아 주어야 하겠다. 그렇게 하지 않으면, 그가 자꾸만 찾아와서 나를 못 견디게 할 것이다.'" 주님께서 말씀하셨다. "너희는 이 불의한 재판관이 하는 말을 귀담아 들어라. 하나님께서 자기에게 밤낮으로 부르짖는, 택하신 백성의 권리를 찾아주시지 않으시고, 모른 체하고 오래 그들을 내버려 두시겠느냐? 내가 너희에게 말한다. 하나님께서는 얼른 그들의 권리를 찾아 주실 것이다. 그러나 인자가 올 때에, 세상에서 믿음을 찾아 볼 수 있겠느냐?" _ 눅 18:1-8

기도에 대한 이 비유에는 예수 그리스도의 강림에 대한 역사적 요소가 나타납니다. 오늘날 구주 안의 모든 신앙생활, 모든 기도, 우리가 행하는 모든 일과 경험은 주 예수께서 다시 오신다는 전조 하에 일어납니다.

구주는 끔찍한 세상으로 오십니다. 그는 오실 자이지만, 그가 오실 세상은 불의로 가득한 곳입니다. 이것은 세상 역사의 특징입니다. 세상 역사는 언제나 무한히 많은 대중을 잔인하게 폭력적으로 짓밟습니다. 세상 역사는 원하는 길을 택할 수 있습니다. 일부 국가가 그들의 말처럼 세계를 지배하는 위대한 시대에도, 문화적 절정에 이르렀을 때도, 그들이 무엇을 하든 변할 수 없는 사실 한 가지는 역사가 사람을 짓밟는다는 것입니다. 그 배후에는 세상이 전혀 도울 수 없는 가난하고 불쌍한 자들의 부르짖음이 있습니다. 세상의 지혜는 모두 혼란을 초래하며, 아무런 유익을 주지 못합니다. 불의를 바로잡으려는 선조차 온갖 오물과 부러진 뼛조각으로 가득한 악한 흔적을 남깁니다. 구주께서 이런 세상으로 오신다는 것입니다.

그러나 구주는 오셨으며, 우리는 여기저기서 불의한 재판관이나 세상 권력으로부터 약간의 도움을 받은 과부나 가난한 자만 보지 않습니다. 아니, 우리는 예수 그리스도의 오심을 통해 많은 혜택이 넘쳐나는 것을 봅니다. 따라서 우리는 기뻐합니다. 그렇습니다. 우리는 참으로 기뻐합니다. 우리 구주 예수 그리스도의 다시 오심은 참으로 세상 속에서 일어나고 있습니다. 다만 선택받은 소수만 그 사실을 알고 있습니다. 구주는 이 비극적인 세상에서 선택한 사람들을 바라보십니다. 아마도 본문의 마지막 줄에 나타난 약간의 불안감과 함께, 그는 이 택한 자들에게 기대하며 자신의 오심을 위한 기반, 혹은 교두보를 찾고 계십니다.

하나님은 우리를 돌아보시며 다음과 같이 묻고 계십니다. "이곳에 선택받은 사람이 있는가? 이곳에 하나님나라와 다가올 구속을 위해 하나님이 이 땅에서 이루고 계신 역사를 기뻐할 자가 있는

가?" 사랑하는 자여, 여러분이 구주의 오심을 사모하고 여러분의 마음이 다음과 같이 이야기하기를 바랍니다. "주 예수여, 우리의 목적은 아무것도 아닙니다. 주 예수여 오소서. 오, 주 예수, 오시옵소서." 이렇게 기도한다면, 구주께서 여러분에게 "쉬지 말고 기도하라. 멈추지 말라. 어리석음이나 무지를 버리고 기도하라"라고 말씀하실 것입니다.

우리는 기도를 통해 예수 그리스도의 오심으로, 그가 세상에 오신 역사로 들어가야 할 것입니다. 나는 여러분에게 명령과 다름없는 권면을 합니다. "물질적 필요를 비롯하여 어떤 문제든 기도할 때, 구주의 오심 안으로 들어가십시오…."

각자가 도움을 경험할 때조차 나는 때로로 다른 사람 앞에서 부끄럽다고 느낄 만큼 많은 도움을 받습니다, 우리는 언제나 "이 도움은 주 예수 그리스도의 오셨기 때문에 받는 것입니까?"라고 물어보아야 합니다. 그것이 실제로 이렇게 다시 오셨기 때문에 나온 것이라면 구주께서 실제로 오고 계신다는 징조입니다. 나는 그럴 때 기뻐 소리 지릅니다. 나는 기뻐하며 즐거워합니다. 그리고 위로를 받습니다. 구주가 오고 계신다는 징조입니다! 나는 이 땅에서 다른 어떤 것이 이런 기쁨을 줄 수 있는지 모릅니다. 오늘도 예수 그리스도께서 다시 오고 계신다는 어떤 징조를 찾아볼 수 있습니다.

우리의 오늘은 어떻습니까? 우리의 기도는 다시 오신다는 징조 아래 온전히 놓여 있습니까? 구주는 지금 여기에서 그를 오실 자로 믿는 사람들을 찾아서 이 땅에서 사역을 위한 전초기지를 세울 수 있습니까? 확실히 많은 기도가 행해지고 있습니다. 여러분도 기도하고 여러분의 이웃도 기도하며, 여러분을 미워하는 자나 대적도 기도하고 있습니다. 모든 사람이 기도하고 있습니다. 그러나 여러분은 죄 가운데서, 교만한 마음과 정욕으로 기도하고 있습니다. 여러분은 기도하지만, 세상은 그대로입니다. 대적은 우리를 비웃고 우리의 기도를 조롱합니다. 그는 우리가 예수 그리스도의 오심 안에 서 있을 때만 비웃음을 멈출 것입니다! "인자가 올 때에 세상에서 믿음을 보겠느냐?" 아니요, 주 예수라는 사람을 통해 오는 하나님나라 안에서 기도하지 않는 한, 인자는 믿음을 찾지 못할 것입니다.

세상이 이 모든 것을 믿지 않지만, 그럼에도 불구하고 구주는 오고 계십니다. 선택받은 자들도 더는 믿지 않지만, 그럼에도 불구하고 구주는 여전히 오고 계십니다. 어쩌면 택한 자들까지 전반적으로 일종의 불신에 빠져야 하는지도 모르겠습니다. "하나님께서 모든 사람을 순종하지 않는 상태에 가두신 것은 그들에게 자비를 베푸시려는 것입니다"라는 위대한 말씀이 이루어지려면 말입니다.

그렇다면 기독교가 이교도에 비해 나은 것이 무엇입니까? 여러분은 무엇이 불신자보다 낫다고 자랑하고 싶습니까? 여러분도 주 예수를 통한 하나님의 오심에 서 있지 않으면, 주 예수께서 가장 중요하게 생각하시는 이 오심 안에 굳게 서지 않으면 여러분도 부족할 수밖에 없습니다. 그런데 어떻게 다른 사람을 감히 모욕할 수 있습니까?

우리는 모든 경건과 이 땅에서 거룩한 척하는 모든 행위와 우리의 자랑을 포함해 모든 것을 버렸습니다. 우리는 이 모든 것을 잊고, 어린아이처럼 위대하고 전능하신 주와 구주이신 예수 그리스도의 옷자락 속으로 기어들어 갔습니다. 그는 오고 계시며, 여러분이 믿지 않을지라도 대적으로부터의 구속은 여러분 개인의 삶 속으로 밀고 들어올 것입니다. 주 예수는 모든 불신에도 불구하고 오실 것입니다. 그가 우리를 도와주시기를 기도합니다. 하나님이 우리를 도우셔서 우리가 예수 그리스도의 오심 안에서 기도할 수 있게 해주시기를 빕니다.3

주를 기다리라

주님은 우리의 구원자이시요, 우리의 방패이시니, 우리가 주님을
기다립니다. _ 시 33:20

우리는 진실로 주를 기다리는 자가 되기를 원합니다. 그러나 우리가 기다리는 목적은 무엇입니까? 여러분은 우리의 기다림이 단지 다른 그리스도인과 종교적으로 조금 다르게 반응하기 때문에 나타나는 종교적 열심의 일종이라고 생각합니까? 이 기다림에 특정 종교적 색채라는 의미 밖에는 없습니까?

주를 기다린다고 말하는 자가 이런 태도를 보일 수도 있지만, 결과적으로 그러한 사람들의 삶은 아무것도 변한 것이 없습니다. 우리의 기다림은 주 예수의 행동으로 나타나야 합니다. 결론적으로 우리가 주장하는 바는 다음과 같습니다. 내가 주를 기다리면, 주께서 금세 오십니다.

우리는 "나는 주를 기다립니다. 하지만 주님은 오랜 세월이 지난 후에야 오실 것입니다"라고 말하는 자를 이해할 수 없습니다. 이렇게 말하고 믿을 바에는 왜 기다립니까? 그는 기다림을 그만두는 것이 나을 것입니다. 어떤 경우에도 하나님이 즉시 임하시기를 기대하지 않는 것은 기다림이 아니라고 생각합니다. 그렇게 주를 기다린다고 수만 번 주장할지라도 나는 믿지 않을 것입니다. 예를

들어, 여러분이 중한 병에 걸린 상태에서 주를 기다리고 있다면 그의 응답을 이삼십 년 이상 늦출 수 있겠습니까? 불가능합니다. 정말로 기다린다면, 하나님이 즉시 응답하시기를 기대할 것입니다. 따라서 내일이라도 도와주셔야 할 것입니다.

주를 기다리는 자는 자신이 소망하는 모든 것을 이미 보고 있습니다. 나는 이 기다림이 나에게 살아 있다고 생각합니다. 확실히 살아 있는 것은 양식이 있어야 유지됩니다. 그렇다면, 기다림의 떡은 무엇입니까? 기다림의 떡은 하나님의 행위입니다. 하나님의 행위가 없다면 마음의 기다림은 죽을 수밖에 없습니다.

그러나 우리는 우리의 마음만으로는 많은 것을 기대할 수 없습니다. 우리는 확실히 "나는 주를 기다리지만 지금 당장은 그가 필요치 않다. 내 힘으로 어떻게든 꾸려나갈 수 있다"라고 말할 수 있을 만큼 강하다고 생각해서는 안 될 것입니다. 물론, 여러분이 시도할 수 있습니다. 그러나 방법이 무엇입니까?

세상처럼 불의한 방법을 사용하겠습니까? 그런 방법을 사용할 경우, 하나님은 방관자가 되실 뿐입니다. 그렇게 되어서는 안 됩니다. 오히려 우리의 기다림은 하나님의 행위에 뿌리를 내려야 합니다. 나의 기다림이 내구성을 가지는 것은 하나님이 자신의 행위를 수행하시기 때문입니다. 나의 기다림은 나와 모든 피조물을 향한 하나님의 위대하신 행위에서 목표를 찾아야 합니다.

우리는 주께서 우리의 도움이시며 방패시라는 경험을 했으며, 그것이 우리가 기다릴 수 있는 이유입니다. 또한, 우리는 하나님이 놀랍게도 즉시 우리의 도움과 방패가 될 수 있다는 사실을 경험했습니다. 따라서 우리는 언제나 주님의 지상 현현을 기대하듯이 주를 기다립니다. 주님과의 관계에서 지루함은 생각도 할 수 없습니다. "그는 우리의 도움"이십니다. 즉, 우리가 사로잡힌 악에서 우리의 몸과 혼과 영을 끄집어내신다는 것입니다. 물론 반드시 인상적이고 겉으로 드러나는 가시적 기적이 따라야 하는 것은 아닙니다. 은밀한 곳에서 모든 것이 제자리로 돌아가고 악에 얽매이지 않는다면, 우리는 도움을 받은 것입니다. 주를 기다리는 자는 다른 사람이 재앙과 폐허만 볼 때, 이미 그의 도움을 보고 있습니다. 기다리는 자는 주께서 즉시 악을 제거해주실 것을 알며, 따라서 구원이 가까우며 완성된 사실을 확신합니다.

그러므로 고통과 위협이 지속되어도 얼마든지 참을 수 있습니다. 그러나 우리가 악에 사로잡히는 것은 참을 수 없으며, 즉시 "이곳에는 구주께서 역사하지 않는다"라고 고백해야 합니다. 물론 나는 세상에는 자신과 다른 사람에게서 가장 불행한 상태를 보는 사람이 많다는 것을 잘 알고 있습니다. 그들은 "이것이 내 모습"이라는 변명으로 최악의 악을 참고 있을 뿐입니다. 그들은 구주께서 그들의 삶에 개입하든 않든, 개의치 않습니다. 그들은 세상의 비극에 대해서도 같은 태도를 취합니다. 그들은 구주께서 자신의 문제를 다루시든 않든, 전혀 무관심합니다. 그들은 아무런 변화가 없는 상황에 대해 잠시 후회할 수 있지만 이런 고민도 오래가지 않습니다.

그러나 주를 기다리는 자는 그런 식으로 생각하지 않습니다. 그는 어느 곳에서나 하나님의 행위를 보고 싶어 합니다. 세상에서 부당하거나 왜곡된 것, 악하거나 비열한 것을 보면 밤낮 하나님이 역사하시기를 기도합니다. 그는 하나님이 "자비롭고 은혜로우며, 노하기를 더디하고, 한결같은 사랑과 진실이 풍성한 하나님"출 34:6이라는 자신의 이름을 기억하시기를 기도합니다.

그러면 하나님이 개입하십니다. 그는 기꺼이 온 세상을 붙드시고 예수 그리스도를 통해 다른 길로 인도하실 준비가 되어 있습니다. 하나님이 얼마나 이 일에 얼마나 진지하신지 아는 자는 기다리는 자입니다. 그들은 이미 우리 시대에 얼마나 많은 일이 일어났는지 봅니다. 우리가 주를 기다린다면, 구속이 시작된 것을 보기 위해 기다리는 것이 아닙니다. 하나님나라의 마지막이 기약 없이 연기되었다고 믿는 자들이 하나님이 지금까지 얼마나 많은 일을 행하셨는지 알면 놀랄 것입니다. 참으로 우리는 더는 시작을 기다리지 않습니다. 우리는 마지막을 기다립니다. 우리는 마지막을 향하는 하나님의 행위 가운데 서 있습니다.

우리가 종말이 속히 오기를 고대하며 주를 기다리는 것에 대해 조롱하는 자가 있다면, 단지 기다리는 자들이 무엇을 경험했는지 모르기 때문입니다. 주를 기다리는 자는 먼 미래에 대해 계산할 여유가 없을 만큼 수많은 하나님의 개입을 경험합니다. 오늘과 내일, 그리고 언제나 그들은 새로운 일을 경험할 준비가 되어 있습니다. 그들은 날마다 가장 위대한 사건, 주의 오심을 준비합니다.

그러나 주님은 우리의 방패도 되십니다. 기다리는 자에게는 특히 앞으로 나아갈 때, 수많은 위험이 따릅니다. 외적으로 판단할 때, 종말은 가장 악한 시대입니다. 이것은 우리 자신의 경험이기도 합니다. 그러나 하나님은 우리가 보호를 받는 자녀라는 사실을 날마다 경험하게 하십니다. 우리는 종종 이러한 사실을 회고적 관점에서 깨닫곤 합니다. 때때로 끔찍한 악이 갑자기 침범해서 모든 사람을 놀라 흩어지게 할 때, 우리는 "하나님이 어떻게 이런 일을 허용할 수 있는가"라고 생각하기 쉽습니다. 그러나 우리는 곧 가장 큰 위험 가운데 가장 큰 보호 하심을 받았다는 사실을 깨닫게 됩니다. 하나님은 우리에게 우리가 얼마나 큰 위험에 처해 있으며, 세상의 모든 것이 얼마나 멸망으로 치닫고 있으며, 우리가 얼마나 많은 주의를 기울여야 하는지 보여주십니다.

그렇지 않으면, 우리는 지나치게 안일한 상태에 머무를 것입니다. 우리가 이처럼 갑작스러운 폭풍물론, 세상이 처한 재앙의 극히 작은 부분이지만을 당하지 않으면, 우리의 기다림이 나태해지는 것은 아닐지 누가 알겠습니까? 그러나 주를 기다리는 자에게 하나님은 방패가 되십니다. 우리는 이러한 사실을 경험할 수 있습니다. 또한, 그것은 남아 있는 기다림의 시간에 힘이 될 수 있습니다.

그러나 이런 식으로 주를 기다리는 자가 얼마나 되겠습니까? 많은 그리스도인은 주를 기다리는 자에게 조금만 특별한 일이 일어나도 놀랍니다. 그들은 아무것도 기다리거나 기대하지 않습니다. 그들은 믿지만 어떤 변화도 기대하지 않습니다. 그들에게는 아무 일도 일어나지 않기 때문에 그런 일이 다른 사람에게는 일어난다는 사실조차 믿지 않습니다. 그러나 여러분은 모두 주께서 도움과 방패가 되신다는 사실을 알고 있으며, 그런 일을 더욱 많이 배울 수 있습니다.

그러나 내가 주를 기다리는 자라면, 나의 기다림은 내가 속한 세상 전체를 위한 기다림이 되어야 합니다. 중국은 나의 고국이나 마찬가지로 내 마음에 있습니다. 그러나 우리는 여기서 기다리지만, 다른 사람은 우리와 함께 기다리지 않습니다. 이것은 어려운 문제입니다. 그러나 하나님을 기다리는 자는 결국 성공할 것입니다. 그 일은 갑자기 온 세상에 임할 것이며, 하나님과 우리 구주 예수 그리스도께 영광이 될 것입니다. 그는 가장 암울한 날에도 우리 맘속에 소망의 기쁨과 승리의 확신을 심어주시기 때문에, 우리는 끝까지 기다려 구원을 얻을 수 있습니다.

"보아라, 내가 세상 끝 날까지 항상 너희와 함께 있을 것이다."

마 28:20

구주께서 우리와 함께하심은 지속성에 대한 언급이 아니라 세상 끝날에 대한 언급입니다. 예수님 제자들의 모든 날은 하나님나라의 절정을 바라보며 일하는 근무일입니다. 그날이 되면 현재의 헛된 세상은 끝날 것입니다. 본문의 특별한 의미에서, 예수님은 지상의 삶을 지속하려는 목적만 가지고 세월을 보내는 자들과 함께하지 않으십니다. 하나님은 세상을 지속하기 위해 많은 수고를 하고 싶어 하지 않습니다. 세상은 결국 타락할 수밖에 없습니다. 결국, 썩어져 가는 구조가 무너지고 새로운 구조가 창조되기를 기다리는 방법 외에는 다른 길이 없습니다.

우리는 당분간 우리가 가진 것으로 최선을 다해야 하며, 세상이 우리 발 앞에 무너질 때 너무 놀라지 않아야 합니다. 우리는 세상의 모든 것에서 벗어났습니다. 예수님의 제자들은 다시는 편할 수 없습니다. 그러나 우리는 세상의 종말을 내다보며 이러한 불편함을 참을 수 있습니다. 마지막 대환란도 이러한 관점에서 쉽게 참을 수 있습니다.

따라서 우리는 모든 사역에서 세상의 지속이 아니라 세상의 끝에 초점을 맞추도록 주의합시다. 그러면 주께서 항상 우리와 함께하실 것이며, 현재적 필요를 통해 우리를 보실 것입니다.[4]

인자 앞에서

"그리고 해와 달과 별들에서 징조들이 나타나고, 땅에서는 민족들이 바다와 파도의 성난 소리 때문에 어쩔 줄을 몰라서 괴로워할 것이다. 사람들은 세상에 닥쳐올 일들을 예상하고, 무서워서 기절할 것이다. 하늘의 세력들이 흔들릴 것이기 때문이다. 그 때에 사람들은 인자가 큰 권능과 영광을 띠고 구름을 타고 오는 것을 볼 것이다. 이런 일들이 일어나기 시작하거든, 일어서서 너희의 머리를 들어라. 너희의 구원이 가까워지고 있기 때문이다." 예수께서 그들에게 비유를 하나 말씀하셨다. "무화과나무와 모든 나무를 보아라. 잎이 돋으면, 너희는 스스로 보고서, 여름이 벌써 가까이 온 줄을 안다. 이와 같이 너희도 이런 일들이 일어나는 것을 보거든, 하나님의 나라가 가까이 온 줄로 알아라." _ 눅 21:25-31

우리가 인자 앞에 서기를 준비하는 것보다 중요한 일은 없습니다. 우리는 "이 땅에서 인간의 가장 중요한 관심사는 무엇이 되어야 하는가?"라는 질문에 대해 "영생에 대한 확실한 소망을 가지는 것"이라고 대답할 수 있습니다. 그러나 우리는 이 대답의 의미를 이 땅에서 인자 앞에서 설 수 있는 태도를 가지는 것이라는 뜻으로 해석합니다.

우리의 마음을 공포로 몰아넣는 질문이 있습니다. 모든 정직한 사람은 나와 같은 느낌이 들 것입니다. 그것은 "나는 하나님 앞에서 설 수 있을 것인가? 나는 구주 앞에서 설 수 있을 것인가?"라는 것입니다. 주일마다 교회에 가서 종교 활동을 하는 것으로 안심하는 많은 사람은 갑자기 최후 심판의 우레를 듣고 하나님의 강림을 목도한다면 아무리 독실한 신자라고 할지라도 두려움에 떨 것입니다. 그들은 그리스도인이 입고 있는 옷이 더러운 누더기와 같다는 사실을 알 것입니다. 그들이 하나님 앞에 서기 위해서는 신앙과 영성최상의 의미에서의 방식으로 긁어모을 수 있는 것과 전혀 다른 무엇인가를 바라보지 않을 수 없을 것입니다.

그러나 사랑하는 자여, 우리는 이런 공포에 떨어서는 안 됩니다. 예수님의 제자인 우리는 이러한 공포에 대해 미리 대처해야 합니다. 우리는 한 시간 후에 하늘이 열리고 종말이 올 것처럼 언제든지 인자 앞에 설 준비를 할 책임이 있습니다. 우리는 이런 자세를 가져야 하며, 그럴 때 예수 그리스도의 나타나심과 하나님의 강림을 미리 맛볼 수 있습니다.

이 땅에서 사는 우리는 하늘의 영원한 것에 둘러싸여 있습니다. 그것은 우리의 마음에 활력과 생명을 주며, 말하자면 우리를 하늘로 가는 길의 절반쯤에 와 있게 합니다. 우리가 지상의 활동을 자연스럽고 정상적으로 수행하는 동안, 우리의 마음은 하늘에 거하며 영원한 집이 있는 그곳을 경험할 수 있습니다. 우리는 참으로 그런 시간을 경험하고 싶어 합니다. 특히 기독교가 타락하고 세속화되는 오늘날, 우리는 더욱 그러한 경험을 하고 싶습니다.

우리가 이 시점까지 가지고 있었던 모든 것은 마지막 내리막길로 치닫고 있습니다. 우리의 신학은 험악한 폭풍처럼 급속히 하강하고 있습니다. 우리의 교회론적 인식은 정치적 인식으로 급속히 바뀌고 있습니다. 우리의 예배는 세상을 모방하고 있습니다. 따라서 기존의 것들은 멈추어야 하며, 다시 한번 새로운 것, 즉 하나님의 나라를 위해 물러나야 합니다.

우리는 이 시대에 이것을 기대할 분명한 권리를 가지고 있습니다. 적어도 나는 여러분 앞에서 우리가 기존의 것들을 끝내고 새로운 것을 기대할 수 있는 시대에 살고 있다는 진리에 대한 증인으로 서고 싶습니다. 나에게 속한 자들 및 나를 이해하고 싶어 하는 자들과 함께 내가 가진 한 가지 목적은 기존의 것들을 죽이는 것입니다. 물론, 이것은 외적인 것이 아니라 영적인 사건입니다. 하나님은 새로운 것을 원하시며, 우리가 그런 것들을 더는 쌓으려 하지 않을 때 즉, 지금까지 있던 것들이 선한 의도에도 불구하고 유익하지 못하고 육신적이며 인간적인 행위였다는 사실을 인식할 때 구주는 우리 안에 더욱 쉽게 들어오실 수 있습니다.

이 모든 것들은 죽어야 합니다. 그러므로 이제 우리는 "죽으라. 그리하면 예수께서 살 것"이라고 말합니다. 지금까지 우리는 "예수님은 마귀와 지옥과 사망을 물리치신 승리자"라고 말했습니다. 이제 우리는 이 부분에 대해서는 잠시 제쳐두고 "또 하나의 싸움"에 대해 살펴보고자 합니다. 예수님은 육신과 싸워 이기신 승리자이십니다. 따라서 여러분은 더는 마귀와의 싸움에 대한 언급은 기대하지 않아도 될 것입니다. 여기서는 필요하지 않기 때문에 잠시 제쳐두겠습니다.

구주께서 계속해서 마귀를 공격하신 것보다 중요한 것은 우리를 압도하셨다는 사실입니다. 마귀는 그다지 중요하지 않습니다.

참으로 하나님나라를 대적하는 존재는 우리 자신입니다. 육신에 있는 우리는 마귀보다 더 많은 저항을 합니다. 인간의 고집과 세속적인 사고와 탐욕, 권력 의지와 명예욕, 하나님 대신 젊음의 힘으로 원하는 것을 이루려는 영웅주의 등, 이런 것들은 하나님의 명령을 무시하며 마귀보다 위험하다는 사실을 보여줍니다. 우리 시대에 싸워야 할 자가 있다면 바로 이 대적입니다.

물론 여러분은 이 싸움에서 마귀와의 싸움에서처럼 영웅적으로 달려들어서는 안 된다는 사실을 알고 있습니다. 우리는 이 싸움에 약합니다. 나는 여러분 가운데 가장 약한 자입니다. 내가 죽지 않으면 강한 자가 될 수 없습니다. 자신에 대한 성찰과 질책, 그리고 다른 사람의 죄를 기꺼이 자신의 죄로 받아들이고 다른 사람의 고통과 근심을 자신의 고통으로 여김으로써 자신을 죽이지 않으면 안 된다는 것입니다. 나는 이 부분에서 여러분 가운데 가장 강한 자가 되기를 원합니다. 그러나 사랑하는 자들이여, 나는 이 일을 혼자 하고 싶지 않습니다. 나와 함께 칼끝을 자신에게로 돌리는 이 어려운 싸움에 동참합시다. 우리는 죽는 자가 되기를 원합니다. 왜냐하면, 우리는 머잖아 자신이 행한 모든 일에 대해 주께 설명해야 하기 때문입니다. 우리의 기쁨은 오직 하나님께만 있습니다. 우리는 오직 그의 영광만 구합니다. 참으로 우리는 하나님 아버지와 아들과 성령을 섬길 수 있는 길이라면 기꺼이 짐을 진 자, 고통하는 자, 연약한 자가 되기를 원합니다. 우리의 마음은 세상의 재앙으로 말미암아 불타오릅니다. 왜냐하면, 하나님은 많은 도움을 주셨지만, 마치 전혀 도와주지 않으신 것처럼 그에게 아무런 영광도 돌리지 않았기 때문입니다. 사람들은 하나님의 이적과 기사가 어느 곳에서나 회자할 만큼 위대한 것임에도 불구하고 전혀 그를 경외치 않습니다. 여러분은 세상 어디를 가든, 사람들이 그런 기적에 관해 이야기하는 것을 들을 수 있습니다. 그러나 하나님은 그 일을 하지 않았을 때와 마찬가지로 아무도 그를 높이지 않습니다. 따라서 우리의 마음은 우리의 육신이 아니라 하나님의 영광을 위해, 우리의 온전함이 아니라 하나님의 온전하심을 위해, 우리의 세상적 복이 아니라 교회 가운데 계신 그리스도를 위해, 그리스도인의 안일한 심령이 아니라 성령 체험을 위해 불타오릅니다.

우리는 자신의 대의명분에 대해서도 죽어야 할 필요가 있습니다. '바트볼 기독교'라는 것은 존재하지 않습니다. 하나님은 그런 명분을 내세우지 못하게 우리를 지키셨습니다. 나는 기존의 것은 육신적이며, 육신은 아무런 가치가 없다고 주장합니다. 무엇보다도 우리는 이러한 육신에 대해 죽어야 합니다. 우리는 결코 특별한 존재가 되기를 원하지 않습니다. 어떤 그리스도인의 자랑도 드러나서는 안 됩니다. 그리스도인은 아무것도 아닙니다. 우리는 이름 없는 자가 되기를 원합니다. 그리스도인으로서 우리는 아무것도 이룰 수 없으며, 오직 예수님만 이루실 수 있습니다. 우리가 지금까지 어떤 위대함을 성취하였든, 다른 사람보다 나은 어떤 탁월함을 이루었든, 하나님이 빼앗아 가실 것입니다.

마지막 때는 우리에게 달려 있습니다. 오늘 본문은 "이런 일들이 일어나기 시작하거든, 일어서서 너희의 머리를 들어라. 너희의 구원이 가까워지고 있기 때문이다"라고 말씀합니다. 이어서 본문은 "내가 진정으로 너희에게 말한다. 이 세대가 끝나기 전에, 이 모든 일이 다 일어날 것이다"라고 말씀합니다.

우리는 한편으로 죽어야 한다는 권면을 받지만, 다른 한편으로는 마지막 속량이 가까웠기 때문에 머리를 들라는 권면을 받습니다. 해와 달과 별을 통해 징조가 드러납니다. 조용하고 은밀한 방식이지만, 인간의 불안한 두려움과 인간의 힘의 붕괴도 이미 시작되었습니다. 이미 하늘의 권능들의 흔들림이 시작되었으며 인자의 오심은 큰 능력 및 영광과 함께 구름 속에 나타나고 있습니다.

물론, 여러분은 이 문제에 대해 나를 좇아와도 되고 그렇지 않아도 됩니다. 그러나 나는 요즘 이러한 진보가 여러분이 생각하는 것보다 빠르게 전개되고 있다는 말씀을 드립니다. 나는 다가올 일에 대해 가장 큰 기대 가운데 서 있습니다. 나에게뿐만 아니라 다른 사람에게도 많은 징조가 드러나고 있습니다.

우리는 하나님도 때때로 일하신다는 사실에 대해 유념하지 않습니다. 자연과학은 오래전에 모든 것을 이해했습니다. 그러나 과학은 아무것도 모릅니다. 자연과학은 이 문제에 대해 아무것도 설명할 수 없기 때문입니다. 그러므로, 주의하십시오. 자연적 징조 외에는 어떤 징후도 주어지지 않을 것입니다. 구주께서 구름을 타고 오심이 가시화된다고 해도 자연적 현상으로 설명될 것입니다. 이런 징조들은 아무리 가까이 다가와도, 모든 사람이 인식할 수 있을 정도로 쉽게 드러나지 않습니다. 온 세상이 들을 나팔소리가 나고 매우 특별한 음성이 들려야만, 사람들이 인식할 것이며 이렇게 말할 것입니다. "오, 우리는 왜 조금 더 일찍 주의하지 못했는가? 우리는 벌써 눈치챘어야 했다. 시대는 바뀌고 있으며, 인간의 구조와 자연의 역사는 변했다. 세상은 이어지는 사건을 따라잡지 못할 만큼 급박하게 돌아가고 있다. 이제 우리는 마침내 참으로 하나님이 이 일을 행하셨다는 사실을 깨닫는다. 우리가 조금만 더 일찍 주의했더라면!" 사랑하는 자들이여 모든 것이 이렇게 진행될 것입니다.

그때가 되면, 종말에 대한 공포가 엄습할 것이며, 미리 예비한 자만 두려움이 없이 종말을 맞이할 것입니다. 그러나 무서워하는 자들에게도, 두려움이 없는 사람들이 존재한다는 사실은 중요합니다. 구주는 그들을 조용히 찾아오셨습니다. 그들은 세상 곳곳에 흩어져 있지만, 구주는 그들을 통해 무서워하는 나라들에 문을 여시고 회개하게 하십니다.

친구들이여 '여름'은 여러분뿐만 아니라 누구에게나 다가온다는 사실을 믿으시기 바랍니다. 이러한 일이 일어나면, 온 지구상에 큰 두려움이 임할 것입니다. 그렇지 않으면 모든 것이 똑같이 반복되었을 것입니다. 그러나 두려움을 통해 지상이 번영하고 세상은 새로운 모습을 보이며 여름을 향함으로써 창조주 하나님을 위한 열매를 맺을 것입니다. 따라서 구주께서 그의 오심을 기대하는 영역으로 오신다는 것은 세상의 구속이 시작된다는 뜻이며, 최후 심판을 통해 회개할 새로운 백성에 대한 구원이 시작된다는 뜻입니다.

궁극적으로, 이 땅에서 시온의 목적은 모든 나라가 그곳으로 들어가는 것입니다.

사랑하는 친구들이여, 종말에 대한 잘못된 개념이 범람하는 때에 이 묵상을 순전한 어린아이처럼 받아들이십시오. 이런 개념들은 마지막 때가 가까웠다는 사실을 받아들이지 못하게 할 것입니다. 기독교 영역에는 종말에 대한 기대와 관련하여 많은 왜곡이 존재합니다. 어떤 사람은 유대인의 개종을 기다립니다. 그 일이 일어날 때가 되면, 종말은 한참 전에 오고도 남았을 것입니다. 어떤 사람은 적그리스도를 기다립니다. 그 일이 일어날 때가 되면, 마찬가지로 하나님이 이미 한참 전에 임하셨을 것입니다. 여러분은 적그리스도를 두려워할 필요가 없습니다. 여러분은 그 앞에 설 필요가 없습니다. 여러분은 하나님 앞에 서야 합니다. 그는 여러분이 생각하는 것보다 빨리 오실 것입니다. 이런 지엽적인 문제들은 모두 인간적 사고에서 나온 것으로, 많은 그리스도인에게 혼란을 초래함으로써 하나님과 그리스도와 성령님을 경외하지 않게 할 것입니다.

그러므로 이러한 일들에 대해 오랫동안 생각하지 마십시오. 구주께서 말씀하신 대로 받아들이십시오. 모든 것은 우리가 생각하는 것과 전혀 다른 방식으로 일어날 것이기 때문입니다. 인자 앞에 설 준비가 된 사람만이 지혜로운 자입니다. 다른 모든 문제는 저절로 해결될 것입니다. 어떤 것도 우리를 해칠 수 없습니다. 모든 폭풍과 모든 마귀가 다가올지라도 아무리 적그리스도가 다가올지라도, 우리가 구주 안에 있으면, 우리가 하나님의 시온이라면, 우리가 경험할 수 있는 마음을 가졌다면, 그리스도께서 우리의 마음에 살아계신다면, 어떤 해도 받지 않을 것입니다.

적그리스도는 그리스도를 이길 수 없습니다. 그리스도께서 내 안에 살아계신다면, 적그리스도는 나도 이기지 못합니다. 그러나 그리스도께서 내 안에 살아계시지 않는다면, 내가 아무리 영리한 신학자나 위대한 그리스도인이라고 할지라도 어떤 바보라도 나를 던져 넘어뜨릴 것입니다. 그러므로 사랑하는 자여, 중요한 것은 우리가 하나님 앞에 설 수 있느냐는 것입니다. 우리는 바로 이 부분에 관해 자신을 돌아보아야 합니다. 우리가 바라는 것은 바로 이것에 대한 소망입니다. 우리는 주의 날이 어떻게 다가올 것인지 예의 주시해야 합니다. 본문은 이런 일들에 대해 여름이 가까운 것을 아는 것처럼 자세히 살펴보라고 말씀합니다. 정원이나 들에서 첫 번째 봉오리가 열리고 싹이 나며 잎을 내는 것을 볼 수 있듯이, 하나님의 여름, 즉 아버지의 일어나심과 구원의 빛, 성령의 조명, 하나님이 주신 안식일의 영광을 경험해야 한다는 것입니다.

우리는 이 모든 것을 경험해야 합니다. 그러나 우리는 구주께서 그것을 보여주시도록 잠잠해야 할 것입니다. 무엇인가 특별한 것을 알고 싶어하는 탐구적인 사람들이 많지만, 하나님은 그것에 대해 어떤 말씀도 하시지 않습니다. 우리는 무엇을 경험할 때, 철저히 잠잠해야 하며, 크게 동요하는 모습을 보이지 않아야 합니다. 우리는 흥분하거나 소리치지 않아야 하며, 모든 사람을 그것에 따르도록 전향시키려 해서는 안 됩니다. 다만 이 모든 것을 마음에 담아두어야 합니다.

하나님은 즉시 떠벌리는 사람에게는 어떤 것도 계시하지 않으십니다. 그러나 우리가 분별력이 있고 하나님나라를 다른 어떤 것보다 높이 평가한다면, 그 나라의 시대가 찾아올 것이며, 우리는 그것을 경험할 것입니다. 하지만 우리는 하나님 앞에 서서 마음을 합해 조용히 기도해야 합니다. 그럴 때 그 나라가 임할 것입니다.

여름이 오는 것을 분별할 수 있는 사람이냐에 따라 많은 것이 달라지겠지만, 그러는 동안에 징조들이 일어날 것입니다. 하나님은 그런 사람들과 함께하실 수 있으며, 그들은 세상에 있는 모든 것으로부터 전적으로 자유합니다. 여러분은 부하거나 가난할 수 있으며 기쁘거나 슬플 수 있지만, 여러분이 처한 상황이 어떠하든 상관없습니다. 그런 것들은 모두 부차적입니다. 여름이 오는 것을 보고 그것을 경험하는 자는 세상 위에 서 있습니다. 물론, 그들은 세상에 살고 있으며 세상에서 일합니다. 그러나 그들의 마음의 기쁨은 그들의 나라에 대한 경험에 있습니다. 하나님이 가까이 오셨고 하나님의 영이 가까이 왔으며 우리가 종말을 인식할 수 있을 만큼 징조들이 드러났습니다. 사람들은 믿을 수도 있고 믿지 않을 수도 있지만, 말씀은 전파되어야 하며, 주께서는 그 말씀을 이루실 것입니다.5

하나님이 세상을 이처럼 사랑하사

하나님께서 세상을 이처럼 사랑하셔서 외아들을 주셨으니, 이는 그를 믿는
사람마다 멸망하지 않고 영생을 얻게 하려는 것이다. 하나님께서 아들을
세상에 보내신 것은, 세상을 심판하시려는 것이 아니라, 아들을 통하여
세상을 구원하시려는 것이다. 아들을 믿는 사람은 심판을 받지 않는다.
그러나 믿지 않는 사람은 이미 심판을 받았다. 그것은 하나님의 독생자의
이름을 믿지 않았기 때문이다. 심판을 받았다고 하는 것은, 빛이 세상에
들어왔지만, 사람들이 자기들의 행위가 악하므로, 빛보다 어둠을 더
좋아하였다는 것을 뜻한다. 악한 일을 저지르는 사람은, 누구나 빛을
미워하며, 빛으로 나아오지 않는다. 그것은 자기 행위가 드러날까 보아
두려워하기 때문이다. 그러나 진리를 행하는 사람은 빛으로 나아온다.
그것은 자기의 행위가 하나님 안에서 이루어졌음을 드러내려는 것이다. _
요 3:16-21

사실 이 본문으로 설교한다는 것은 불가능한 일입니다. 우리는
이 내용을 반복하기만 하면 됩니다. 본문은 하나님이 세상에서 어
떤 분이셨으며, 지금은 어떤 분이시며, 앞으로는 어떤 분이 되실
것인지에 대한 한편의 완전한 설교입니다.

인간은 대체로 자신이 사는 영역과 이웃만 봅니다. 그곳에는 어
둠뿐입니다. 따라서 하나님의 관점은 사라지고, 모든 것은 시기를
놓친 것처럼 보입니다. 마치 모든 것을 잃어버린 듯합니다. 따라
서 사람에게 큰 슬픔이 임하고, 그들은 오직 자신만 봅니다. 슬픔
은 냉담함이 되고, 냉담함은 오만함으로 바뀌었으며, 이 오만함으

로부터 경솔함이 자랍니다. 이렇게 하여 우리는 점점 더 하나님으로부터 멀어집니다. 마침내 대중은 하나님에 대해 체념하고 그에 대해 생각하지 않습니다. 이제 그들은 하나님이 누구신지 모릅니다. 이 인간은 최선의 노력에도 불구하고 만족할만한 삶을 누리지 못합니다. 사람들은 그들이 원하는 것을 제공하며, 그들의 발 앞에 보물이나 행운을 놓아줄 수 있습니다. 그들은 그것을 집어삼키고 언제나 같은 삶을 유지합니다. 그것은 어둠입니다.

흑암에 거하는 자에게 지상의 보화나 재물이 도움이 될 수 있을 것이라는 생각은 버리십시오. 우리는 돈으로 그들을 흥분시키고 혁신으로 들뜨게 할 뿐입니다. 어둠에는 삶을 위한 엄청난 활동과 투쟁이 있습니다. 그곳에는 진보가 있는 것처럼 보이지만, 어떤 변화도 없습니다. 결국 사람들의 모든 열망과 수고는 다시 한번 죽음을 맞이합니다. 죽음은 모든 것을 쓰레기더미로 만들어버립니다. 죽어서도 영생을 원했던 이집트인에게 남은 것은 무엇입니까? 깊은 흑암 가운데 사는 나라들에게 남은 것은 무엇입니까? 폐허뿐입니다.

그러나 하나님은 사람들이 인간적 관점에서 세상을 보고 자신의 일을 수행하는 이 흑암 속으로, 그의 아들을 보내셔서 전적으로 다른 관점에서 사물을 보는 새로운 빛을 비추셨습니다. 우리는 모든 것을 잃어버렸다고 포기했으나, 하나님은 아무것도 포기하지 않았습니다. 하나님은 세상을 사랑하시며, 세상은 그의 것입니다. 어리석은 사람들은 일시적으로 세상에서 방황하고 있으나, 그것이 세상이 버림받았다는 증거는 아닙니다.

그렇다면 세상은 무엇입니까? 우리는 세상 안에 있습니다. 그러나 우리는 세상이 아닙니다. 세상은 하나님의 피조물이며, 생명으로 가득합니다. 이 하나님의 피조세계 안에 있는 만물은 살아 있습니다. 돌도 살아 있습니다. 죽은 것은 없습니다. 모든 것은 자라며, 모든 것은 발전합니다. 모든 것에는 하나님으로부터 나온 생명의 힘이 있습니다. 그것은 보이지 않지만 감지할 수 있는 수만 가지 형태로 자신을 드러냅니다. 인류의 대부분은 탄식하고 있습니다. 사실 우리가 사는 세상 전체가 탄식하며 하나님을 갈망하고 있습니다. 세상의 생명은 오직 하나님으로부터 오며, 우리는 이 세상의 한 부분입니다.

이제 하나님은 그의 아들을 사람으로 세상에 보내심으로써, 인류는 세상에 대한 그의 사랑을 깨닫고 그들도 세상을 사랑하게 하십니다. 특히 우리는 세상을 하나님의 피조물로 사랑해야 합니다. 여기서 말하는 세상은 사도 요한이 "세상을 사랑하지 말라"고 할 때의 죄의 세상이 아닙니다. 그러나 하나님이 창조하신 세상은 하나님의 사랑을 받습니다. 그것은 사람들이 어리석은 자가 되고 어둠에서 더는 스스로 일어설 수 없는 상황이 되었다고 해서 포기할 수 있는 세상이 아닙니다.

하나님은 사람들도 포기하지 않습니다. 그들은 하나님이 가장 포기할 수 없는 존재입니다. 그들은 하늘에 계신 아버지의 자녀가 되어야 합니다. 또한 살아 있는 피조물 가운데 첫 번째로서, 세상에 비친 하나님의 빛을 묵상해야 합니다. 세상은 인간이 하나님의 빛을 세상으로 가져올 준비를 하지 않는 한 불행할 수밖에 없습니다.

그러므로 태초에 사람이 하나님께 속한 때, 세상은 낙원이었습니다. 그러나 사람이 더는 하나님께 속하지 않을 때, 낙원은 끝났습니다. 하나님의 아들인 예수께서 세상에 오셨을 때, 다시 낙원이 있었습니다. 그의 오심은 새로운 시작을 형성하고, 사람들은 다시 한번 창조주로부터 생명을 부여받았습니다. 그러므로 예수님을 만난 사람들은 매우 간단한 방식으로 복을 받았습니다. 그들은 내적으로나 외적으로 다시 살아났습니다. 예수님은 생명의 말씀을 가지고 계셨으며, 따라서 그들은 낙원에 있었습니다. 왜냐하면, 생명의 말씀이 다시 들리는 곳에는 낙원이 있기 때문입니다. 우리가 하나님의 사랑을 깨닫고 마음에 받아들인다면 하나님의 사랑을 받은 세상은 천국이 될 것입니다.

그러므로 첫 번째 진리는 세상은 하나님의 세상으로서, 예수님은 세상을 미워하지 않으며, 그것을 버리거나 책망하거나 저주하지 않으신다는 것입니다. 정확히 말하면, 하나님의 명령 아래 있는 존재로서 인간은 세상을 사랑해야 합니다. 왜냐하면 하나님이 세상을 사랑하셨기 때문입니다. 하나님이 아들을 보내실 때, 하나님은 그에게 부탁하셨습니다 "무슨 일을 겪든, 십자가에 못박힐지라도 나의 사랑하는 세상을 사랑하라. 이 일을 행하는 자는 세상이 아니라 깨닫지 못하는 불쌍한 사람들이다. 그러므로, 오해하지 말

라. 나의 사랑하는 세상을 사랑하라. 내가 그것을 창조했다. 나는 그 안에 살아 있는 모든 것의 아버지다. 나는 이 아버지 자격을 절대 포기하지 않을 것이다. 모든 생물, 호흡하는 모든 것은 나의 것이다. 나는 이 모든 것을 나의 마음에 담았으며, 그들은 그곳에 머물 것이다. 가서 세상을 사랑하라. 너는 세상을 판단하지 말라. 세상이 어떻게 흑암이 되었는지는 너의 소관이 아니다. 너는 나의 아들이다. 너는 세상을 사랑하는 아버지의 아들이 돼라."

이렇게 해서 빛이 일어났으며, 우리는 이 빛 안에 들어가야 합니다. 그러면 아들과 함께 생명으로 충만할 것입니다. 결과적으로 세상은 갑자기 선이 됩니다. 아들을 믿는다는 것은 지금까지 우리를 집어삼키고 포로로 삼았던 악을 포기한다는 것입니다. 그것은 하나님이 사랑으로 함께 하시는 곳, 그의 아들 예수께서 세상을 사랑하신 하나님의 사랑을 짊어지고 그 사랑을 베푸시는 현장으로 간다는 의미입니다.

일어나 빛을 발하고 즐거워하십시오. 그의 이름을 믿으십시오. 그러면 빛 안에 거하며 구원을 받을 것입니다. 이 목적을 이루는 과정에서 하나님의 아들은 큰 힘이 되십니다. 여러분의 귀를 여십시오. 그리고 입을 열어 다음과 같이 외치십시오. 그 순간 여러분을 향한 하나님의 사랑 안에 거할 것입니다. "하나님께 감사와 찬양을 드립니다. 하나님은 세상을 사랑하시며, 이제 나도 모든 피조물을 향한 사랑으로 가득하기를 원합니다. 그의 아들 예수님이 유일한 사랑이라면, 나도 유일한 사랑이 되고 싶습니다. 나는 이 아들을 따르는 자가 될 수 있으며, 따라서 나는 그와 함께 하나님께 속한 자입니다. 나는 사랑을 받은 자이자 사랑하는 자입니다. 사랑이 있는 곳에는 생명이 있으며, 생명이 있는 곳에는 사람들의 빛이 있습니다."

사람들은 이런 식으로 심판에서 벗어나야 합니다. 전에는 그들도 심판 아래 있었습니다. 그러나 그들은 이미 거부당하고 불행을 겪었기 때문에 지금은 심판이 필요 없습니다. 여기에 어떤 것도 덧붙일 필요는 없습니다. 오, 사랑하는 친구들이여, 어떤 사람도 실제보다 악한 자로 만들지 마십시오. 이미 충분한 심판이 있었습니다. 예수님의 제자들이 이미 하나님의 사랑이 이르렀음을 알 수도 있는 세상을 얼마나 아프게 했는지 분명히 드러날 날이 올 것입니다. 그러나 우리는 사람들이 알아차릴 때까지 기다려야 한다고 생각합니다. 이미 예수를 믿은 자는 가련한 세상에 대해 계속해서 돌을 던집니다. 그들은 결국 그렇게 함으로써 다시 한번 자신을 저주하는 것입니다. 그런 후에는 그들 자신이 하나님의 사랑을 믿지 않으며, 따라서 흑암은 전보다 더욱 깊어집니다.

그러므로 우리는 새롭게 시작해야 합니다. 우리는 하나님의 사랑을 새롭게 깨달아야 합니다. 그러나 그것을 생각하느라 시간을 허비하지 마십시오. 어린아이가 되어 그것을 있는 대로 받아들이십시오. 결코 완전히 이해할 수 없는 이 사랑을 받아들이십시오. 하나님이 세상을 사랑하신 이 사랑을 성령으로 받아들여 여러분과 함께 거하게 하십시오. 세상을 향한 하나님의 사랑, 그는 성령이십니다. 성령으로부터 나오는 것은 오직 이 사랑뿐입니다. 어떤 비난도 하나님의 성령의 산물로 생각하지 마십시오. 하나님의 영은 사랑이십니다. 그것은 흑암 가운데서 "빛이 생겨라"라고 말씀하신 영과 동일한 영이십니다. 그곳에는 죄도 있었습니다. 그것은 "빛과 어둠을 나누라"라고 말씀하심으로 세상을 새롭게 하신 영과 동일한 영이십니다.

같은 방식으로, 오늘날 세상도 예수 그리스도 안에서 새롭게 될 것입니다. 다른 것은 필요 없습니다. 오직 하나님의 사랑이 만물을 관통하기만 하면 됩니다. 인간에게 들어온 증오는 반드시 제거되어야 합니다. 예수 그리스도를 믿으십시오. 그리고 미워하지 마십시오. 그를 믿는다는 것은 사랑한다는 뜻입니다. 그렇게 함으로써 여러분은 독생자 예수와 형제이자 친구가 될 수 있습니다. 여러분이 예수 안에 뿌리를 내릴 때, 모든 우울함은 사라집니다. 우리는 하나님의 사랑을 통해 새로운 길에 들어섰기 때문에 모든 죄는 제거되고 전적으로 새로운 사람이 되었습니다. 이미 죽은 과거에 대해 걱정할 필요가 무엇입니까?

이것을 경험하지 못한 자는 누구든 비극적인 상태로 남을 것입니다. 많은 사람은 이처럼 비극적인 상태에서 일종의 종교를 만들어 사후 행복을 확인하려 합니다. 지금 즉시 사랑을 가지십시오. 사랑을 시작하십시오. 서로 사랑하십시오. 이곳의 모든 사람이 마음에 이 하나님의 사랑을 간직한다면, 이곳 바트볼은 머잖아 낙원이 될 것입니다. 우리는 이러한 사실을 인식해야 합니다. 하나님의 온전한 사랑을 받아들이십시오. 그러면 여러분은 자신의 죄와 분리될 것입니다. 여러분은 옛사람을 떠나 새 사람, 새로운 피조물이 되었기 때문에 더는 저주가 없을 것입니다. 만물이 새롭게 되었습니다.

우리는 특별한 사건을 기다릴 필요가 없습니다. 지금도 복은 충분합니다. 하나님의 사랑이 복된 사역을 통해 역사하고 계시기 때문입니다. 지금도 많은 창조적 역사가 일어나고 있습니다. 왜냐하면 살아 있는 말씀이 제시되고 사람들이 정신적으로나 신체적으로 회복되고 있기 때문입니다. 누군가는 "나는 죽은 자였으나 다시 살아났습니다"라고 말합니다. 어떤 환자는 "나는 참으로 행복합니다. 내 병이 어디로 사라졌는지 모르겠습니다"라고 고백합니다. 죽음의 문턱에 이른 사람이 다시 회복되어 살고 있으며, 정신병자가 온전하게 되었습니다.

오, 여러분은 이 하나님의 사랑으로 말미암아 얼마나 많은 창조적 역사가 일어나는지 짐작조차 할 수 없을 것입니다. 많은 사람이 새로운 삶의 터전 위에 서게 되었습니다. 이 터전은 항상 존재했으나 한 번도 이용된 적은 없습니다. 필요한 모든 것은 이미 제시되었으나, 예수님이 계신 곳, 그리고 예수님 안에 있는 하나님의 사랑을 이해하는 곳에서만 효력을 발휘합니다. 그곳에는 모든 것이 회복됩니다. 이 사랑이 더 낫다는 것을 깨닫는 사람이 많으면 많을수록 좋습니다. 최종적으로 사람들이 이 사랑을 이해할 때, 동식물조차 새롭게 될 것입니다.

친구들이여, 이것은 하나님이 세상에 주신 징조입니다. 사람들은 오늘날까지 이 징조를 이해하지 못했으며, 그만큼 오랜 발전이 필요했던 것입니다. 하나님의 사랑에 직면하여 인간의 끔찍한 재앙과 비극이 모두 드러나는 것, 그것이 심판입니다. 죄인을 구원하러 오신 예수를 통하여 모든 복과 생명이 인간의 발 앞에 제시되었습니다. 그러나 사람들은 달아납니다. 사람들이 자신의 죄가 드러날 것을 두려워하여 빛보다 현재의 삶을 더 좋아하는 것, 이것이 심판입니다. 그것은 재앙입니다.

죄인들이 자신을 드러내고 싶어하지 않는 것이 얼마나 끔찍한 방해가 되는지 모를 것입니다. 나는 최악의 상황에 있는 모든 사람에게 "여러분이 감추고 있는 것을 포기하십시오. 두려워하지 마십시오"라는 말만 할 수 있어도 좋겠습니다. 그들의 소행은 악합니다. 그들은 지금 예수님이 그들을 엄격히 책망하실 것이라는 두려움 때문에 빛으로 오기를 꺼립니다. 그러므로 그들은 빛을 피해 달아납니다.

그렇게 해서는 안 됩니다. 여러분은 감추고 있는 것을 모두 털어놓아야 합니다. 자신이 행한 악을 모두 털어놓아야 합니다. 그리고 빛으로 나아가야 합니다. 빛은 여러분을 해치지 않습니다. 하늘에 계신 아버지를 두려워하지 마십시오. 여러분이 "나는 선하게 살아왔다"라고 말하면 구원을 받을 수 있을 것으로 생각한다면 오산입니다. 우리의 죄는 하나님의 사랑으로 가져가야만 합니다. 우리는 우리의 본 모습을 드러내어야 합니다. 우리는 이 사랑을 향해 자신을 드러내어야 하며, 사랑은 우리를 죄와 분리시킬 것입니다.

많은 사람은 자신의 악을 모두 밝히면 다른 사람들이 더는 자신을 좋아하지 않을 것으로 생각하여 평안을 누리지 못합니다. 그러나 사람들은 여러분을 좋아하지 않을지라도 하나님은 여러분을 사랑하십니다. 물론 사람들은 다른 사람이 모든 것을 밝히면 비난할 수 있습니다. 대부분의 사람이 훔치고 거짓말하지만, 그 일이 드러나는 자만 화를 당하는 것입니다. 모든 사람은 그를 비난합니다. 그러나 하나님은 그렇게 하시지 않습니다. 그는 어쨌든 여러분을 사랑합니다.

친구들이여, 사람들에 대한 우리의 태도는 변해야 합니다. 그렇지 않으면, 절대로 하나님의 나라를 경험할 수 없을 것입니다. 우리는 미워하고 비판하는 마음으로 가장 고상한 죄인에게 겁을 주어 하나님의 나라 문에서 쫓아낼 것입니다. 물론, 실제로 가장 고상한 사람들이 죄인들 가운데 있을 수 있습니다. 많은 사람은 죄의 진흙탕에 빠져 있지만, 가장 훌륭한 보석입니다. 그러나 하나님은 각 사람이 담대히 다음과 같이 말할 수 있도록 사랑하십니다. "나는 구주께로 갑니다. 나는 나의 거짓말을 구주께 가져갈 것이며, 그런 후에는 새사람이 될 것입니다. 나는 모든 악을 빛으로 가져갈 만큼 모든 것을 드러낼 것입니다. 나는 그곳에서 사랑을 받을 것이며, 절대로 정죄당하지 않을 것입니다."

여러분은 그것을 선포해야 합니다. 자신과 다른 사람에게 다음과 같이 말하십시오. "하나님은 우리를 정죄하지 않으실 것입니다.

와서 하늘에 계신 아버지 앞에 정직합시다. 우리를 사랑하실 수 있는 예수께로 갑시다. 오직 사랑만 있는 교회가 됩시다." 우리는 지금까지의 모든 일을 가져올 수 있습니다. 우리가 행한 악조차도 새로운 빛, 하나님에 대한 통찰력으로 드러날 것입니다. 하나님은 이렇게 말씀하십니다. "자녀들아 평안하라. 이미 발생한 악조차도 나의 주권 아래에 있다. 너희가 돼지 가운데 지내던 이전의 삶에 대해서는 어떤 고려도 하지 않을 것이다. 내 아들은 죽었으나 다시 생명을 얻었느니라."

이제 성령 안에 모든 것은 사랑과 평화와 기쁨뿐입니다. 이 영은 하나님이 어떤 분이신지에 대해 가장 명확하게 보여줍니다. 다른 영들은 이 성령과 섞이기를 바랐으며, 사람들은 성령에 대한 철학을 형성하고 자신이 똑똑하다고 생각했습니다. 결국 그들은 모든 복음을 창밖으로 던져버렸으며, 그 결과 성령 대신 영들을, 복음 대신 두려움을 불러오는 선포를, 아버지 안에 있는 진정한 기쁨과 능력 대신 우울한 마음을 가지게 되었습니다. 사람들은 하나님의 사랑에 동참한 자로서 기뻐하기보다 슬픔에 젖었습니다. 따라서 세상과 죄는 점점 커지고 하나님은 점점 작아졌습니다. 하지만 사실상 우리 하나님은 모든 죄보다 크고 모든 세상보다 크십니다. 그러나 우리 마음에는 진실로 그의 생명이 있어야 합니다. 그러면 예수 그리스도께서 하나님의 사랑이시라는 사실이 명백해질 것입니다.[6]

모든 죄를 용서하시는 분

그러므로 동포 여러분, 바로 이 예수로 말미암아 여러분에게 죄 용서가 선포된다는 것을 알아야 합니다. 여러분이 모세의 율법으로는 의롭게 될 수 없던 그 모든 일에서 풀려납니다. 믿는 사람은 누구나 다 예수 안에서 의롭게 됩니다. _ 행 13:38-39

이것이 유일한 구원의 길입니다! 구주께서 우리 안에 들어오셨습니다. 만일 다른 누군가가 우리에게 들어와 권리를 주장하고 싶다면 구주와 해결해야 할 것입니다. 우리처럼 본래 악한 인간은 뒤로 물러나고, 구주께서 앞으로 나와 "무엇을 원하느냐? 나는 이 사람의 신원을 보증한다. 너는 아무런 상관이 없다"라고 말씀하실 것입니다.

우리에게 죄가 있다고 해도, 우리는 더는 그것 때문에 협상할 필요가 없습니다. 이런 면에서 우리는 의로우며, 어떤 고소인도 우리에 대한 소송을 시작할 수 없습니다. 그러나 구주는 여전히 우리의 죄에 개입합니다. 그러므로 일부 복음주의 그리스도인처럼 하나님도 우리의 죄 문제에 간섭하지 않으실 것으로 생각할 만큼 어리석은 자가 되어서는 안 됩니다. 우리는 하나님이 더는 우리의 죄를 책망하지 않으신다는 의미에서 의로운 것이 아닙니다. 우리가 의롭다는 것은 하나님이 우리가 있어야 할 곳, 우리를 간섭하실 수 있는 곳으로 옮겨왔다는 뜻입니다. 그러나 확실히 하나님은 우리가 아무리 방탕한 자라고 해도 우리를 떠나실 수 없습니다. 사실, 하나님은 우리 안에서 구주만 보십니다. 구주께서 들어오시면 우리가 의로워지지만, 하나님의 개입은 지금부터 시작됩니다. 하나님은 우리에게서 전적인 믿음을 원하시지만, 그에 못지않게 전적인 노력도 요구하십니다. 자신이 어디서 무엇을 하든 아무도 간섭하지 않으리라 생각하며 돌아다니는 나태한 그리스도인은 이 요구를 새겨들어야 할 것입니다. 가톨릭에서 말하는 7대 주선을 마음에 담아두는 것도 좋습니다.

우리의 경건이 얼마나 부도덕할 수 있는지 알면 놀랄 것입니다. 도덕성 없이 경건에만 치중하는 자는 어리석은 자입니다. 은혜에 들어간 자에게 가장 먼저 요구되는 것은 올바른 기준을 정립하고 복음에 따라 의로운 것이 무엇인지 살피는 일입니다. 즉, 일을 수행해야 한다는 것입니다. 나는 우리가 행위를 제거하고 싶어 하는 이유를 모르겠습니다. 그런 식이라면 왜 믿음을 가집니까? 확실히 이 믿음은 어떤 식으로든 입증되어야 합니다. "믿는다"는 "생각한다"라는 의미가 아닙니다. 믿음은 존재한다는 것이며, 존재한다는 것은 되어간다는 뜻입니다. 내가 선하면, 선을 생성해야 합니다. 그러나 믿음은 하나님에 의해 생성되며, 행위도 하나님에 의해 생성됩니다. 우리는 그렇게 진정한 사람이 되는 것입니다.

이에 앞서, 그는 예수님을 통해 죄사함을 받음으로써 이미 의롭게 되었습니다. 그러나 이것은 하나님이 "이 사람을 나에게 달라. 나는 그를 바로 잡을 것"이라고 말씀하신 것과 같습니다. 복음을 통해 우리를 그의 영으로 사로잡은 구주는 이런 식으로 우리를 지키십니다. 우리는 이러한 사실에 대해서도 제대로 이해해야 합니다. 믿는 행위는 우리의 능력 밖의 일입니다. 그러므로 우리는 "지금까지는 믿을 생각이 없었으나, 이제부터는 믿을 것"이라는 말을 할 수 없습니다. 잠시만 기다리십시오. 여러분은 언제 믿어야 할지 듣게 될 것입니다. 여러분이 원할 때 나올 수 있는 것이 아닙니다. 믿음은 선물이며, 결코 여러분이 선택한 것이 아닙니다.

물론, 많은 사람은 자신에게 믿음이 있다고 생각하며 돌아다닙니다. 그들이 가나안 방언을 구사할지라도, 그들은 여전히 믿지 않는 것입니다. 나는 불신자를 선호할 때가 종종 있습니다. 적어도 그는 정직하기 때문입니다. 믿음은 선포로부터 나오고, 선포는 영으로부터 나오며, 이 영은 하나님의 영이십니다.

구주께서 오셔서 우리를 자유케 하시고 복음을 통해 구원하실 자로서 자신을 내어주시면, 사람은 이 구속의 생기를 들이마시며 자신의 구속을 이루실 그를 확신하게 됩니다. 그러므로 "그를 믿는 모든 자는 의롭다"라는 말은 죄 안에 있는 자가 마귀나 구주께로 돌아설 수 있는 일정한 주권을 받았다는 뜻이 아닙니다. 이것은 하나님이 그를 구주의 영역 안에 두심으로써 구속의 세계 안에서 다시 호흡할 수 있게 하셨다는 뜻입니다. 그는 이 구원이 구주로부터 왔다는 사실을 인식하며, 따라서 그의 눈은 그를 향합니다. 구원을 받은 것은 이 사람입니다. [그가 스스로 구주를 몰래 탐지한 후 그를 선택한 것이 아니라, 단지 가까이 계신 구원자를 깨달은 것입니다.] 이것은 마치 물에 빠져 허우적대는 사람이 누군가 해변에 있는 것을 보고 건짐을 받은 것과 같습니다.

이것이 믿음입니다. 구주에게서 그가 도울 수 있다는 실제적인 인상을 받는 것입니다. 그러면 구원을 받습니다. 그것이 전부입니다. 우리가 통상적으로 말하는 "믿음"으로는 충분하지 않습니다. 많은 사람은 "믿지만" 구주께서 도우실 수 있다는 인상은 받지 못합니다. 따라서 나는 기적을 믿지 않는 그들을 보면서 "너희는 충분한 믿음이 없는 것이 분명하다. 너희는 언젠가 지옥에서 자신이 구주의 전능하심을 얼마나 믿지 않았는지 알게 될 것"이라고 생각합니다.

여러분의 믿음은 여러분을 지상에서 한치도 옮기지 못하지만, 구주는 기적을 일으키는 손을 통해 그렇게 하실 것입니다. 그를 반석으로 삼는 교회는 진정한 복음적 교회가 될 것입니다. 하나님을 찬양합시다. 우리의 하나님은 그를 믿는 자를 의롭게 만드시는 하나님이십니다.7

진정한 회개

스스로 의롭다고 확신하고 남을 멸시하는 몇몇 사람에게 예수께서는 이 비유를 말씀하셨다. "두 사람이 기도하러 성전에 올라갔다. 한 사람은 바리새파 사람이고, 다른 한 사람은 세리였다. 바리새파 사람은 서서, 혼자 말로 이렇게 기도하였다. '하나님, 감사합니다. 나는, 남의 것을 빼앗는 자나, 불의한 자나, 간음하는 자와 같은 다른 사람들과 같지 않으며, 더구나 이 세리와는 같지 않습니다. 나는 이레에 두 번씩 금식하고, 내 모든 소득의 십일조를 바칩니다.' 그런데 세리는 멀찍이 서서, 하늘을 우러러볼 엄두도 못 내고, 가슴을 치며 '아, 하나님, 이 죄인에게 자비를 베풀어 주십시오' 하고 말하였다. 내가 너희에게 말한다. 의롭다는 인정을 받고서 자기 집으로 내려간 사람은, 저 바리새파 사람이 아니라 이 세리다. 누구든지 자기를 높이는 사람은 낮아지고, 자기를 낮추는 사람은 높아질 것이다." _ 눅 18:9-14

이 말씀은 설교하기 용이한 본문이 아닙니다. 물론 이 본문은 하나님의 나라를 선포하는 메시지로서, 설교를 듣는 자에게 하나님의 의와 진리를 이 땅에 드러내는 출발점으로서 효력을 발휘할 수 있습니다. 그러나 듣는 자가 이 회개의 메시지를 전달자에게서 **빼앗아** 자기 마음대로 해석할 위험이 있습니다.

모든 사람은 본능적으로 회개하려는 성향이 있습니다. 말하자면 우리는 회개에 목말라 있으며, 자신이 원하는 시간에 원하는 방법으로 회개를 시도한다는 것입니다. 따라서 하나님께로 향한 첫걸음이 되어야 할 회개가 하나님으로부터 멀어지는 수단이 되기도

합니다. 우리는 자신을 의롭게 하는 방식으로만 회개하며, 따라서 회개는 교만이 됩니다.

따라서 이 땅의 교만은 한 가지가 아니라 두 가지 형식이 있습니다. 하나는 세상에 속한 것입니다. 일이 잘 풀릴 경우, 세상은 자기가 이룬 성취를 통해 자신을 높이고 하나님의 옆자리를 요구합니다. 또 하나의 교만은 회개를 통해 자신을 정당화하거나 특정 형식으로 하나님을 예배함으로써 의인이 된 것으로 생각하는, 종교적으로 독실한 사람에게서 찾아볼 수 있습니다. 따라서 종교 체제는 세상 체제와 마찬가지로 하나님 곁에 서거나 하나님을 대적하기까지 하는 것처럼 보입니다. 이러한 신앙적 형식의 교만은 신성과 관련되기 때문에 더 위험합니다.

우리는 구주의 이야기에서 두 종류의 교만이 어떻게 나타나며, 어떻게 자신이 원하는 구주로 만들려 하는지 볼 수 있습니다. 그에게 자신을 헌신하려는 자는 매우 적습니다. 헤롯과 같은 사람으로 대표되는 세상적 교만은 확실히 그리스도를 만날 때 헌신하지 않습니다. 그런 사람들은 구주에게서 이익을 취하려 합니다. 그리스도는 그들에게 이익을 가져다주는 존재일 뿐, 그들은 구주에게 아무것도 주지 않고 헌신하지 않습니다.

그러나 이스라엘의 실제적 권력자로서 백성에게 성경을 전하고 그 땅의 도덕성을 수호하는 종교적 바리새인과 같은 자들의 신앙적 교만도 마찬가지입니다. 그들은 선지자를 원했으나 선지자가 오자 헌신하려 하지 않았습니다. 오히려 그들은 예전처럼 지내며 하나님으로부터 섬김을 받기를 원했습니다. 이것이 본문의 배경이 되는 당시의 상황이며, 사도들은 나중에 초기 교회에서 같은 문제로 싸워야 했습니다. 사람들은 다시 회개와 신앙을 이용하여, 하나님의 발아래에 있어야 할 권리를 빼앗는 종교를 만들어내었습니다.

오늘날은 어떻습니까? 오늘날 인간 사회는 대체로 엄청난 발전을 보입니다. 인간 사회는 하나님의 도움 없이도 필요한 환경과 장비를 만들어내었습니다. 인간은 교역과 수송에 있어서 다양한 설비와 장치를 통해 큰 진보를 나타내고 사람을 고용하는 문제도 원만히 해결함으로써 하나님이 필요하다고 생각하지 않습니다. 인간의 삶에는 증기와 동력 및 기계와 같은 것들이 필요할 뿐, 다른 것은 필요 없습니다. 인간은 하나님의 능력을 필요로 하지 않는다는 것입니다.

이 시대가 오늘날과 같은 모습을 갖추게 된 것은 이러한 특징 때문입니다. 모든 것이 능률에 초점을 맞추어 발전하는 이 시대의 어느 한 시점에는 틀림없이 "멈추라! 멈추라! 이렇게 해서는 안 된다. 하나님이여 불쌍히 여기소서. 나는 죄인이로소이다"라고 부르짖는 사람들이 있었을 것입니다. 우리의 종교, 우리의 기독교, 우리의 교회, 우리의 문화, 우리의 사회생활, 이 모든 것은 "하나님이여 불쌍히 여기소서. 나는 죄인이로소이다!"라고 외치도록 가르쳐야 합니다. 하나님의 나라는 여기서부터 출발합니다.

이러한 것들에 대해 침묵하는 가운데 살펴보고, 인간의 손에서 벗어나게 함으로써 다시 한번 믿음을 회복하여 하나님 앞에 불쌍한 죄인으로 서며, 이 모든 화려한 삶은 정말 중요한 것과 아무런 관련이 없다는 사실을 인정하기 위해서는 용기가 필요합니다. 사실 인간의 발전은 그 모든 과정에 하나님의 통치라는 새로운 능력이 개입하지 않으면 즉 그리스도께서 하나님의 능력으로 다스리시고 승리하심으로 우리의 뜻이 아닌 하나님의 뜻을 이루지 않는 한 결국 '멸망'이라는 파국으로 치달을 것입니다.

우리가 이러한 파국의 길에서 벗어날 수 있습니까? 나는 그럴 수 있기를 바랍니다. 그러므로 나는 사람들이 이해할 때까지 오래된 슬로건을 다시 한번 제시하겠습니다. "내가 죽어야 그리스도께서 사십니다."

아마도 여러분은 아직은 죽어야 한다는 말을 충분히 이해하기 어려울 것입니다. 죽는다는 것은 포기한다는 것입니다. 신체적인 죽음은 자신이 가진 최고의 것, 즉 몸을 내어주는 것입니다. 그것은 어려운 일입니다. 그렇지 않습니까? 우리는 왜 몸을 포기해야 합니까? 그것은 지금과 같은 상태가 영원히 유지될 수 없기 때문입니다. 현재의 몸 상태는 허물어집니다. 우리는 그것을 영원히 이용할 수 없습니다.

어느 순간이 되면, 모든 사람은 어쩔 수 없이 자신이 더는 생명을 유지할 수 없다는 사실을 직감하게 됩니다. 우리는 죽을 때 몸을 갈망합니다. 그것은 몸을 포기하는 것만큼이나 고통스럽고 잔혹합니다. 내적 자아도 마찬가지입니다. 그러므로, 구주는 우리 가운데 오셔서 "네가 가진 가장 귀한 것을 나에게 바치라. 내 안에서 그것에 대해 죽으라. 너는 지금 그것을 가지고 있지만 네게 아무런 유익을 주지 못한다. 너는 그것을 지배하지 말고 나에게 맡기라"라고 말씀하십니다.

여러분은 자신이 가진 것과 지금까지 쌓아온 모든 것을 기꺼이 포기함으로써, 그리스도께서 십자가에서 하나님께 자신을 드리고 모든 것을 하나님의 손에 맡기신 것처럼 하나님께 전적으로 자신을 드릴 수 있습니까? 여러분은 그처럼 철저하게 자신을 부인할 수 있습니까?

오늘날 하나님은 우리가 다른 사람에게 더는 자랑하지 않기를 원하십니다. 우리는 오늘 본문에 나오는 세리처럼 겸손해야 합니다. 우리는 하나님 앞에서 의롭다 하심을 받아야 합니다. 스스로 의롭다고 하는 것은 필요 없습니다. 자신을 세상의 개혁자로 추켜세우는 모든 책과 설교는 아무런 효력이 없습니다. 그러나 우리가 불쌍한 죄인이 되어 "하늘에 계신 아버지여, 우리는 완전히 실패했습니다. 우리가 추구하던 것은 끝장났습니다. 우리가 가진 모든 것은 지극히 인간적이며, 모든 것을 당신께 되돌려주어야 할 만큼 전적으로 잘못된 방향으로 달려갔으며 신성모독까지 범했습니다. 이제 우리가 여기 섰사오니 하나님이여 불쌍히 여기소서. 나는 죄인이로소이다"라고 고백하면, 구주는 "내가 사람들에게 모욕을 받은 것은 너희 때문이다. 너희 그리스도인이 가지고 있는 것은 내가 준 것이 아니다. 너희는 교회를 정확히 너희가 원하는 방식대로 세웠다"라고 말씀하실 것입니다. 오늘날의 문제는 하나님께서 사람들의 생각에 따라 자신을 끼워 맞추어야 한다는 것입니다. 하나님은 사람들이 어떤 방식으로 신앙생활을 하든, 그것에 따라야 합니다. 말하자면 각 교회의 처방에 따라 재단한 온갖 종류의 옷을 입어야 한다는 것입니다. 우리는 이것이 죄라는 사실을 알아야 합니다. 그러므로 우리는 의롭다 하심을 받아야 할 죄인입니다.

"큰 자가 돼라. 그러면 구주를 세상에 전파할 수 있을 것이다"라는 생각만큼 잘못된 것도 없습니다. 결단코 그렇지 않습니다. 불쌍한 자들이여 예수 그리스도의 피를 통해 죽으십시오. 모든 사람에게 겸손하되, 특히 하나님 앞에서 낮아지십시오. 모든 교만을 물리치십시오. 실제로 정복할 수 있다는 소망에 자신을 헌신하십시오.

그러나 정복자는 여러분이 아닙니다! 세상의 유일한 정복자는 예수 그리스도뿐이십니다. 우리는 그에게 길을 내어주어야 합니다. 우리는 예수 그리스도 안에서 살고 행동하며 존재해야 합니다. 우리는 회개를 통해 그의 편이 되며, 자신을 죽이고 자신의 소유를 포기하며 가장 귀한 것까지 희생해야 합니다. 그리스도께 몸과 영혼을 바치는 것만이 그의 승리를 돕는 길입니다. 사랑하는 친구들이여, 진실로 그는 진정한 정복자입니다. 우리는 알고 있습니다. 하나님을 찬양합시다! 우리는 알고 있습니다. 그는 살아 계십니다! 우리는 알고 있습니다. 하나님나라는 그의 손에 있습니다.[8]

가난한 자

살인자에게 보복하시는 분께서는 억울하게 죽어 간 사람들을 기억하시며,
고난받는 사람의 부르짖음을 모르는 체하지 않으신다. _ 시 9:12

우리가 가난할 수 있는 특권을 가진 것은 좋은 일입니다. 우리는 성공할 줄 모르는 가난만을 염두에 두고 있지 않습니다. 물론 그것도 일부가 될 수는 있지만, 부차적인 것입니다. 우리의 진정한 가난은 하나님이 우리에게 원하시는 것을 이루려는 노력에 있습니다. 그들이 진정으로 가난한 자입니다.

많은 사람은 본질적이지 않은 것들에 심혈을 기울입니다. 그들은 가까이 있는 것들에만 관심을 가지고 성공을 통해 인간적 기쁨에 도달합니다. "내일 죽으리니 먹고 마시고 즐거워하자." 이것이 바로 성경이 말하는 "부자"의 삶입니다. 물론 그들은 누구보다 가난한 자입니다. 그러나 적어도 겉으로는 부자로 알려져 있습니다. 하나님과의 관계에 있어서 그들은 부자처럼 행동합니다. 그들은 손에 움켜쥔 단것을 모두 먹어 치웁니다. 하나님이 양식을 가지고 가져오실 때, 그들은 이미 배불러 있습니다. 그들은 등을 돌리고 앉아 아무것도 원하지 않습니다.

이상한 것은 가장 가난한 이들을 부자라고 부른다는 것입니다. 그들이 가난한 자로 알고 있는 사람들은 다른 그룹입니다. 이 사람

들은 더 나은 것, 더 높은 것에 온 마음이 가 있습니다. 그들은 최선을 다해 노력한 끝에 결국 인간은 하나님으로부터만 도움을 받을 수 있다는 결론에 이르렀습니다. 이러한 깨달음에 도달한 자는 자신을 절대적 빈곤자로 만들었습니다. 스스로 할 수 있는 일은 아무것도 없습니다. 모든 것은 하나님께 달렸기 때문에 자신을 의지하지 않습니다. 자신이 아니라 하나님께 모든 것이 달렸다는 사실을 알면 알수록 그는 더욱 가난해집니다. "마음이 가난한 사람은 복이 있다. 하늘 나라가 그들의 것"이라고 했습니다.

여호와께서 잊지 않으시는 것은 이 가난한 자들의 부르짖음입니다. 사실 이들은 이 땅에 있는 그의 백성입니다. 그들의 소명은 오직 하나님만 받아들이고 다른 무엇으로도 만족하지 않는 것입니다. 이런 자리에 있는 사람은 참으로 가난한 자입니다. 왜냐하면, 그들은 하나님이 옆에 계시지 않으면 다른 방법이 없기 때문입니다. 재물과 칭찬과 명예, 건강과 생명까지도 무슨 의미가 있겠습니까? 우리가 하나님을 보화로 가지고 있지 않으면 이런 것들이 무슨 소용이 있겠습니까? 다른 것은 모두 쓸데없을 뿐입니다. 지금 우리는 찢어지게 가난한 자입니다. 하지만 동시에 부자입니다.

세상은 수천 년 동안 부자가 되기 위해 싸워왔는데 이제 와서 가난한 자들 중 하나가 된다는 것은 쉽지 않은 일입니다. 그러나 하나님은 가난한 자가 있는지 꼭 확인하십니다. 그들은 하나님나라의 발전에 유익합니다. 하나님은 훌륭한 사람을 보면 그가 부자가 되지 못하게끔 삶의 환경을 조성하십니다. 그 사람은 영적인 문제에서조차 승리하지 못하며, "나는 모든 것을 가지고 있습니다. 나는 모든 것을 알고 있습니다"라고 말하지 못합니다.

같은 맥락에서 이처럼 무거운 짐에 눌린 사람은 내적 평안은 물론 기쁨과 웃음도 찾을 수 없지만, 그럼에도 불구하고 꽤나 만족할 수 있습니다. 하나님은 그가 가난한 자의 대열에 합류할 수 있도록 역사하고 계시는 중이실 것입니다. 그의 부르짖음은 하나님이 인간과의 접점을 찾는 데 중요한 요소가 될 수 있습니다. 그런 사람은 종종 어려움을 당하기도 하며, 특히 외견상 모든 것이 평탄해 보이는 사람들과의 관계 설정에서 어려움을 느낍니다. 그는 "나는 사람들이 아무것도 아닌 자로 보는 하찮은 삶을 살아야 합니까? 나는 다른 사람들이 즐거워할 때 고통의 눈물을 흘려야 합니까"라고 부르짖습니다. 하나님은 왜 나에게 자유를 주셔서 강하게 하지 않습니까? 사실 온 세상은 하나가 되어 그가 자신들과 같은 야망을 품지 않는 것은 바보 같은 짓이라고 믿게 하려고 설득합니다.…

따라서 가난한 자 가운데 하나가 되어 탄식하며 사는 것은 결코 간단하고 쉬운 문제가 아니지만, 현재로서는 이런 가난한 자의 삶이야말로 인간 사회에서 가장 바람직한 모습입니다. 오늘날에는 가장 고상하고 축복된 삶만 살기를 바라는 위선적 그리스도인 무리가 있습니다. 그러나 그들의 바람은 이루어질 수 없습니다. 그들의 도취감은 술에 취한 상태처럼 일시적으로 지속될 뿐입니다. 사람은 스스로 취할 수 있습니다. 그는 성경이나 종교적 행위에 중독될 수 있습니다. 그는 어떤 것에 감동을 받아 점차 빠져들지만, 결국에는 그것이 헛되다는 사실을 깨닫게 됩니다. 이런 것들은 오래 가지 못합니다.

한편으로, 가난한 사람이 불평할 때 우리는 반드시 이렇게 권면해야 합니다. "만족하십시오. 당신이 부자에 속하지 않은 것과 정당하게 탄식할 수 있는 자격을 가진 것에 대해 하나님께 감사하십시오. 혹시 당신도 하나님을 잊어버릴 생각을 마음에 품은 것은 아닙니까? 당신은 믿음으로 탄식합니까? 그렇다면 당신은 탄식할 일이 있음에도 불구하고 실상은 부자입니다."

마치 하나님이 세상에 계시지 않는 것처럼 부르짖는 사람들이 있다는 것은 중요합니다. 물론 하나님은 세상에 계시지만 대부분의 사람은 하나님과 전적으로 분리되어 있습니다. 그들은 자기 마음대로 행하며, 멸망으로 향하고 있습니다. 그들은 온갖 사악한 행동을 함으로써, 마치 하늘에 계신 하나님이 이 땅에는 효과적으로 역사하시지 않는 것처럼 보이게 합니다.

수백만 명의 형제자매가 날마다 멸망으로 달려가며, 살인과 거짓과 잔인함과 시기와 탐욕과 정욕이 모든 것을 파괴하며, 나라와 나라가 서로를 파괴하고 사람들이 서로 죽이며, 모든 것이 암울한 세상에서, 함께 희희낙락하는 기독교야말로 가장 어리석은 태도일 것입니다. 이런 상황이라면, 우리는 확실히 부르짖을 권리가 있습니다. 이런 세상에서는 하나님에 대해 "왜 우리를 버리셨나이까"라고 원망할 만큼 우리의 부르짖음이 고조될 수 있을 것입니다.

엄밀히 말하면 이것은 불신이 아니며, 사실상 하나님에 의해 버림을 받은 세상과 함께하는 고통입니다. 하나님은 세상을 사랑하시지만, 사실상 세상은 그로부터 제거되었습니다. 가난한 자가 원래는 모든 것을 가지고 있었으나 믿음 때문에 가난하게 되었다면, 즉, 하나님을 가까이함으로 인해 굶주릴 때, 마지막 부활에서 나타나실 구주 때문에 굶주릴 때, 우리의 스승이며 안내자가 되시는 성령을 위해 굶주릴 때 그들이 부르짖는 것은 죄가 아닙니다.

내가 개인적으로 자신을 만족시킬 것이 있지만 그럼에도 불구하고 굶주림을 택했다면, 나는 가난한 자에 속한 것입니다. 이 땅에서 가난과 착취가 심각하여 내가 부르짖지 않을 수 없다면, 그것 역시 나를 나쁘게 생각할 일이 아닙니다. 따라서 가장 많은 은혜를 받은 자, 가장 풍성히 받은 사람은 참으로 가난한 자 가운데 있다고 생각합니다. 구주는 가난한 자와 함께 하셨으며, 확실히 그는 하나님으로부터 풍성히 받았습니다. 그러나 궁극적으로 구주는 가난한 자 가운데 가장 가난한 자였으며, "나의 하나님, 왜 나를 버리셨나이까"라고 부르짖지 않을 수 없었습니다.

이 부르짖음에는 우리가 하나님께로 가는 길과 하나님이 우리에게 오시는 길이 있습니다. 그러나 우리가 이런 환경 아래서 여전히 자신에게 만족을 줄 수 있는 작은 소유를 붙들고 있다면, 하나님의 나라로 들어가서 세상을 이기는 그 나라의 능력을 받기 어려울 것입니다. 하늘나라의 작은 조각으로는 세상을 극복할 수 없습니다. 인간에 대한 일반 섭리로는 세상을 극복하기 어렵습니다. 아니, 세상을 이기기 위해서는 반드시 가난한 자를 통해 하나님의 직접적이고 전적인 통치가 들어와야 할 것입니다.

그러므로 우리는 가난해야 합니다. 왜냐하면, 우리는 정확히 가난을 통해 부요하게 되기 때문입니다. 우리는 외견상 불행해 보이지만, 실상은 풍성한 복을 받았습니다. 왜냐하면, 세상에서 가난한 자의 역할은 가장 위대한 왕이나 황제의 영향력보다 크기 때문입니다. 하나님 자신의 왕권을 지상으로 가져온 것은 정확히 이 가난한 자들을 통해서입니다.9

하나님의 양

양 떼가 흩어졌을 때에 목자가 자기의 양들을 찾는 것처럼, 나도 내 양 떼를
찾겠다. _ 겔 34:12

성경에는 이와 유사한 표현이 자주 나타납니다. 이 표현에는 우
리가 반드시 듣고 이해해야 할 하나님의 위대한 사상이 담겨 있습
니다. 이곳에 나타난 하나님의 생각은 "누구도 잃지 않겠다"라는
것입니다. 하나님은 우리가 잃었다고 말하는 모든 것을 여전히 자
신의 소유로 생각하십니다.

아브라함은 물론 그 이전 시대에도 포기된 것은 없습니다. 하
나님은 아브라함이 그를 믿을 때, 아브라함으로 만족하지 않았음
이 분명합니다. 확실히 그렇습니다. 하나님은 언제나 아브라함 이
후를 보십니다. 아브라함의 희생에도 불구하고 그렇습니다. 아브
라함은 세상을 희생하면서까지 얻어야 할 존재가 아닙니다. 오히
려 아브라함은 세상의 유익을 위해 고통을 당해야 했습니다. 하나
님은 아브라함의 희생을 통해 이 땅의 모든 세대로 향하십니다. 이
스라엘이 부르심을 받은 것은 하나님이 그들을 통해 만족을 얻기
위한 것이 아니라 열국, 곧 그의 양무리에게 다가가시기 위한 통로
로 삼기 위해서입니다. 하나님은 이스라엘의 희생을 통해 세상 나
라들로 향하시며, 하나님과 동일한 생각을 가지신 예수 그리스도

께서 육신을 입고 세상에 오신 것입니다. 하나님은 사랑하는 아들과 그를 따르는 소수의 제자로 만족하신 것은 아닙니다. 아니, 하나님은 예수님과 그의 제자들의 희생을 통해 다시 한번 세계로 향하십니다. 예수님은 "나에게는 이 우리에 속하지 않은 다른 양들이 있다. 나는 그 양들도 이끌어 와야 한다"요 10:16라고 말씀하십니다. 하나님은 예수님의 희생으로 모든 족속에게로 향하시며, 교회의 희생을 통해 온 세상이 복을 받게 된 것입니다.

이러한 하나님나라의 섭리를 통해 드러난 한 가지 분명한 사실은 우리의 소명이 무엇이든, 우리도 아브라함이나 선지자들처럼 예수 그리스도 안에서 하나님을 섬기는 자가 되기를 원한다면 세상의 빛이 되어야 한다는 것입니다. 하나님은 사랑하는 그리스도인에게 부드러운 비단옷을 입혀 다른 사람보다 호의호식하게 하지 않으십니다. 오히려 하나님은 그의 제자들의 희생을 통해 다른 사람에게 복을 전하기를 원하십니다. 따라서 우리는 하나님이 그의 양을 찾으러 나가실 때 일종의 예비군이 되어 수종들 수 있도록 하나님께 자신을 드려야 합니다. 우리는 기둥처럼 굳게 서서, 우리 주 예수 그리스도께서 보여주신 것처럼, 하나님이 우리의 희생을 통해 세상의 잃은 자와 방치된 자를 향하실 때 비틀거리거나 흔들리지 않아야 할 것입니다.

확실히 예수님의 참된 제자들에게는 하나님이 믿고 맡기실 수 있는 이런 견고함이 있습니다. 그러나 이처럼 견고한 믿음은 찾아보기 어렵습니다. 우리는 다음과 같은 요구에 직면할 때 흔들리는 기둥이기 때문입니다. "하나님의 일을 위해 너의 몸과 생명, 소유를 포기하고 피 흘리기까지 희생하라. 자신의 안일을 추구하지 말라. 다른 사람이 복을 받은 후 마지막으로 복을 받을 각오를 하라."

예수 안에서 하나님의 백성이 된 우리는 하나님이 쉬실 때까지, 잃은 자를 찾을 때까지, 쉴 수 없습니다. 여러분은 이제 하나님의 일이 왜 빨리 진행되지 않는지 알 것입니다. 하나님이 사용하실 수 있는 희생을 할 사람이 충분하지 않기 때문입니다. 인간의 이기주의는 참으로 강력합니다. 이 이기주의는 하나님에 대한 믿음을 무너뜨립니다. 사람들은 하나님에게 자신의 이익을 찾음으로써 전사와 기둥으로서의 성격을 잃어버립니다. 그들은 흔들리고 있습니다. 말하자면, 하나님을 위해 일할 수 있는 일꾼이 부족하다는 것입니다.

그들은 두 가지 이유로 흔들립니다. 먼저 그들은 상황이 악화될 때, 자신의 생명을 바쳐 하나님의 사랑을 전해야 할 때, 하나님을 위해 희생제물이 되어야 할 때, 머뭇거리기 때문에 흔들립니다. 그들은 하나님의 나라를 위해, 하나님의 이름으로 죽는다는 의미를 깨닫지 못합니다. 나는 때때로 사람들이 이것을 이해하지 못하는 이유를 모르겠습니다. 그들은 조국을 위해 기꺼이 죽습니다. 그렇다면 그리스도인은 왜 자신의 대의명분을 위해, 하나님의 뜻을 위해, 모든 나라의 아버지를 위해 기꺼이 죽지 못합니까? 세상 사람들이 조국fatherland을 위해 죽을 수 있다면, 우리는 왜 아버지Father

를 위해 죽을 수 없습니까? 나는 왜 그리스도인이 가장 이기적인 사람이 되어야 하는지 이해할 수 없습니다.

사람들은 예수 그리스도의 보혈로 자신만 구원받은 것을 자랑합니다. 참으로 잘못된 태도입니다. 예수 그리스도의 피가 있는 자는 자신의 생명이 하나님께 속했으며 잃은 자를 구원하기 위해 희생해야 한다는 주장밖에 할 수 없습니다. 예수 그리스도의 피는 하나님의 나라를 위해 우리의 생명이 필요하다는 뜻입니다. 우리는 그 나라를 위한 헌신으로 상실의 고통을 당할 때, 흔들려서는 안 되며 생명을 내어주어야 할 경우라 할지라도 눈도 깜빡일 수 없습니다.

그러나 기둥이 되어야 할 자가 흔들리는 이유는 또 있습니다. 사랑하지 않기 때문입니다. 그들은 자신의 자리를 다른 사람과 공유하라는 요구에 분노합니다. 그들은 다른 사람이 자신과 같아지는 것을 참지 못합니다. 그들은 판단하며 비난합니다. 그들은 세상을 가증한 것으로 생각하여 비판하고 정죄합니다. 사람들은 세상에서 인정받기 위해서는 어느 정도의 명성과 지위 및 신분을 가져야 한다고 생각합니다. 우리는 언제나 이런 것을 가진 자들에게 둘러싸이기를 원합니다. 우리는 거부당한 자 곁에 가지 않으려 합니다. 우리는 그들을 무시합니다. 그들은 결코 우리의 안중에 없습니다.

그러나 죄나 마귀나 지옥은 아무것도 아닙니다. 중요한 것은 사람입니다. 오직 사람만 가치 있는 존재입니다. 그런데도 독실한 여러분이 왜 다른 사람을 비판하고 정죄합니까? 왜 그들을 곤란하게 합니까? 왜 그들을 살피고 사랑하지 않고 거부합니까? 나는 우리의 종교계가 독생자를 통해 세상을 사랑하신 하나님처럼 사랑한다는 말을 결코 이해하지 못하는 것은 아닌지 염려스럽습니다. 우리는 언제나 자신을 위해 하나님께 나아온다고 생각합니다. 자기가 경건하다고 생각하는 자는 자신이 영원히 존경받을 것으로 생각합니다. 그러나 지금 높아진 사람들은 슬피 울며 이를 갈 날이 올 것이며, 지금 그들의 멸시를 당하고 있는 자는 기쁨과 복을 경험할 것입니다.

물론, 잃은 자를 얻는 것은 우리가 아닙니다. 우리는 그들을 찾을 수 없습니다. 이 일은 어떤 목사나 선교사도 할 수 없습니다. 우리는 그 일을 하도록 위임받지 않았습니다. 잃은 자를 찾을 수 있는 목자는 한 분뿐이십니다. 그는 예수님이시며, 그에게는 하나님의 뜻이 있습니다. 그러나 우리는 이 땅에서 하나님의 예비군이 되어서 그가 우리를 통해 모든 사람에게 다가가실 수 있게 해야 합니다. 우리는 찾을 수 없습니다. 우리는 실제로 잃은 자를 찾는 하나님의 뜻을 위해 몸과 생명을 바친 자로서 사람들 사이에서 행하여야 합니다. 그러므로 사람들을 바꾸기 위해 지나치게 애쓰지 마십시오. 여러분은 언제나 자신의 방식대로 그들을 변화시켜 여러분의 조직으로 끌어들이기 위해 노력하고 있습니다. 그 안에서 여러분의 조련에 잘 따르는 양들로 만들려고 합니다. 많은 일을 하려고 애쓰지 마십시오. 하나님이 잃은 자를 찾아 나설 때 흔들리지 않는 기둥이 되십시오.

나는 예수 그리스도께서 우리가 생각하는 것처럼 하늘로부터 오시는 것이 아니라 그의 하늘로부터 오실 것이라고 믿습니다. 구주의 하늘은 하나님이 보좌에 앉으신 곳입니다. 그의 보좌는 하늘뿐만 아니라 기록된 대로 가난하고 불쌍한 자와 함께 하십니다. 예수님은 이 하늘로부터, 수많은 사람이 절망 가운데 탄식하는 그곳으로부터 오실 것입니다. 그것은 나의 하늘이기도 합니다. 나는 여러분이 생각하는 지복의 하늘을 거부합니다. 나는 그곳에 들어가고 싶지 않습니다. 내가 들어가고 싶은 하늘은 나의 예수님의 하늘입니다. 그는 그곳에서 사람들을 위해 피와 생명을 쏟아부으셨습니다. 외견상 불경건한 것처럼 보이는 곳, 겉으로 보기에는 거부당하고 잘 믿는 것 같지 않은 곳, 그곳이 예수 그리스도의 하늘입니다.

여러분은 어느 날 가장 놀라운 말씀을 듣게 될 것입니다. "이들은 나의 지극히 작은 자들이다. 너희는 그들을 먹이지 않았다." 왜 그들을 먹이지 않았느냐? 우리는 그들이 골칫덩어리라고 생각했습니다. "이들은 옥에 갇혀 있다. 너희는 왜 그들을 돌보지 않았느냐?" 우리는 그들이 험악한 자들이라고 생각했기 때문입니다. 사랑하는 여러분, 그들은 고통 가운데 시들어가고 있는 작은 자들입니다. 나는 말합니다. 예수 그리스도의 하늘이 그곳에 있습니다. 아흔아홉 마리 양을 들에 두고 잃은 양을 찾으시는 하나님이 그곳에 계십니다.[10]

평화의 산 시온

그 날이 오면, 주님의 성전이 서 있는 주님의 산이 산들 가운데서 가장 높이 솟아서, 모든 언덕을 아래로 내려다 보며, 우뚝 설 것이다. 민족들이 구름처럼 그리로 몰려올 것이다. 민족마다 오면서 이르기를 "자, 가자. 우리 모두 주님의 산으로 올라가자. 야곱의 하나님이 계신 성전으로 어서 올라가자. 주님께서 우리에게 주님의 길을 가르치실 것이니, 주님께서 가르치시는 길을 따르자" 할 것이다. 율법이 시온에서 나오며, 주님의 말씀이 예루살렘에서 나온다. 주님께서 민족들 사이의 분쟁을 판결하시고, 원근 각처에 있는 열강 사이의 갈등을 해결하실 것이니, 나라마다 칼을 쳐서 보습을 만들고 창을 쳐서 낫을 만들 것이며, 나라와 나라가 칼을 들고 서로를 치지 않을 것이며, 다시는 군사 훈련도 하지 않을 것이다._ 미 4:1-3

"하나님이 나라들을 주관하시기 위한 시작점이 어디입니까?" 우리는 평화의 산 시온이 하나님이 세상 역사를 결정하시는 근거지라고 대답합니다. 나라가 흥하고 망하는 것은 자신을 위해서가 아니라 시온을 위해서입니다. 하나님은 시온산이 계속해서 유지될 것에 대해 이렇게 말씀하십니다. "너를 대신하여 다른 사람들을 내주고, 너의 생명을 대신하여 다른 민족들을 내주겠다."사 43:4

그렇다면 시온이란 무엇입니까? 한 마디로, 시온은 "구주 예수 그리스도와 그에게 속한 것"입니다. 이 땅의 역사는 그리스도와 밀접한 관계에 있으며, 시온은 점차 확산되어 개인과 나라와 궁극적으로 온 세상에 미칠 것입니다. 이 역사의 목표는 새로운 세계 질서에 기초한 평화의 나라입니다. 하나님이 선지자를 통해 들려주신 모든 말씀은 이것을 증거합니다. 마찬가지로 하나님의 모든 판단은 심판과 은혜를 통해 드러납니다. 그로 말미암아 모든 나라가 나아와 하나님을 예배할 것이기 때문입니다.계 15:4

이 평화의 산이 예수 그리스도의 승리적 역사를 통해 하나님의 영광이 될 것이라는 믿음과 하나님이 총체적인 승리를 위해 그리스도의 교회는 물론 모든 나라를 다스리실 것이라는 확신은 우리에게 기쁨과 자부심을 심어주고 넓은 마음을 가지게 함으로써 서로에 대한 하찮은 시기와 질투에서 벗어나게 합니다.

하나님 앞에서 모든 나라는 동일한 가치를 가집니다. 그러나 시대마다 모든 나라의 복을 구하는 자기 부정의 사랑을 통해 하나님의 계획에 동참하는 자는 복을 받습니다. 이 평화의 산 시온의 역사는 한 국가의 일시적 역사처럼 모든 사람이 볼 수 있게 열려 있지 않습니다. 하나님나라의 역사를 움직이는 동력은 영원에서 비롯되며, 다양한 법적 판단을 통해 각 나라에 이르겠지만, 사람들은 자신의 역사적 순간과 만왕의 왕의 주권적 통치가 어떻게 연결되는지 알기 어렵습니다. 그러나 믿는 자는 이러한 연결 관계에 대해 인식하며, 시온산의 역사적 진보에 대한 열망으로 전율합니다.

본문에 나타난 하나님의 말씀은 이러한 열망을 무색하게 합니다. 왜냐하면 본문은 더는 이러한 역사를 감출 수 없는 시대 즉, 시온산또는 예수님과 그의 심판만이 유일하게 변치 않으며, 온 세상에서 최고의 선이자 가장 바라는 목적지라는 사실이 모든 사람의 눈앞에 드러날 때에 대한 언급이기 때문입니다.

그리스도 안에 있는 하나님의 통치가 세상에 들어오고 그리스도를 통해 구현된 새로운 생명의 법이 지배할 때, 우리는 모든 피조물의 구원을 보게 될 것입니다. 만물이 그 안에서 생명을 얻을 것이며, 죽은 것이 다시 살아나는 것을 보게 될 것입니다. 또한, 우리는 그 안에서 열국의 악이 제거되는 것을 볼 것입니다. 그의 제자들은 지금도 이런 실재를 경험하고 있습니다. 나라들이 이러한 사실을 알면 어떻게 되겠습니까?

본문이 흥분된 어조로 "민족마다 오면서 이르기를 '자, 가자. 우리 모두 주님의 산으로 올라가자. 야곱의 하나님이 계신 성전으로 어서 올라가자. 주님께서 우리에게 주님의 길을 가르치실 것이니'"라고 선언한 것은 놀라운 일이 아닙니다. 본문에는 시온의 구원이 나라들에게 알려질 것이라는 약속이 주어집니다. 하나님이 그들을 찾는 것이 아니라 그들이 이 시온산에서 주 예수의 이름으로 하나님을 찾는다는 것입니다. 그들은 사람이 사는 데 필요한 율법이 시온에서 나오고, 새로운 탄생을 가능하게 하는 여호와의 말씀이 그곳에 있다는 사실을 분명히 알게 될 것입니다.

나라들이 시온산에 대한 지식을 통해 새것을 얻기 위해 옛길을 버릴 때, 위대한 평화 시대가 시작될 것이며 새 하늘과 새 땅에서의 새로운 삶으로 들어가는 급속한 전환이 이루어질 것입니다. 하나님은 이 모든 일을 시온산을 통해 성취하실 것입니다. 백성과 나라들은 예수 그리스도의 심판을 받게 될 것이며, 그는 마지막 날에 나라들의 마음을 굴복시키실 것입니다. 그리스도는 강력한 손과 엄격한 공의로 그 일을 행하시지만, 이전 화목 사역을 잊어버리지는 않을 것입니다. 살인자와 거짓말쟁이의 행위와 오랜 피 흘림의 역사는 완전히 잊힐 것입니다. 우리는 평화의 사역으로 부르심을 받은 하나님의 백성으로서 함께 머리이신 예수 그리스도를 통해 다시 한번 최고의 피조물이 될 수 있다는 사실을 상호 간에 인식할 것입니다.

우리는 언제나 세상 모든 산의 꼭대기에 있는 평화의 산 시온의 위대한 목적을 기억해야 합니다.[11]

하나님의 의

하나님의 의는 예수 그리스도를 믿는 믿음을 통하여 오는 것인데, 모든
믿는 사람에게 미칩니다. _ 롬 3:22

"이것은 번역상의 문제가 심각한 구절입니다. 내가 얻은 의가
하나님 앞에서 정당성을 가진다는 의미에서 "하나님 앞의 의"는
없습니다. 오히려 성경은 언제나 여기서처럼 하나님의 의가 예수
그리스도에 대한 믿음을 통해 모든 믿는 자에게 드러났다고 말합
니다. 이것은 전혀 다른 해석입니다.

나는 하나님 앞에서 의롭다 하심을 받을 것인지에 대해 주관적
입장에서 물을 수 없습니다. 나는 어떻게 하나님의 의가 나에게 임
했는지에 대해 객관적 입장에서 물어야 합니다. 귀를 여십시오. 다
시 한번 말합니다. 우리는 "나는 하나님 앞에서 의롭다 하심을 받
을 수 있습니까"라고 물어서는 안 되며, 다만 "나는 어떻게 하나님
의 의를 얻습니까"라고 물어야 한다는 것입니다. 성경은 결코 "하
나님 앞에서 정당함을 입증할 수 있는 의"에 대해 언급하지 않습
니다. 루터는 이 구절을 그런 식으로 번역하지만, 이것은 그가 잘
못된 개념을 가지고 있었기 때문입니다. 그는 성경과 배치되는 의
미를 관철시킨 것입니다.

성경은 언제나 "하나님의 의"에 대해 말합니다. 이 의는 율법을

통해서가 아니라 믿음으로 얻습니다. 율법주의는 하나님의 의와 진리를 얻지 못하지만, 하나님에 대한 믿음의 행위는 하나님의 의를 가져옵니다. 세상은 스스로 이것을 얻지 못합니다. 여러분도 마찬가지입니다. 의를 얻기 위한 여러분의 모든 노력은 헛됩니다. 여러분은 평생 "목표"를 향해 모든 것을 할 수 있습니다. 여러분은 원하는 만큼 용감하고 선할 수 있습니다. 여러분은 춤이나 술집은 커녕 웃음도 허락하지 않는 거울처럼 매끄러운 단체를 만들 수 있으며, 날마다 일어나서 기도하고 일하고 기도하고 먹고 기도하고 자고 기도하는 일상을 살 수 있습니다. 가서 그런 단체를 만들어보십시오. 세상은 여러분에게 아무런 도움도 받지 못할 것입니다. 하나님 앞에서 의롭게 되려는 여러분의 모든 노력은 단지 시간 낭비일 뿐입니다.

여러분은 춤추는 것이 하나님의 의가 될 수 없다고 생각합니까? 여러분이 가끔 추는 춤이 하나님을 기쁘시게 한다면, 춤을 추지 못할 이유가 무엇입니까? 다윗은 하나님을 위해 춤을 추지 않았습니까? 여러분은 "그렇지만 나는 인정할 수 없습니다"라고 말할 것입니다. 그런 율법주의는 의에 맞서는 것입니다. 율법주의는 치명상을 입힐 수 있습니다.

오늘날 교회에서 하나님의 의를 들을 수 있습니까? 들을 수 없습니다. 하나님의 의는 교회의 율법주의에 끼워 맞추어야 하기 때문입니다. 우리는 미신과 나쁜 습관에 빠져 있습니다. 하나님 앞에서 자신의 의를 찾으려 하기 때문입니다. 그것은 잘못된 것입니다.

여러분이 의롭게 되려 해서는 안 됩니다. 하나님이 의로우셔야 합니다. 여러분은 자신의 의가 될 수 있는 것이 무엇인지 찾을 필요가 없습니다. 여러분은 결코 찾을 수 없습니다. 그것은 헛수고입니다. 여러분은 하나님을 영화롭게 할 수 있는 것이 있다고 생각합니까? 여러분의 관심사는 하나님의 의가 이 땅에 임하는 것이어야 합니다.

이것은 오직 여러분이 자신을 그리스도께 바치고 "이제는 내가 사는 것이 아니요 오직 내 안에 그리스도께서 사십니다. 그를 통해 하나님의 의가 임할 것입니다"라고 고백할 때만 가능합니다. 하나님의 의는 지금 그대로의 여러분 안에서 드러날 수 있습니다. 여러분은 병든 때에도 하나님의 의를 드러낼 수 있습니다. 그러므로 기뻐하십시오. 여러분은 유혹과 절망에 빠져 있을지라도 하나님의 의를 드러낼 수 있습니다. 그러므로 기뻐하십시오. 하나님이 여러분에게 원하시는 것은 단지 그가 의로 역사하실 수 있도록 문을 여는 것입니다.

하나님이 우리에게 인내하며 분투하게 하신 데에는 목적이 있습니다. 우리가 하나님이 우리를 택한 자로 다루신다고 생각하는 한, 자신이 죄인이라는 인식은 중요하지 않습니다. 우리는 우리와 우리의 의를 구해서는 안 됩니다. 우리는 하나님이 그의 의로 세상에 들어오시기를 구해야 합니다. 하나님이 그가 오시면 우리가 죄인임을 더욱 깨닫게 될 것이라고 말씀하신다면, 우리는 기뻐해야 할 것입니다. 하나님이 빛으로 임하시기만 한다면 우리가 그런 죄인임을 기꺼이 인정할 것입니다. 나는 숯덩이처럼 검어 하나님의 의의 빛이 비취면 타버리겠지만, 그럼에도 불구하고 하나님의 의 안에서 새롭게 회복될 것이라는 사실을 알고 있습니다.

그러나 기독교는 이러한 객관성을 완전히 잃어버렸습니다. "내가 하나님 앞에 서기를 원합니다. 내가! 내가! 내가!" 오, 가련한 자여, 여러분이 하나님 앞에 설 것인지에 대해서는 걱정하지 마십시오. 여러분이 서 있느냐보다, 하나님과 그의 의가 여러분에게 임할 것인가에 초점을 맞추십시오. 그가 여러분을 쳐서 넘어뜨린다면 기뻐하십시오. 왜냐하면, 여러분은 그 후에 다시 일어설 것이기 때문입니다. 그러나 여러분의 일차적 관심사는 자신이 무엇을 얻을 것인가가 아니라 하나님이 어떻게 행하실 것인가가 되어야 할 것입니다.

자신을 바침으로써 하나님의 의가 여러분을 흔들어 깨우게 하십시오. 자신의 의를 인정받을 생각을 하지 마십시오. 그것은 적어도 기만에 가까운 행위로, 마치 하나님이 "너는 정당한 방법으로 깨끗함을 받지 않아도 괜찮다. 나도 자세히 들여다보지 않을 것이다. 네가 의롭다는 인정을 받았다고 믿기만 하라"고 말씀하신 것처럼 행하는 것입니다. 그렇지 않습니다. 하나님의 의는 정직한 방법으로 세상에 들어와야 합니다. 그렇지 않으면 기독교 전체가 무용지물이 되고 말 것입니다!

우리는 어떤 세상에 살고 있습니까? 그리스도인의 세상입니까? 맞는 말이지만, 그곳은 불의로 가득한 세상입니다. 그러나 하나님은 우리와 함께 거하시기를 원합니다. 하나님은 우리에게 자신이 각자의 마음을 인격적으로 다스릴 수 있게 길을 내어주기 원하십니다. 예수님은 그 때문에 죽었으며, "나와 함께 죽어 하나님이 오시게 하고, 그의 의가 이 땅에 임하게 하자"고 말씀하신 것입니다. 그러므로 모든 것이 무너질 때, 기뻐하십시오. 몸과 영혼이 고통으로 신음할 때, 기뻐하십시오. 하나님의 의는 반드시 모든 육체 안에서 드러날 것입니다.

그러나 하나님이 말씀하시는 "의"가 드러날 때, 여러분은 놀랄 것입니다. 우리는 아직 의가 무엇인지, 무엇이 하나님을 기쁘게 하는지 모르는 상태입니다. 사실상 그를 기쁘시게 하는 것은 한 가지뿐입니다. 그것은 내가 자신에게 만족하지 못할 때, 내가 '나에게는 전혀 의가 없으므로 나와 내 집은 철저히 깨어지기를 원합니다'라고 말할 때입니다. 이런 태도만이 나를 살릴 수 있습니다. 먹든 마시든, 자든 일하든 우리가 이 땅에서 하는 어떤 행위도 의가 될 수 없습니다. 우리는 여전히 어떤 의로운 일도 할 수 없습니다. 우리는 여전히 하나님께 길을 내어 드리지 못합니다. 그 결과, 우리는 많은 문제에서 당황하게 됩니다.

결국, 세상은 의와 심판을 통해 구원받을 수밖에 없습니다. 그러므로 우리는 자신을 십자가에 못 박고 최선을 다해 노력해야 합니다. 그러면 심판이든 은혜든, 나에게 적합한 방식을 통해서 하나님의 의가 드러날 수 있을 것입니다. 이러한 의가 이루어지기 전까지, 우리는 나라들에 맞서 일어설 수 없습니다. 불의로 가득한 복음 설교는 아무런 가치도 없습니다.

예를 들면, 우리는 하나님이 우리가 교회에 앉아 있는 것을 인정하실 것인지조차 모릅니다. 여러분이 한 주 내 고된 일로 지쳐있을 때, 때로는 침상에 누워있는 것이 나을 수 있습니다. 하나님은 여러분이 병든 몸으로 딱딱한 교회 의자에 앉아 있는 것을 원하지 않을 수 있습니다. 하나님은 우리를 생명의 진리로 인도하기를 원하십니다. 하나님은 우리의 최선에 거짓이 있다면 물리치실 것입니다. 참으로 하나님은 "너의 부르짖는 소리와 함께 나에게서 떠나라. 율법주의를 구하지 말고 의를 구하라"라고 말씀하실 것입니다.

이 짧은 구절이 수 세기 동안 그처럼 큰 혼란을 초래했다면 참으로 실망스러운 일이 아닐 수 없습니다. 모든 루터파 교회는 루터가 "나는 믿음을 통해 나의 의를 찾는다"라고 했기 때문에 잘못된 길로 들어선 것입니다. 나는 사람들에게 이런 생각을 강요하지 않습니다. 어쨌든 그들은 이해하지 못할 것입니다. 그러나 나는 개인적으로 180도 전환을 원합니다. 내가 그렇게 할 때, 하나님이 그로부터 다른 사람을 섬길 수 있는 무엇이 나오게 하는 방식으로 나를 대해주시기를 소원합니다.

우리는 하나님의 의를 위해 자신을 희생해야 합니다. 자신을 잊어버리십시오. 자기 안에서 의를 찾으려 하지 마십시오. 하나님이 임하시기만을 기도하십시오. 물론 그는 여러분을 흔드실 것이며, 여러분의 내면 가장 깊은 곳에 있는 동기가 드러날 것입니다. 이 일은 큰 고통 없이 일어나지 않습니다. 그러나 여러분을 엄격한 심판으로 인도할지라도 기뻐합시다. 심판 가운데 즐거워합시다. 우리는 죄로 만족하는 것을 원하지 않기 때문입니다. 우리는 하나님이 그의 피조물을 통해 기뻐하시기를 원하며, 더는 하나님과 그의 피조물 사이에 서 있지 않을 것입니다. 우리는 오직 이런 식으로만 하나님을 바로 섬길 수 있습니다. 하나님은 이런 우리를 다시 한번 사용하실 수 있을 것입니다.[12]

놀라운 일

진리를 위하여, 정의를 위하여 전차에 오르시고 영광스러운 승리를 거두어
주십시오. 임금님의 오른손이 무섭게 위세를 떨칠 것입니다. _ 시 45:4

우리는 이 구절의 의미를 분명히 알고 있습니다. 즉, 하나님이
이 세상에서 진리와 공의의 잣대를 댄다면, 굽은 것들을 한꺼번에
바로잡는 과정에서 여기저기서 놀라운 일들이 충돌할 수밖에 없다
는 것입니다. 스스로 바로 잡을 수 있는 것은 없습니다. 의사가 완
전히 굽어버린 팔다리를 바로잡기 위해 부러뜨리는 것처럼, 그들
은 부러뜨리지 않으면 펼 수 없을 만큼 굽은 것에 체질화되었습니
다. 의사는 가혹하지만 힘을 사용하지 않을 수 없습니다. 그러나
하나님은 진리를 위해 출전하실 때, 힘을 사용하지 않기 때문에 모
든 일이 원만하게 풀립니다. 하나님은 힘 대신 놀라운 일을 행하십
니다. 그는 모든 것을 정상적으로 회복하심으로 왜곡된 것을 바로
잡고 굽은 것을 펼칠 수 있습니다. 그것은 '기적'입니다.

이러한 하나님의 기적은 언제나 진리 및 공의와 관련하여 일어
납니다. 따라서 그것은 우리를 놀라게 하고 원인을 몰라 혼란하게
만드는 그런 기이한 일이 아닙니다. 하나님의 놀라운 일은 언제나
빛이 비춰고 언제나 이치에 합당하며 그 안에서 일어나는 사건은
모두 도덕적 가치를 가집니다. 그러므로 우리는 사실상 놀라운 일

을 구할 필요가 없습니다. 우리는 다만 "하나님이여, 우리의 집에 진리의 잣대를 대는 은혜를 베푸소서! 우리 가운데, 즉 이곳에 있는 자들의 마음에 공의를 따라 역사하소서. 형식과 의식을 제거하시고 정직히 행하소서!"라고 기도해야 합니다.

그러면 놀라운 일에 부족함이 없을 것입니다. 모든 일은 큰 소란을 초래하는 일 없이 필요에 따라 바로잡힐 것입니다. 어려운 문제에 부딪히거나 혼란한 상황에 직면하여 어찌할 바를 모를 경우, 무조건 매달려 해결하려고만 해서는 안 됩니다. 이런 불편함은 참고 견뎌야 합니다. 그러나 잘못된 부분이 없는지 뒤돌아보고, 하나님께 "바로잡아 주소서. 이런 거짓이 있었나이다. 나는 그것을 제거할 수 없사오니 주께서 바로잡아 주소서"라고 기도해야 합니다. 그러면 상처가 치유될 것입니다. 아울러 내적인 문제가 진리를 통해 정립되면, 외적인 삶의 불편함도 사라질 것입니다.

인간의 내면이 얼마나 많은 거짓과 자기기만과 자만과 악의와 듣지 않으려는 마음으로 가득한지 가늠하기조차 어렵습니다. 우리는 이런 것들은 모두 교활하게 숨기고, 외견상 매우 그럴듯하게 나타날 수 있습니다. 속에는 아무것도 없는 사회가 겉으로는 우아하게 보일 수 있습니다. 이것은 수많은 병폐의 원인이 됩니다. 왜냐하면, 하나의 문제가 다른 문제를 연쇄적으로 초래하기 때문입니다. 신체적 기형은 인간 내면의 기형 및 뒤틀림의 결과입니다. 물론, 가령 질병 같은 개인적 장애가 내면적 왜곡의 결과라는 것은 아닙니다. 다만 모든 것이 뒤엉켜 일어난 현상입니다. 우리는 계통도를 파악할 수도 없을 만큼 복잡하게 얽혀 있는 구조를 통해 집단 지성이 지속적으로 개인적 기형을 산출하는 사슬과 같습니다. 우리는 모든 일이 진리와 공의에 가깝게 작동하면, 문제가 달라질 것이라는 일반론을 제시할 뿐입니다. 그러므로 우리는 "기적을 행하소서"라고 기도하는 대신 "진리가 다스리게 하소서"라고 기도해야 합니다. 그것만 구하십시오. 다른 문제에는 관심을 가질 필요가 없습니다.

이 구절은 나에게 실제적인 격려가 됩니다. 왜냐하면, 요즘 나는 최근에 일어난 놀라운 일들과 관련해 곤란을 겪었기 때문입니다. 나는 종종 사람들로부터 그런 일을 어떻게 바라보아야 하느냐는 질문을 받습니다. 인간은 심령술이나 최면술과 같은 것들을 통해 놀라운 일을 행하거나 병자를 고치기도 합니다. 이 모든 것들이 기독교의 범주로 여겨집니다. 그들은 우리는 유대인이든 그리스도인이든 터키인이든 호텐토트족이든 모두 유일하신 참 하나님만 믿는다고 말합니다.

안수를 통한 즉각적 효력에 관한 이야기도 많습니다. 사람들은 신기한 장면에 충격을 받습니다. 그러나 이런 것들은 놀라운 일이라기보다 그저 기이한 일일 뿐입니다. 그것은 진리와 무관합니다. 이들 가운데 단번에 모든 병을 고치는 자가 있다고 생각해보십시오. 우리가 무엇을 얻을 수 있습니까? 우리는 단지 다시 병들기까지 조금 더 돌아다닐 수 있을 뿐입니다. 그것 외에는 어떤 유익도 얻을 수 없습니다.

여러분이 조심했으면 하는 바람에서 말합니다. 하나님도 놀라운 일들을 수행하시는데 속사람을 바로잡는 것으로부터 시작할 때만 그렇게 하십니다. 우리가 조명을 받고 경건함을 회복함으로써 새롭게 되는 토대, 즉 하나님나라의 기초가 있어야 합니다. 놀라운 일이 일어나는 원천은 바로 그곳입니다. 따라서 우리는 안에서 일어난 일로 외적인 일들이 바로잡힐 때 기뻐 외칠 수 있습니다.

그러나 이 경우 외적으로 드러나는 기적의 의미는 축소됩니다. 우리는 신체적 치유에 대해 엄청 떠들지 않습니다. 외적인 치유를 통해 내적인 치유를 바랄 때 저는 이 모든 현상에 대해 의구심을 갖게 됩니다. 여러분도 이 부분을 살펴 주셨으면 합니다. 심령술도 치유할 수 있습니다. 최면술도 치유할 수 있습니다. 마술도 치유할 수 있습니다. 그리고 기도도 치유할 수 있습니다. 모두 치유할 수 있습니다. 사람들은 의료적 도움을 원합니다. 그러나 그들이 원하는 것은 단지 치유입니다. 그들에게 하나님에 관한 관심은 없습니다. 치유와 관련된 이야기에는 항상 "그렇고 그런 의사가 확인했다"라는 단서가 덧붙습니다. 마치 하나님을 확인하기 위해서 의사가 필요하기라도 한 것 같습니다.

나는 잠시 우리 집에 대해 말하겠습니다. 우리가 치유로 명성을 얻어 소위 기도 치유소Prayer-Cure Institutions중 하나로 자리 잡은 것에 대해서는 유감으로 생각합니다. 그러나 잠시라도 우리와 함께 생활한 자라면, 이것이 우리가 추구하는 목적이 아니라는 사실을 알았을 것입니다. 나는 내적 치유의 결과로 일어난 기적이 아닌 것은 절대 원하지 않습니다. 나는 치유가 지나치게 **빠른** 사람에 대해 염려합니다. 손가락 하나 나았다고 특별한 사람이라도 된 것처럼 생각한다면 자기기만에 **빠질** 수 있습니다. 그는 영적으로 속을 수 있습니다.

그러므로 우리는 "오 주여, 진리를 위해 병거에 오르소서. 마음을 바로잡아 주소서. 속사람이 진실하고 합당한 자가 되게 하소서"라고 기도해야 합니다. 그렇게 할 때, 외면의 사람에게 일어날 수 있는, 그리고 일어나야 할 일이 저절로 일어날 것입니다.[13]

그럼에도 불구하고 주님을 붙잡습니다

[그럼에도 불구하고] 나는 늘 주님과 함께 있으므로, 주님께서 내 오른손을 붙잡아 주십니다. 주님의 교훈으로 나를 인도해 주시고, 마침내 나를 주님의 영광에 참여시켜 주실 줄 믿습니다. 내가 주님과 함께 하니, 하늘로 가더라도, 내게 주님 밖에 누가 더 있겠습니까? 땅에서라도, 내가 무엇을 더 바라겠습니까? 내 몸과 마음이 다 시들어가도, 하나님은 언제나 내 마음에 든든한 반석이시요, 내가 받을 몫의 전부이십니다. _ 시 73:23-26

본문의 주제는 하나님입니다. 그를 이해하는 사람은 많지 않습니다. 이런 본문을 읽을 때, 우리는 시인이 어떻게 "그럼에도 불구하고 나는 늘 주님과 함께 있으므로"라고 고백할 수 있었는지 살펴보아야 합니다.

우리는 어떻게 하면 그와 함께할 수 있습니까? 하나님은 우리가 파악할 수 있는 분입니까? 우리는 하나님을 손으로 붙잡을 수 있습니까? 내가 쓰러지려 할 때 힘이 센 사람이 곁에 있다면 나는 그를 붙잡을 것입니다. 그리고 "나는 당신만 있으면 쓰러지지 않을 것"이라고 말할 수 있습니다. 그러나 하나님은 어떻습니까?

우리는 고통 가운데서 "주여! 주여! 주여!"라고 부르짖는 습관이 있습니다. 그러나 이러한 부르짖음은 배후에 아무런 실체도 없는 경우가 대부분입니다. 왜냐하면, 하나님은 그들의 기대와 전혀 다르게 행하시기 때문입니다. 그들은 쓰러지며, 다른 사람이 와서

도와줄 때까지 그대로 있습니다. 그런 사람들이 스스로 위안하는 전문적 표현은 많습니다. 그것은 우리 시대에 조금 더 경건해 보이기 위한 사회적 에티켓의 일부이기 때문입니다. 그러나 "내 몸과 마음이 다 시들어가도"라고 고백할 정도에 이르면, 그들은 절망하며 "나는 영혼이 무너지는 것을 견딜 수 없다"라거나 "나는 파멸했다"라고 외칩니다.

만일 하늘과 땅이 진동하면, 지상에서의 삶이 순탄치 않거나 어려움을 만나면, 갈등을 일으키거나 마음의 상처를 입는다면, 우리는 무엇을 붙들어야 합니까? 이 순간에 나의 하나님은 어디에 있습니까?

우리는 성경을 읽을 때 언제나 사람들이 어떻게 그처럼 확고부동한 태도를 보일 수 있는지 놀랍니다. 그러나 우리는 이스라엘 백성은 하나님을 우리처럼 경솔하게 대하지 않았다는 사실을 알아야 합니다. 그들은 하나님에 대해 말할 때 지상에 존재하는 어떤 것과 연계해서 생각했습니다. 그들은 그것을 확고히 붙들었습니다. 그러므로 시편 기자가 "그럼에도 불구하고 나는 늘 주님과 함께 있으므로… 주만 나와 함께하시면… 주는 나의 하나님이시라"라고 고백할 때, 그는 자신이 경험한 것, 곧 하나님을 염두에 두었던 것입니다. 그러므로 이스라엘 백성은 하나님을 "여호와"라고 불렀습니다. 여호와는 "경험할 수 있도록 자신을 내어주신 분"이라는 의미입니다. 우리는 여호와에 대해 "그가 거기 계신다. 그를 붙들라!"라고 말할 수 있습니다. 이것이 "여호와"라는 단어의 의미입니다.

"그가 거기 계신다"라는 것입니다. 나는 그가 계신 그곳에 함께 머물 것입니다.

그는 어디에 계셨습니까? 그는 아브라함과 함께 계셨으며, 그곳에서 무엇인가를 시작하셨습니다. 그는 이삭과 함께 계셨으며, 그곳에 머무셨습니다. 그는 야곱과 함께 계셨으며, 그곳에서 진전을 보이셨습니다. 그는 요셉, 모세와 함께 계셨으며, 그곳에서 자신이 행동하는 분이심을 보이셨습니다. 그의 행위로 한 민족이 부상했으며, 그들은 계속해서 자신이 구원받은 백성임을 보여주었습니다.

이처럼 성취된 행위를 좇아 하나님의 약속이 제시되었습니다. 그가 지금까지 이루셨던 것처럼 앞으로도 이루실 것입니다. 그의 역사는 영원합니다. 하나님은 우리와 함께 계시기 때문입니다. 그는 한 일을 시작하셨으며, 그 일을 끝까지 마치실 것입니다. 그들의 개별적 역사는 세계 역사의 일부가 되고, 국가의 역사로 자리할 것입니다. 마리아가 부른 찬가나 한나 드보라나 많은 시편 기자의 감사 찬양을 들어보십시오. 그들은 모두 지상에서 일어난 하나님의 위대한 이야기를 삶을 통해 경험한 사람들입니다.

상황이 어려울 때도 있고 마치 자신이 멸망의 먹이로 전락한 것처럼 보일 때도 있지만, 그들은 다시 일어나며 여전히 그곳에 머뭅니다. 그들은 이처럼 기복이 심한 삶, 개인과 국가가 쓰러지고 일어나는 가운데 하나님을 보았던 것입니다. 그들은 하나님이 행동하시는 것을 보았습니다. 이처럼 많은 경험을 통해, 하나님에 대한 이미지가 이스라엘 백성의 마음과 감정 속에 자리 잡았습니다. 그들은 하나님을 우리처럼 철학적으로 사색하지 않았습니다. 유대인은 그런 태도를 수치로 여겼을 것입니다.

그러나 우리는 지금까지 수천 년을 그렇게 해 오고 있습니다. 우리는 어리석게도 서로를 따르고 있습니다. 우리는 하나님이 이미 우리 안에 계시며 그에 관한 사실이 역사로 남았다는 통찰력을 잃어버렸으며, 따라서 고난을 참고 견디지 못합니다. 우리는 비참한 존재가 되어 즉시 패배를 경험하며, 절망에 빠져 포기합니다.

"그렇다면 하나님은 어디에 계십니까?" 우리는 외적인 것들에만 관심을 가지며, 그러한 것들이 어떻게 진행되느냐에 따라 만족하거나 불평합니다. 따라서 살아계신 하나님, 자신을 계시하신 하나님, 우리가 "거기에 계신다"라고 말하는 하나님은 사람들을 얻지 못하며, 인간은 그의 발아래 설 자리를 잃었습니다.

우리는 다시 한번 하나님을 경험하고, 그러한 경험을 통해 그와 교제할 수 있는 자리로 나아와야 합니다. 이것은 일종의 신학에 대한 언급이 아닙니다. 말보다 실제적인 무엇이 우리 안에 들어와야 한다는 것입니다. 그러므로 반드시 행위가 있어야 합니다. 행위는 진실하며, 안전한 발판이 될 수 있습니다. 우리는 행위를 통해, 우리나 다른 사람의 삶 속에서 하나님이 일을 시작하셨다는 사실을 확인할 수 있습니다. 우리는 마음에 특별한 무엇을 담고 있어야 합니다. 따라서 우리가 계속해서 주장하는 것은 무엇인가를 경험해야 한다는 것입니다. 말은 부차적인 것으로 여겨야 합니다. 다른 사람은 자신이 원하는 것을 가르칠 수 있지만, 우리는 경험을 원합니다. 그리고서 하나님을 찬양하십시오. 우리는 그것을 원할 뿐만 아니라 실제적인 의미를 알아야 합니다.

나는 특별한 일을 경험하면 종종 방에서 하나님 앞에 엎드려 감사와 경배를 드리며 "하나님께 감사하며 찬양하라. 지금 그가 영원히 구원받았나이다"라고 찬양합니다. 물론 고침을 받은 본인도 기뻐하며 행복해합니다. 그러나 종종 자신이 얼마나 위대한 일을 경험했는지 모르는 사람도 있습니다. 내일이라도 안 좋은 일이 생기면, 그는 주저앉아 슬피 울 것입니다. 그것은 마치 경험이 동전 몇 푼의 가치밖에 안 되는 것처럼 쉽게 던져버리는 것과 같습니다.

우리는 지혜를 얻어야 합니다. 만일 우리가 지난 수십 년간 아무것도 경험하지 못했는데 하나님이 우리를 터널 속으로 인도하시는 것처럼 보인다면, 자신은 일단 태양 아래 있다는 사실을 끊임없이 되새기며 그곳으로 가야 합니다. 그러나 그곳에서 아무것도 경험하지 못하고 "정신적 고양"에 머무는 것으로 끝날 수밖에 없다면, 나로서는 더 할 말이 없습니다. 그런 영감의 시간은 지나가 버립니다. 우리가 영적 감동에만 의존한다면, 이 땅에서 가장 불행한 사람이 될 것입니다.

그러나 크게 불안해할 필요가 없습니다. 하나님은 자신의 자녀가 잘 때도 은혜를 베푸십니다. 그러므로 바른 곳에 마음의 초점을 맞추고, 내면에서 깨어 있으십시오. 하나님의 행위가 하나라도 나타나면 눈을 뜨면 됩니다! 사람은 정신적이든이 경우 본성과 관련된 전인적 경험 신체적이든, 이런 식으로 무엇을 경험할 수 있습니다. 그러나 우리는 그것을 원해야만 경험할 수 있습니다. 물론, 경험을 원하지 않아도 경험할 수 있습니다. 그러나 인식하지는 못할 것입니다. 우리는 이 모든 과정에서 매우 위선적일 수 있지만, 그런 사람은 이 시편 본문의 말씀을 이해할 수 없을 것입니다.

우리가 하나님나라 안에 있다면, 역사 안에서 이루어지는 그의 행위를 기대해야 합니다. 우리는 오늘날에도 세계 역사 안에서 하나님을 볼 수 있습니다. 우리는 온 세상에서 하나님의 통치와 관련된 것을 보며, "어떤 인간도 그렇게 할 수 없다"라고 말합니다. 그러나 우리가 편향된 관점에서 세상을 본다면 정확한 관찰자가 될 수 없으며, 따라서 하나님께 속한 것은 볼 수 없을 것입니다.

오늘날 독일 역사를 선악에 따라 관찰하고 판단하는 열왕기와 같은 신문은 상상하기 어렵습니다. 우리는 습관적으로 프랑스인과 독일인, 귀족과 농민, 다양한 사회적 계층 및 종교를 구분하지만 선악을 구분하지는 않습니다. 선악에 관해서는 판단하지 않는다는 것입니다. 우리는 사람들을 신자와 불신자로 구분하지만, 성경에는 이런 구분이 나타나지 않습니다. 성경이 신선하다는 것은 그 때문입니다. 성경은 오직 선악만 구분합니다.

우리가 보는 눈만 있다면, 우리도 선악을 구분할 수 있습니다. 따라서 우리는 하나님이 역사의 어느 곳에 계시며 어느 곳에 계시지 않는지 알 수 있습니다. 따라서 우리는 하나님을 이 땅에서 실체적으로 파악할 수 있습니다. 여러분이 사는 곳과 주변 사람들이 사는 곳을 들여다보십시오. 무엇인가 보인다면 그것을 붙드십시오. 몸과 영혼이 쇠약할지라도 더는 불평하거나 슬퍼하지 마십시오.

많은 사람은 일단 하나님의 통치하에 들어오면 모든 삶이 불안과 혼란에서 벗어날 수 있을 것으로 생각합니다. 그것은 전적으로 잘못된 생각입니다. 정확히 여러분이 하나님께 나아오는 순간부터 여러분의 삶은 위협을 당할 것입니다. 그때야말로 여러분이 실제로 살아 있고 인내할 수 있기 때문입니다. 여러분은 이전에 아무것도 견디지 못했습니다. 그러나 일단 하나님으로부터의 경험이 있고 난 뒤에는 환란을 통과할 수 있으며, 여러분의 환란은 열매를 맺을 것입니다. 다른 사람은 그것을 견디지 못하지만 우리는 죽음을 불사하고 견딜 수 있으며, 절대로 두려워하지 않을 것입니다. 우리는 지옥의 고통도 견디고 두려워하지 않을 것입니다.

하나님은 그의 자녀 가운데 하나에게 지옥의 고통을 겪게 해야 했습니다. 왜냐하면, 그렇게 함으로써만 지옥에 들어가 그것을 끝장낼 수 있기 때문입니다. 그러므로 우리는 모든 환난 가운데로 들어가 견디며 우리에게 임한 하나님의 위로를 지옥 끝까지라도 전해야 합니다. 우리는 이처럼 위로의 사람, 살아 있는 복음으로 나타나야 합니다.

어떤 위로의 사람도 지옥으로 들어가고 싶어 하지 않는다면 참으로 끔찍한 일이 될 것입니다. 예수님은 이 땅과 지옥에서, 사막과 궁궐에서, 죄인들이나 의인들 곁에서, 위로의 사람이셨습니다. 예수님은 모든 것을 견딜 수 있습니다. 왜냐하면, 아버지께서 그 안에 계시며 그의 생명이 되시기 때문입니다. 따라서 그는 우리에게 "인내하라. 너희가 나와 함께 견디는 것은 곧 하나님과 함께 견디는 것이며, 결코 헛되지 않을 것"이라고 말씀하십니다.

아무리 하찮은 일이라도 선을 위한 것이어야 하며, 열매를 맺어야 합니다. 마찬가지로, 아무리 하찮은 자라도 하늘과 땅에서 가치 있는 자가 될 수 있습니다. 사가랴와 그의 아내는 견고함을 통해 세례 요한의 출생에 기여했으며, 마리아는 구주의 어머니가 될 수 있었습니다.

아무것도 인내하지 않으려는 것은 매우 어리석은 행위입니다. 인내가 필요한 때, 자신이 하나님의 버림을 받았다고 믿는 것은 하나님나라에 속한 자들에게서 볼 수 있는 가장 어리석은 생각 가운데 하나입니다. 하나님나라가 우리를 붙든다면, 하나님이 우리와 함께 어디로 간다고 생각합니까? 확실히 우리는 이 어리석은 세상에 남아 있습니다. 우리는 하늘에서 살 수 없으며, 아래 세상에 남아 있어야 합니다. 우리는 사람들이 존재하는 모든 상황으로 들어가야 합니다. 우리는 다른 사람들이 가진 모든 슬픔을 겪어야 합니다. 왜냐하면, 믿음의 사람은 세상의 모든 슬픔 가운데 있어야 하기 때문입니다.

따라서 우리는 아마도 오랜 시간 동안, 이러한 상황 가운데 있어야 할 것입니다. 우리는 하나님에 대해 아무것도 듣지 못하고 보지도 못할 때까지, 마침내 절망 가운데 우리와 함께 계신 하나님이 빛을 비추실 때까지, 참고 기다려야 할 것입니다. 하나님이 우리와 함께 그곳에 계신다는 분명한 사실은 그 문제가 결코 실패할 수 없음을 보여줍니다. 결국, 하나님은 모든 환란 가운데 드러나실 것입니다. 그러나 우리는 그 속으로 들어가야 하며, 그는 우리와 함께하실 것입니다. 왜냐하면, 그는 철학적 개념이 아니라 사람들의 하나님이 되기를 바라시기 때문입니다. 하나님은 가장 어두운 때에 살아남은 자녀를 원하십니다. 하나님의 나라는 결국 이런 식으로 임할 것입니다.

많은 사람은 그 나라가 자신에게 임하면 매우 만족할 것입니다. 그러나 그들은 오랫동안 기다려야 합니다. 하나님의 나라는 그런 식으로 역사하지 않기 때문입니다. 오히려 하나님은 자기 사람을 세상으로 보내십니다. 그들은 그의 복음이 되어야 합니다. 우리는 온 세상이 그의 살아 있는 복음으로 가득 찰 때까지 참고 기다려야 합니다. 하나님은 우리가 이런 식으로 종이 되어 환란을 견디게 하십니다.

그러나 우리는 이 환란이 우리의 마음까지 침투하게 해서는 안 됩니다. 슬픔의 사탄이 들어오는 것을 용납하지 마십시오. 이 사탄을 쫓아내십시오. 여러분의 마음이 어두워지면, 여러분은 더는 열매 맺는 사람이 될 수 없습니다. 오늘날 모든 사람은 하나님의 영광을 위해 살아 있는 복음이 되라는 부르심을 받습니다. 그는 가장 깊은 어둠과 환란 가운데 우리와 함께하시며 다시 한번 우리를 가장 고귀한 삶으로 인도하시는 하나님이십니다.[14]

하나님의 능력

주님은 말씀하신다. "가련한 사람이 짓밟히고, 가난한 사람이 부르짖으니,
이제 내가 일어나서 그들이 갈망하는 구원을 베풀겠다." _ 시 12:5

하나님은 이 일을 어떻게 행하십니까? 이것은 확실히 쉬운 질
문이 아닙니다. 우리는 성경 곳곳에서 "너희는 가만히 있어라. 내
가 할 것이다"라고 말씀하시는 것을 들을 수 있습니다. 물론 때로
는 하나님이 그 일을 할 수 없어서 탄식하시는 것처럼 들리기도 합
니다. 그러나 곧 "나도 할 수 있다! 가난한 자가 내 앞에 있으니 내
가 그들을 도울 것"이라고 말씀하실 때가 옵니다. 하지만 하나님
은 어떻게 이 일을 행하십니까?

다양한 대답이 제시될 수 있습니다. 하나는 낙심한 사람이 "그
렇습니다. 하나님은 절망 중에도 복을 주십니다. 물론 그 너머에는
영원이 있습니다"라는 것입니다. 그러나 이런 식으로는 어떤 불행
도 끝나지 않으며 한 방울의 외로운 눈물도 마르지 않을 것입니다.
영원이라는 대안은 항상 이런 식입니다. 정직하게 직시해야 합니
다. 계속해서 "영원에서" 위로를 찾으라는 조언만 받는다면 진정
으로 하나님을 신뢰할 수 없을 것입니다. 이 세상에서 구원을 보지
못한다면 누가 다음 세상에서 그것을 보장하겠습니까? 아니면 구
주께서 저세상에만 오셨습니까? 내가 보기에 그는 우리에게 오셨

습니다.

따라서 위로를 무조건 "내세"와 동일시해서는 안 됩니다. 지금 상황에서 어떤 결과가 이 땅의 삶에 국한되지 않고 그 너머에까지 미친다고 해도, 내가 이생을 떠나는 즉시 그 결과를 얻을 수 있을지는 여전히 의문입니다. 나는 그렇게 생각하지 않습니다. 하나님은 세상에서 그렇게 기계적인 방식으로 일하지 않으십니다. 모든 과정은 훨씬 더 자연스럽게 진행되며, 우리의 싸움은 생각하는 것처럼 쉽지 않습니다. 우리는 그저 세상을 돌아다니다 죽고, 모든 문제는 영원을 통해 해결될 것이라고 기대해서는 안 됩니다. 반드시 발전이 있어야 합니다. 우리에게서 고통이 사라지고 하나님이 도우심을 얻을 수 있을 만큼의 진보나 퇴보가 있어야 한다는 것입니다.

우리가 복을 받을 것인가의 여부는 하나님의 능력에 관한 문제입니다. 그는 능력을 보이셔야 하며, 우리는 그의 능력을 믿어야 합니다. 결국, 하나님이 우리를 만드셨습니다. 우리가 영으로 하나님의 능력에 다가갈 때, 우리는 항상 그 능력을 조금씩 받아들임으로써 하나님의 가장 훌륭한 도구가 되는 것입니다.

명백하고 갑작스러운 변화를 통한 회심이 중요한 것은 아닙니다. 사람에게 가장 중요한 것은 하나님이 그를 위해 자신을 내어주시고 그를 받아주셨다는 사실입니다. 우리에 대한 구속의 역사는 하나님이 우리가 할 수 없는 행위를 통해 도움을 베푸시는 순간들을 통해 발전합니다. 우리는 언젠가 하늘나라에서, 죽음이라는 충격적인 마지막 순간을 지나면서 다시 한번 뒤를 돌아보며 하나님이 얼마나 자주 우리의 절망에 개입하셨으며 얼마나 많은 수십만 개의 구호 단체가 베풀 수 있는 것보다 더 많은 일을 행하셨는지 깨닫고 경탄하게 될 것입니다. 우리는 하나님이 우리의 구원을 위해 강력한 힘으로, 때로는 우리의 뜻을 꺾으시면서까지 도와주신 사실을 기억할 것입니다. 우리를 도우시는 하나님의 행위는 언제나 이런 식입니다. 그는 하늘에 계시며, 이 땅에서 우리의 삶에 들어오시기까지 계속해서 가까이 다가오시며 밀고 들어오실 것입니다.

하나님은 이런 의도를 가지고 우리를 위해 일하십니다. 결과적으로 우리의 도움은 그만큼 지체될 수밖에 없습니다. 우리의 고통은 현세와 내세 사이의 영원이라는 장벽을 관통할 때까지 경감되지 않을 것입니다. 통로는 이곳 아래에서 위를 향해 만드는 것이 아니라 위에서부터 시작해야 합니다. 기독교세계는 이 방향을 바꾸었으며, 우리는 지금 아래에서 위로, 또 세상 밖으로 많은 구멍을 만들고 있습니다. 이 구멍을 통해 비둘기처럼 날아 구원을 받겠다는 것입니다. 그러나 우리는 거기에 무엇이 있는지조차 모릅니다. 어떤 사람들은 빨리 죽기를 소원합니다. 그러나 그곳에 도달하면 토끼 눈이 될 것입니다. 그러므로 극히 조심해야 합니다. 완전히 거꾸로 하고 있다는 이 사실이 기독교세계를 살아가는 사람들에게 전해지지 않는다는 것이 매우 고통스럽습니다. 기독교가 제대로 작동하지 않는 이유는 그 때문입니다.

나는 이 모든 것이 얼마나 "블룸하르트적 발상"인지 압니다. 사람들은 "블룸하르트가 또 이상한 소리를 한다"라고 말할 것입니다. 그러나 어느 것이 성경적인지 말해보십시오. 우리가 죽음을 통해 하나님께 갑니까, 아니면 하나님이 생명으로 우리에게 오십니까? 성경은 처음부터 끝까지 하나님이 세상에 오심을 다루며, 죽음에 대한 이야기는 일절 없습니다.

성경의 모든 말씀은 하나님의 행위가 지금 내가 서 있는 이곳에서 이루어지고 있음을 확실히 보여줍니다. 하나님이 나의 고통에 대해 손가락 하나만 까딱해도, 수십만 개의 구호 단체가 베푸는 것보다 더 많은 도움을 줄 수 있습니다. 우리에게 필요한 것은 하나님의 행동입니다. 우리는 고통의 짐을 벗어버릴 수 없으므로, 하나님은 즉시 우리를 위해 무엇인가를 하셔야 할 것입니다. 우리는 하나님이 나서주시기를 간구해야 합니다. 우리는 여기서도 성경적이 되어야 합니다. 내가 할 수 있는 말은 "성경적이 되라"는 것뿐입니다. 그것이 통찰력과 지혜를 얻는 길입니다. 즉, 우리는 하나님의 임재와 예수님의 강림에 대한 진리를 특권으로 여기되, 이 특권을 '이 땅에서' 주장해야 한다는 것입니다. 죄와 사망은 우리의 믿음이 아니라 하나님의 능력에 의해 '여기서' 삼킴을 당했습니다.

어쨌든 우리의 가련한 믿음은 아무것도 이루지 못합니다. 대부분의 사람은 머리로만 믿습니다. 가혹한 말처럼 들리겠지만, 어쩔 수 없습니다. 나는 "믿음"에 대한 알맹이 없는 온갖 수사를 참을 수 없습니다. 그런 헛소리는 가장 자기애로만 충만한 사람을 양산하기 때문입니다. 그런 사람들은 자기 자신에게만 관심을 기울입니다. 나도 믿음이 무엇인지 압니다. 그러나 우리가 만들어낸 믿음, 즉 모든 것이 우리의 생각대로 전개되기를 바라는 믿음, 그런 믿음은 원하지 않습니다. 하나님의 능력은 우리를 구원할 뿐만 아니라 제대로 믿지 않는 수많은 사람까지 구원해야 합니다. 우리 가운데 누가 자신의 믿음을 들고 서서 "보라, 내가 바른 믿음을 가지고 있다"라고 하겠습니까? 그것은 망상입니다. 그러나 우리가 생각을 바꾸어 성경적이 되면, 모든 상황을 꿰뚫어 보는 통찰력을 지니게 될 것이며 전혀 다른 가슴과 머리, 전혀 다른 손과 발을 가질 것입니다.

우리는 하나님이 세상에 오셔서 '여기서' 무엇인가 이루려 하신다는 사실을 지속적으로 상기해야 합니다. 우리는 종교를 가지고 있는 것만으로 만족해서는 안 됩니다. 종교가 조금 다르다 하더라도 이교도들도 그렇게 생각합니다. 하나님은 우리의 종교를 중요하게 생각하지 않습니다. 하나님이 내려와 사람들을 돕지 못할 때, 하나님은 차라리 사람들이 종교를 가지지 않기를 바라십니다. 이스라엘 자손은 애굽에서 마음대로 살 수 있었고, 그들의 종교는 사라져 버렸습니다. 그러나 하나님은 어떻게 하든지 그들을 지켜주셨습니다. 하나님은 그들의 종교 때문이 아니라 자신의 신실함과 자비와 능력에 따라, 그리고 그의 강림을 기다리는 마음들을 보고, 그들을 도우신 것입니다.

이제 우리는 하나가 되어야 합니다. 우리는 한마음으로, 하나님이 이 땅의 빈곤을 보고 계시며 "이제 내가 일어나리라. 내가 구원하리라"라고 말씀하실 것이라는 소망과 확신을 가져야 합니다. 우리는 예수 그리스도의 날에 큰 보상이 있을 것이라는 사실을 압니다.[15]

참 하나님

그러므로 당신들은 주 당신들의 하나님이 참 하나님이시며 신실하신
하나님이심을 알아야 합니다. 주님을 사랑하고 주님의 계명을 지키는
사람에게는, 천 대에 이르기까지 그의 언약을 지키시며, 또 한결같은
사랑을 베푸시는 신실하신 하나님이심을 알아야 합니다. _ 신 7:9

우리는 자신의 믿음이 바른 궤도에 있는지 알아야 합니다. 나
는 많은 사람이 점차 불신자가 되어가는 것은 당연히 그들에게 올
바른 하나님이 없기 때문이라고 생각합니다. 기독교는 세월이 흐
르면서 올바른 하나님을 포기하고 철학적인 하나님을 믿었습니다.
그들은 여전히 옛 믿음이라는 이름 아래 있지만, 실제적 실체는 없
습니다. 진정한 실체는 사라져 버린 것입니다. 우리는 하나님을 인
간의 영역에서 행동하는 존재로 자신을 드러내시는 것이 아니라
단지 고차원적 영역에 거하는 하나님으로만 생각합니다.

수많은 사람이 불신자가 되는 것은 놀라운 일이 아닙니다. 나
도 그런 하나님은 믿지 않을 것입니다. "당신이 나에게 전하는 것
이 하나님이라면, 나는 끝났습니다. 그렇다면 나는 목사가 되지 않
겠습니다." 이것은 필자가 대학생일 때도 가지고 있던 생각입니다.
"당신은 같은 말을 반복하지만, 실체가 없습니다. 당신은 손도 입
도 발도 없는 신을 가정함으로써, 우리가 마음대로 생각하게 합니
다. 하나님은 입을 닫고 있어야 하며, 아무것도 할 수 없습니다."

됐습니다. 그런 하나님은 믿지 않겠습니다.

그리스도에 대해서도 마찬가지입니다. 사람들은 귀신 들림에 관해 이야기를 하면 듣기 싫어하며 화를 냅니다. 그들은 구주는 정신 나갔으며, 귀신 들림은 당시의 허황한 생각일 뿐 의사와 병원이 있는 요즘은 쓸데없는 생각이라고 말합니다. 의사와 병원이면 충분하다는 것입니다.

그러나 한편으로 그들은 그리스도의 신성에 대해 즉시 논쟁하며, 그가 어떻게 하나님의 아들이신지에 대해 말할 수 있습니다. 어떻게든, 우리는 '이 땅에서' 구주를 빼앗깁니다. 그러나 구주는 우리가 그의 의무나 인성에 대해 어떻게 생각하는지 묻지 않으십니다. 그는 단지 우리가 그를 이용하고 싶은지 묻습니다. 우리는 그가 누구신지에 대해 숙고하라는 위임을 받지 않았습니다. 그가 어떤 존재이든, 우리는 곧 하늘에서 충분히 알게 될 것입니다. 대신에 우리는 다음과 같은 말을 듣습니다. "그는 당신의 구주시다. 당신은 그를 원하는가 원하지 않는가? 그가 당신을 위해 무엇인가 해줄 수 있다고 생각하는가 그렇지 않은가? 당신은 바리새인처럼 그를 내팽개칠 것인가? 아니면 세리가 했던 것처럼 그를 대할 것인가?"

우리가 아무리 간구해도 하나님이 아무것도 하지 않으시는 것처럼 보일 때도 있습니다. 삶의 영역 여기저기에서 모든 것이 죽은 것처럼 보이기도 합니다. 그래서 어떻게 합니까? 우리는 많은 사람처럼 "이제 나는 더는 아무것도 믿지 않습니다"라고 말합니까? 아니, 오히려 "우리는 이제 하나님을 잃어버렸습니다. 우리는 잘못된 길로 들어섰습니다. 우리는 더는 올바른 모습으로 그를 향해 서 있지 않습니다. 왜냐하면, 개입하시는 하나님만이 우리의 하나님이시기 때문입니다. 아무것도 하지 않는 하나님은 우리의 하나님이 아닙니다"라고 말합니다.

그러나 주의하십시오. 여러분이 방향을 제대로 잡으면 다시 그의 신실하심과 자비를 느끼게 될 것이며, 틀림없이 무슨 일인가가 다시 일어날 것입니다. 그러면 우리는 다시 일어나서 "저분이 우리 하나님"이시라고 말할 수 있을 것입니다.

우리는 다시는 설교나 책으로 세상을 설득할 수 없을 것입니다. 오늘날 세상은 상상력이 부족합니다. 독실한 종교인은 그것을 원하지만, 상업과 기계문명이 발달한 세상에서 견고한 토대에 기반한 확실한 실체를 원하는 오늘날 사람들은 그렇지 않습니다. 우리의 관념을 비웃는 그들은 이러한 판타지 종교를 선택하려 하지 않을 것입니다.…

우리는 종교가 필요 없습니다. 우리에게는 사람이 필요합니다. 하나님이 필요합니다. 하나님이 없는 기독교가 존재할 이유가 무엇입니까? 그것은 위선자를 양산할 뿐입니다. 굴러다니는 돌멩이만큼의 생동감도 없습니다. 우리는 행동으로 역사하시는 하나님, 무엇인가를 하시는 하나님이 필요합니다. 그것이 바로 성경의 하나님입니다. 나머지는 저절로 따라올 것입니다.

이것이 바로 이스라엘이 여호와에 대해 가지고 있던 사상입니다. "그가 바로 참 하나님이시다. 너희는 시내산에 자욱한 연기를 보지 못하였느냐? 너희는 그의 음성과 나팔 소리를 듣지 못하였느냐? 너희는 떡과 물이 부족할 때 하나님이 어떻게 공급해주셨으며 어떻게 기이한 손으로 너희를 인도하셨는지 알지 못하느냐? 그를 기억하라. 그는 참 하나님이시며 모든 일에 능하신 하나님이시다. 다른 신들은 아무것도 아니다. 그들은 입이 있어도 말하지 못하고, 손이 있어도 붙잡지 못하며, 발이 있어도 뛰지 못한다. 그러나 너희 하나님은 참 하나님이시다."

따라서 사람인 예수님에 대해서도 마찬가지입니다. 그는 능하신 분이십니다. 예수님이 무엇인가를 행하실 때, 우리는 "보라, 그가 바로 살아 역사하시는 참 하나님이시다. 너희들의 신학적 헛소리는 나에게 아무런 의미가 없다"라고 말할 수 있습니다.… 우리는 더는 말로만 버틸 수 없습니다. 그러므로 반드시 행동이 따라야 합니다. "우리를 구원하소서! 우리를 구원하소서! 오 신실하신 하나님이여, 우리를 도우시고 무엇인가를 행하소서!" 그러면 구원이 이르고 빛이 비칠 것입니다.

여러분에게 자신을 드러내시고 역사하신 여호와 하나님, 그가 바로 참 하나님이심을 알아야 합니다. 그는 천지를 창조하신 하나님이십니다. 그는 자신의 목적을 성취하시는 신실하신 하나님이십니다. 오늘날 우리는 오직 그에게 소망을 두어야 합니다. 함께 부르짖어 기도합시다. "주여, 수많은 사람을 위해 무슨 일이든 행하시옵소서!" 우리의 부르짖음은 절대 헛되지 않을 것입니다. 우리는 그 사실을 경험하게 될 것입니다. 앞서 언급했듯이, 하늘로부터 많은 것이 부르짖는 자에게 임할 것입니다. 하나님은 굶주린 까마귀를 먹이십니다. 그의 백성의 기도는 절대 헛되지 않을 것입니다![16]

미주

1 크리스토프 블룸하르트 문집 1권 12번 [50-63쪽], 1883년 새해 맞이 설교, Briefblaetter aus Bad Boll에 실렸음, 상당히 축약함.

2 크리스토프 블룸하르트 문집 4권 9번 [71-76쪽], 1909년 9월 18일 저녁 예배, 축약본.

3 크리스토프 블룸하르트 문집 4권 28번 [230-238쪽], 1911년 10월 28일 설교, 매우 간결한 요약본.

4 크리스토프 블룸하르트 문집 1권 9번 [32-38쪽], 앞부분은 1882년 1월 22일에, 뒷부분은 1882년 1월 3일에 설교. *Briefblaetter aus Bad Boll*에 하나의 글로 축약되어 1882년 2월 15일에 게재됨.

5 크리스토프 블룸하르트 문집 2권 6번 [74-86쪽], 1888년 11월 25일에 교회력이 끝날 때에 맞춰 한 설교, 매우 간결한 요약본.

6 크리스토프 블룸하르트 문집 3권 5번 [33-40쪽], 1897년 6월 7일 성령강림절 설교.

7 크리스토프 블룸하르트 문집 1권 21번 [103-108쪽], 1884년 1월 11일에 나눈 대화가 출간됨 [후반부].

8 크리스토프 블룸하르트 문집 2권 38번 [279-288쪽], 1891년 8월 9일 설교.

9 크리스토프 블룸하르트 문집 3권 19번 [130-137쪽], 1898년 4월 25일에 나눈 대화 [전반부].

10 크리스토프 블룸하르트 문집 3권 46번 [315-322쪽], 출간된 1899년 6월 10일 대화, 축약됨.

11 크리스토프 블룸하르트 문집 1권 39번 [199-202쪽], 1870년의 프랑스-독일 전쟁을 기념하며 쓴 글, 1885년 8월 30일 *Stuttgarten Evangelisches Sonntagsblatt*에 게재됨 [후반부].

12 크리스토프 블룸하르트 문집 2권 57번 [434-438쪽], 1893년 9월 28일의 대화.

13 크리스토프 블룸하르트 문집 1권 46번 [230-233쪽], 1886년 1월 30일에 나눈 대화의 앞부분이 출간됨, 축약본.

14 크리스토프 블룸하르트 문집 3권 14번 [98-103쪽], 1898년 1월 8일 저녁 성경공부

15 크리스토프 블룸하르트 문집 1권 49번 [239-244쪽], 1886년 2월 12일 대화.

16 크리스토프 블룸하르트 문집 1권 78번 [420-424쪽], 1887년 9월 24일 대화.

이제

우리의 소원은 거두고

당신의 나라를 이루소서